英译中国网络小说的接受研究

『国关文库』丛书

本书系2023年度国际关系学院“中央高校基本科研业务费”
出版资助项目成果（项目编号：3262023T04）

A Study on the Reception of Chinese Webnovels Translated in English

张雅雯——著

天津社会科学院出版社

图书在版编目（CIP）数据

英译中国网络小说的接受研究 / 张雅雯著. -- 天津：天津社会科学院出版社，2024.1

（国关文库）

ISBN 978-7-5563-0947-4

Ⅰ. ①英… Ⅱ. ①张… Ⅲ. ①小说－英语－文学翻译－研究－中国 Ⅳ. ①H315.9②I207.4

中国国家版本馆 CIP 数据核字(2024)第 016769 号

英译中国网络小说的接受研究

YING YI ZHONGGUO WANGLUO XIAOSHUO DE JIESHOU YANJIU

责任编辑：沈　楠

责任校对：李思文

装帧设计：高馨月

出版发行：天津社会科学院出版社

地　　址：天津市南开区迎水道 7 号

邮　　编：300191

电　　话：（022）23360165

印　　刷：北京盛通印刷股份有限公司

开　　本：710×1000　　1/16

印　　张：19

字　　数：230 千字

版　　次：2024 年 1 月第 1 版　　2024 年 1 月第 1 次印刷

定　　价：68.00 元

序 言

中国网络翻译小说[①]讲述了中国故事,本书讲述了“中国故事”的故事。讲述中国故事是中国人的夙愿,亦是时代的使命。中国网络翻译小说的故事引人入胜,吸引了全世界数千万之巨的粉丝读者。读者群体的规模前所未见,读者人数、增长速度、覆盖地域,先前讲述的中国故事无论小说、诗歌还是戏剧都难以与之相提并论。更令人欣喜的是,中国的网络翻译小说甚至收获了“当代世界大众文化奇迹”的口碑,与美国好莱坞电影、日本动漫、韩国电视剧并列。看来,这个中国故事讲述颇为成功。我们如是判断,其在一定意义上实现了中国文化“走出去”的梦想。

近代中西文化接触以来,西学东渐持续始终,我们为此沮丧压抑。世界历史发展走入当下,东学西渐也应当其时。人类文化发展不能拘囿于西学东渐,也应有东学西渐,这是多元文化世界发展的必然。中国网络翻译小说承载了长期以来中国文化“走出去”的梦想,然而它的中国文化精神实质、中国文化核心价值观似乎有所欠缺,它讲述的中国故事是否契合我们的预期,学术界对此存有疑惑。本书直面这一现实问题,对此展开了深入追问。其聚焦于两个问题:中国文化“走出去”的经典文化预设;经典文化与大众文化在中国文化“走出去”价值

① 本书作者按:序言中的“中国网络翻译小说”与本书中的“英译中国网络小说”所指相同,均为中国网络小说的英译本。

分区中所占的位置。两个问题最终归结为中国文化“走出去”的合理性，其理论依据、历史文化和现实基础。中国文化“走出去”是多元文化思想的社会实践，是建构多元文化世界的现实路径。多元文化世界是当下人类社会发展的共识，已由联合国教科文组织以“《世界文化多样性宣言》(2001)”的形式加以确认。因此，中国网络翻译小说价值的探讨实则关联着人类社会文化发展的深刻意蕴。

本书从三个维度趋近这一问题。中国文化“走出去”的本质特征、中国网络翻译小说的文化价值、大众文化与经典文化的文化价值区别与联系。关于第一点，本书认为文化接触是不断发展的历史过程，他者文化价值认同随文化接触的发展而发展。文化误读、文化扭曲内在于这一过程。这些“负面认知”是文化接触的表现形式，这在后殖民主义文化理论中已有所阐释。当下中国文化“走出去”的努力是趋近多元文化世界理想的历史进程，研究这些“负面认知”的文化价值也是有待完成的过程。

关于第二点，作者基于中国网络翻译小说的文本现实展开了论述。作者选择了四部小说，合计上千万字的文本，对社会、读者与文本三个维度进行了系统分析，对其内含的文化价值作出了独到判断，认为网络小说的中国文化世界观、价值观具有独特的呈现方式，但中国文化的精神实质则与经典文本没有区别，同样具有弘扬中国文化精神的价值。

关于第三点，大众文化与经典文化之于弘扬中国文化的区别。“载道”是经典文本的社会功能，“杀时间”、消遣娱乐是大众文本的社会功能，两类文本的这种功能定位是社会选择的结果，并不一定归于其本质特征。经典与大众的文本功能定位是建构性的，中国文学经典文本大都具有从大众到经典的身世，往往都能追溯到勾栏瓦肆的出身，《三国演义》《水浒传》《西游记》都不会否认这点。经典与大众的地位是历史的、发展的。这在本书中都有理论阐释，更给予了文本现实支撑。而就后者,本书采用了实证方法。鉴于文本总量,作者从四部小说中各抽取连续章节,建立20万字的双语平行语料库,这在同类研究中并不多见。

大众文化与经典文化是中国故事的两种呈现方式,就目前的中西文化关系格局而言,大众文化为中国文化“走出去”提供了一种新的选择。本书的最突出价值就是对中国文化“走出去”的大众文化传播路径的阐释,从理论到文本,认识独到,令人耳目一新。

作者张雅雯是本人的博士生,本书是雅雯博士论文基础上反复修改的成果。作为老师,本书的不足难辞其咎,但乐见学生的学术成果漠视其不足恐是通病,敬祈读者不吝赐教。

北京语言大学　吕世生

2023年9月1日

前　言

中国文化“走出去”肩负着塑造中国文化形象、改变中西方文化“边缘—中心”的不平衡格局、建构全球多元文化的历史使命。中华人民共和国成立后,有组织的中国文化对外翻译与传播工作随即启动,特别是21世纪初“走出去”被确立为国家文化发展战略后,译出的力度进一步加大。然而,举全国之力译出的经典文学文本,接受效果并不尽如人意。相反,被目标语读者成功接受的中国文学作品大多不尽忠实。中国文化面临着“忠实的走不出去,走出去的不忠实”的困境,这引发了国内学术界的普遍焦虑。

在经典文本传播受阻的同时,英译中国网络小说却在全球迅速走红。英译中国网络小说使这些海外读者以“道友”(Daoist)互称,每日上线“追更”“催更”,还让“道”“气”等中国文化元素进入他们日常交流场景,更有一些读者受到中国网络小说启发和鼓舞,用自己的语言创作网络小说,形成“世界第四大文化奇观”、中国文化“新第五大发明”。面对这样的接受效果,部分学者却并不认同,认为大众文学文本仅是文化快餐,并不能代表中国文化的主流,其“走出去”并非所愿。这引发了一系列思考:英译中国网络小说短时间内突破接受瓶颈的原因何在?大众文学文本“走出去”文化价值何在?我们孜孜以求的中国文化“走出去”内涵何在?这些问题的答案关系到中国文化“走出去”战略目标、路径及历史使命,有助于解决中国文化“走出去”的接受困境,也对解释跨文化交流实践的历史阶段性具有普遍价值。

本书整合多元系统理论、阐释学理论、大众文化理论、“接受三层级”理论构建理论解释框架,使用系统分析法、文本分析法、语料库法、网络志法,以《我欲封天》《将夜》《扶摇皇后》《许你万丈光芒好》四部不同类型的小说为个案,探讨其翻译文本特征、读者群体特征、社会文化背景特征,尝试解释英译中国网络小说在短时间内使海外读者欣然接受并对中国文化产生兴趣的原因。此外,本书深入分析了中国文化核心价值在英译中国网络小说中的特殊表征,肯定了英译中国网络小说“走出去”在当下的文化价值。在此基础上,本书提出了中国文化传播中理想与现实权衡的思想,为中国文化翻译与传播摆脱接受困境提供了理论和现实依据,为中国文化“走出去”指出了新的路径。

目　录

第一章　绪　论 ………………………………………………………… 1
第一节　选题缘起 ……………………………………………… 1
第二节　文献综述 ……………………………………………… 3
第三节　研究问题 ……………………………………………… 36
第四节　预期目标与创新之处 ………………………………… 37
第五节　研究方法与理论框架 ………………………………… 38
第六节　本书结构 ……………………………………………… 44

第二章　英译中国网络小说兴起的社会文化语境 ……………… 45
第一节　英译中国网络小说兴起始末 ………………………… 45
第二节　变化中的目标语世界 ………………………………… 49
第三节　小结 …………………………………………………… 62

第三章　英译中国网络小说的目标语读者 ……………………… 64
第一节　英译中国网络小说的目标语读者 …………………… 64
第二节　海外青年大众读者的阅读期待 ……………………… 71
第三节　海外青年大众读者的行为模式 ……………………… 80
第四节　小结 …………………………………………………… 90

第四章 《我欲封天》:“小白仙侠”出海先行 …… 92
第一节 雅俗共赏的仙侠代表作 …… 92
第二节 粉丝翻译引爆“中国仙侠热” …… 93
第三节 浅近直白——中国文化的别样传达 …… 97
第四节 草根逆袭激发“爽感” …… 113
第五节 小结 …… 127

第五章 《将夜》:“文青”玄幻海外遇冷 …… 129
第一节 源文本叫好叫座 …… 129
第二节 译文本毁誉参半 …… 131
第三节 流畅翻译适得其反 …… 137
第四节 中国“情怀”超出读者接受水平 …… 155
第五节 小结 …… 168

第六章 《扶摇皇后》:“女频”佳作腹背受敌 …… 169
第一节 风行十年的“女频”佳作 …… 170
第二节 官方译本饱受批评 …… 171
第三节 译本之争的导火索——文化元素翻译 …… 176
第四节 “套路”难平女性读者期待 …… 192
第五节 小结 …… 201

第七章 《许你万丈光芒好》:“人气黑马”蹊径另辟 …… 203
第一节 名不见经传的“霸道总裁文” …… 203
第二节 全球阅读量破亿的人气黑马 …… 204
第三节 中国文化“厚今薄古”降低接受门槛 …… 208
第四节 女版“小白文”瑕瑜互现 …… 224
第五节 小结 …… 238

第八章　英译中国网络小说与中国文化“走出去” …………………… 240
第一节　中国文化“走出去”的接受困境及其原因 ………… 240
第二节　英译中国网络小说对化解“走出去”接受困境的启示 ………………………………………………………… 252
第三节　小结 ………………………………………………… 258

第九章　结　论 ……………………………………………… 259
第一节　研究发现 …………………………………………… 259
第二节　研究不足及未来展望 ……………………………… 265

参考文献 …………………………………………………… 267
后　记 ……………………………………………………… 289

第一章　绪　论

英译中国网络小说短短数年间吸引了全球上亿读者,形成世界性的“文化奇观”,这一接受效果上的突破引发学术界的思考。媒体和部分学者从接受效果出发,将英译中国网络小说视为中国文化“走出去”的成功案例。另一些学者却不认同这一观点,原因是大众文学文本难以传达中国文化核心价值观。英译中国网络小说“走出去”的原因何在?这一现象之于中国文化“走出去”的价值何在?这些问题有待回答。

第一节　选题缘起

自20世纪50年代起,我国一直致力于推动中国文化“走出去”,举全国之力译出经典文学文本。党的十六届四中全会将“走出去”提升至国家战略层面后,国家机构主导的经典文学文本的译出活动如雨后春笋,但这些译出的经典文学文本并未收到预期的接受效果,仅仅体现在馆藏数量的增加,至多在学术领域产生些许影响。反观那些被广泛接受的中国文学作品,却往往或多或少地偏离了中国文化的真实形象,与中国文化“走出去”的初衷有所出入。“走出去”的不忠实,忠实的走不出去,中国文化“走出去”陷入接受困境。

在经典文学文本“走出去”接连受挫的同时，一种来自中国的大众文学文本——中国网络小说却在美国悄然走红。玄幻、仙侠等充满中国文化色彩的中国网络小说经过粉丝译者翻译成英文，迅速在欧美、东南亚吸引大量读者。2014 年底，美籍华人赖静平（RWX）创办 Wuxiaworld（武侠世界），连载其翻译中国网络小说《盘龙》，首家海外网络小说翻译专门网站的上线和首部完整翻译的中国网络小说的问世开启了英译中国网络小说的历史纪元。随后，英译中国网络小说以北美为起点，辐射欧洲、东南亚诸国。2019 年，全球范围内英译中国网络小说读者达到 3193.5 万人①，到 2020 年，这一数据刷新至 8316.1 万人②。2022 年的最新数据显示，中国网络小说的海外读者超过 1.5 亿人，覆盖二百多个国家③。这些读者不仅像中国网文读者一样每日“追更”④“催更”⑤，还自发地探究起“气”（Qi）、“道”（Dao/Tao）等中国文化元素的内涵，并将这些元素改造成为“梗”融入日常交流，如互称“道友”（Daoist），以“愿道与你同在”（May the Dao be with you）相互问候。更有部分读者转型成为网络小说作者，借鉴中国网络小说的人物设定、叙事模式、文化元素等，创作多语种网络小说。2017 年，《南方周末》刊发的一篇报道——《中国网络小说让美国小伙戒掉毒瘾》⑥，随后，《人民日报（海外版）》《光明日报》《中国艺术报》《文艺报》和 CGTN 等国内主流媒体纷纷跟进报道，让英译中国网络小说在海外的

① 艾瑞咨询. 2020 年中国网络文学出海研究报告[R/OL]. 2020.（2020-08-31）[2020-09-30]. https://www.iresearch.com.cn/Detail/report? id=3644&isfree=0.

② 艾瑞咨询. 2021 年中国网络文学出海报告[R/OL]. 2021.（2021-09-03）[2021-09-30]. https://www.iresearch.com.cn/Detail/report? id=3840&isfree=0.

③ 中国作家协会网络文学中心. 2022 中国网络文学蓝皮书[R/OL]. 2023-04-12[2023-06-08]. http://image.chinawriter.com.cn/n1/2023/0412/c404027-32662169.html.

④ 网络小说术语，指跟随作者连载更新进度阅读。

⑤ 网络小说术语，指网络小说读者留言催促作者更新连载作品。

⑥ 刘悠翔，陈嘉敏，郑韶仪. 中国网络小说让美国小伙戒掉毒瘾[EB/OL]. 2017-03-16[2021-02-16]. http://www.infzm.com/content/123549.

火爆受到关注。英译中国网络小说被称为与美国好莱坞电影、日本动漫、韩国电视剧并列的“世界四大文化奇观”[①]、中国文化“新第五大发明”[②]。2022年,《大国重工》《大医凌然》等16部中国网络文学作品入选世界最大学术图书馆之一——英国图书馆的中文馆藏书目,囊括科幻、历史、现实、奇幻等多种题材[③]。虽然此番收录的并非英译本,但也从一个侧面反映英译中国网络小说“走出去”现象对目标语文化的影响之大。

七十年来国家全力支持译出的经典文学文本,成果虽丰硕,效果却不彰,而大众力量发起的英译中国网络小说却在全球形成如此文化奇观,原因何在?英译中国网络小说“走出去”的文化价值何在?这一现象对中国文化“走出去”有何意义?这些问题关系到中国文化“走出去”在国家与社会两个不同层面、经典与大众两种不同途径、源语与目标语两种不同取向之间的权衡,有助于解决中国文化“走出去”的接受困境,推进中国文化“走出去”历史使命的实现。

第二节 文献综述

针对英译中国网络小说在全球的接受热潮,学术界迅速跟进,分别从文本、读者、社会文化多个维度展开讨论,主要围绕以下问题:英译中国网络小说的翻译策略、译本风格、内容特质,读者群体特征与行

---

① 解辰巽.阅文集团CEO吴文辉:中国网文已成“世界文化奇观”[EB/OL].2016-12-19[2019-08-09].http://media.people.com.cn/n1/2016/1219/c40606-28958645.html.

② 张颐武.网络文学是中国新“发明”[N].人民政协报,2018-03-26(010).

③ 中国作家协会网络文学中心.2022中国网络文学蓝皮书[R/OL].2023-04-12[2023-06-08].http://image.chinawriter.com.cn/n1/2023/0412/c404027-32662169.html.

为模式，接受现象发生的社会文化语境，以及英译中国网络小说的文化价值。由于玄幻、仙侠等“男频”[①]小说最先“走出去”，也最早被广泛接受，此类型英译中国网络小说成为国内学术界的主要研究对象，发布此类小说译文的 Wuxiaworld 网站也因此成为焦点。

一、文本维度研究

英译中国网络小说的研究肇始于文本维度，从翻译策略或内容特质中探寻英译中国网络小说接受成功的原因，符合翻译接受研究的惯常路径。

（一）翻译策略研究

翻译策略研究启动最早、数量最多，此类研究关注典型作品中的中国文化元素的翻译策略或文本整体翻译策略。

“道”“气”等带有传统文化色彩的元素在玄幻、仙侠等类型的英译中国网络小说中出现的频次很高，对于这些文化元素的处理方式集中体现翻译策略，同时直接影响着目标语读者的接受效果。学者的观点可以分为异化派和归化派。异化派认为英译中国网络小说以异化翻译保留中国文化元素的陌生感，吸引海外读者。万金[②]率先通过译例总结了 Wuxiaworld 网站“套用法、直译法、音译法”三大翻译方法，初步得出英译中国网络小说“偏异化的策略引发目标语读者对现实中

---

① “男频”“女频”是专属于中国网络小说的区分方式，源于日本 ACG 文化中的“男性向”“女性向”概念。“男频”小说，是以男性读者为目标的玄幻、仙侠等类型小说，以男主角的升级、开“后宫”表达和满足男性读者欲望，多为男性作者书写。“女频”小说与“男频”小说相对，以感情线占主导地位，主角视角为女性，反映女性的欲望和情感诉求，多为女性作者书写。

② 万金．网络武侠小说在英语世界的传播——以翻译网站 Wuxiaworld 为例[J]．东方翻译，2017(05)：27-33.

国的兴趣"这一结论,但遗憾的是所举译例并未标明出处。潜佳丽[①]借助语料库工具对《盘龙》中的度量衡、称谓、玄幻术语和习语翻译策略进行分析,发现归化翻译与异化翻译兼而有之,其中音译(transliteration)的"qi"和"battle qi"是异化翻译的典型,因为"qi"在英语中不存在对应概念。王才英和侯国金[②]、李雪珂等[③]同样认为"qi"属于异化翻译。归化派中,刘毅和张佐堂[④]通过对 Wuxiaworld 网站上多部小说中武术文化负载词的英译进行分析,总结出"以读者体验为中心"的归化翻译策略倾向,同时发现不同译者之间对于同一文化元素处理上的分歧,如"斗气"一词的两种译法"battle-qi"与"Dou Qi"就体现出归化与异化之别。杜春妙[⑤]基于赖静平对《盘龙》中的"气"的四种翻译,总结出"在绝大数情况使用归化策略,极少数情况下使用了异化策略"的规律,和其他学者不同的是,杜春妙认为音译"qi"属于归化翻译,其原因是"qi"在十九世纪已经归入英语词汇,但若按这一标准,其所举的译例均属于归化翻译,并不能支持其"极少数情况下使用了异化策略"的结论。可见,学者就玄幻仙侠元素的翻译策略莫衷一是,归化与异化兼有,且均有据可查。除玄幻仙侠术语外,近来研究发现英译中国网络小说中的中国文化元素还包括传统技艺、古典文学、神话传说、历史人物等[⑥],这些文化元素的翻译研究有待开展。

---

① 潜佳丽. 网络小说《盘龙》在英语国家的译介研究[D]. 上海外国语大学,2019:26-34.

② 王才英,侯国金.《盘龙》外译走红海外及对中国传统经典文学外译的启示[J]. 燕山大学学报(哲学社会科学版),2018,19(03):41-46.

③ 李雪珂,林江依,段绮茹. 从语义空缺角度分析网络玄幻小说《盘龙》中文化负载词的英译策略[J]. 文教资料,2018(07):39-40+64.

④ 刘毅,张佐堂. 网络文学中武术文化的译介与传播——以北美网络翻译平台"武侠世界"为例[J]. 西南交通大学学报(社会科学版),2018,19(06):98-104.

⑤ 杜春妙. 网络翻译小说走红对文化走出去战略的启示——以《盘龙》中文化专有项"气"的翻译为例[J]. 才智,2018(34):194-195.

⑥ 雷成佳. 网络文学的"中华性"及其建构与传播[J]. 粤港澳大湾区文学评论,2022(03):138-146.

文本整体策略研究主要以玄幻、仙侠类型英译中国网络小说为对象,以译例分析得出翻译策略上的归化与异化。李育杰[1]以 18 个译例证明《盘龙》的翻译策略是“归化为主,异化为辅”:对于大多数文化元素进行归化翻译,符合英语表达习惯,便于读者理解;对于部分《盘龙》特有的元素进行异化翻译,以保留玄幻小说的文化特质。与之类似,胡晓玲[2]对《盘龙》翻译策略的总结是“在语言层面采取归化策略,在文化层面采取异化策略”:对意象(image words)、句式结构、修辞进行归化处理,对人名、文化负载词、习语进行异化处理。归化与异化相结合是此类研究的主流观点。至今,关于《盘龙》的翻译策略研究在数量上仍在增加,但在结论上变化不大,对《斗破苍穹》[3]《我欲封天》[4]等英译中国网络小说的翻译策略研究同理,此处不一一列举。

对同一网站的英译中国网络小说之间进行横向对比,可以总结出网站的总体翻译策略。刘萍[5]以 Wuxiaworld 网站上的《盘龙》《我欲封天》《莽荒纪》等小说的书名、人名、奇幻术语、宗教文化术语以及封面配图的翻译为例,归纳出英译中国网络小说在翻译策略上“多模态地归化与异化并存”的特点。刘萍认为,Wuxiaworld 网站尽管保留了一定中国文化色彩,但总体上采取的是归化翻译。黄哲浩[6]对比 Wuxiaworld 网站上的《盘龙》《我欲封天》《修罗武神》《武极天下》《斗破苍

① 李育杰. 网络武侠小说英译的归化与异化——以《盘龙》为例[D]. 福建师范大学,2018.

② 胡晓玲. 接受美学视角下网络武侠小说翻译研究——以 Wuxiaworld 上《盘龙》的翻译为例[D]. 四川外国语大学,2018.

③ 陈小春. 由《斗破苍穹》的译介看中国当代网络小说的输出:“读者反应论”视角[D]. 福建师范大学,2018.

④ 何武鹏. 目的论视角下的仙侠小说《我欲封天》英译探析[D]. 福建师范大学,2018.

⑤ 刘萍. “武侠世界”网站对中国网络奇幻小说的英译研究[D]. 上海外国语大学,2018.

⑥ 黄哲浩. 翻译规范理论视角下的网络武侠小说英译研究——以武侠世界网站为例[D]. 华东理工大学,2019.

穹》等玄幻、仙侠小说在人名、武器、成语、宗教意象等方面的文化元素，并将讨论范围扩大到以句段为单位的战斗场景和对话，总结出该网站“平衡且偏向于目标语”的翻译规范。上述两项研究达成了一个共识：Wuxiaworld 网站在翻译策略上呈现出目标语文化取向。

不同网站之间的翻译策略对比研究较少。王睿①尝试总结 Wuxiaworld、Gravity tales 和 Volare novels 三大海外网络小说翻译网站的书名和玄幻术语的翻译策略上的共性。然而，该研究得出的结论却与先前研究“归化与异化兼而有之”的主流观点相悖：英译中国网络小说似乎未特别使用归化策略，并未刻意贴近读者的文化背景。这一结论的有效性还需更多文本来证明。另一方面，该研究着重总结翻译策略上的共性，未关注到各网站在翻译策略上是否存在差异，以及这种差异对接受效果的影响。

从上述研究来看，以《盘龙》为代表的英译中国网络小说在“道”“气”等特定文化元素的翻译上呈现出对中国文化的忠实，但句段乃至篇章层面的语言表达上又呈现出对目标语及其文化的顺应，因此，英译中国网络小说的翻译策略不能简单地以归化或异化一言蔽之。其次，仅就《盘龙》一部作品就得出了不同乃至相悖的结论，是因为绝大多数翻译策略研究采取的是传统的定性研究方法，学者以主观判断筛选译例，以感性认识验证假设、得出结论，标准不同，则结果不同。再者，翻译策略研究大多将英译中国网络小说接受成功归因于恰当的翻译策略，隐含前提是翻译策略决定接受效果，而译文本归化或异化的判定归根到底是译文本与源文本以及中国文化内涵一致程度的判定。然而，当下翻译策略研究的众说纷纭说明英译中国网络小说的接受效果并非单一翻译策略所决定，其他因素的影响也应纳入考虑。而《盘龙》和 Wuxiaworld 网站尽管十分典型，单凭它们也难以得出普遍适用的结论，仅研究个别典型案例不足以回答英译中国网络小说“走出去”

① 王睿. 译介学视角下中国网络小说“走出去”探析[D]. 北京外国语大学，2019.

的诸多问题。

除了正文本，Wuxiaworld 网站上的翻译副文本也是研究热点。杜春妙[①]曾提到 Wuxiaworld 以加注辅助读者理解，但并未给出例证。李雪珂等[②]在分析翻译策略时提及文内或文外注释这一类型的副文本，这是副文本中最为常见的类型。胡晓玲[③]将 Wuxiaworld 网站上的副文本分为内文本（peritext）和外文本（epitext），前者包括小说的目录、介绍、人物称谓、故事时间线，后者包括网站公告、资料库、论坛和维基百科。王睿[④]也对 Wuxiaworld 网站的资料库（Resource）进行介绍。但上述研究仅仅是简单地介绍了副文本的类型和功能，并未举例分析。上文中刘萍[⑤]在"多模态归化策略"中，讨论了小说封面的改写对目标语读者的吸引和引导功能，使学者界意识到英译中国网络小说所包含的副文本不仅有单一的文字模态。近来，国际期刊上的几篇关于 Wuxiaworld 网站的论文着力于挖掘副文本对接受的影响。Cao[⑥] 将 Wuxiaworld 网站上的导航型、商业型、阐释型三类副文本构成"功能导向型副文本结构"（functionality-oriented paratextual framework），并论述了各类副文本的运作方式。除了已知的超链接、资料库、评论等常规副文本外，Cao 将网站的布局、标签、广告、众筹系统同样视作副文本，全面总结了副文本对读者选择、阅读、接受全过程的作用，但未结合文本

① 杜春妙. 网络翻译小说走红对文化走出去战略的启示——以《盘龙》中文化专有项"气"的翻译为例[J]. 才智，2018(34)：194-195.

② 李雪珂，林江依，段绮茹. 从语义空缺角度分析网络玄幻小说《盘龙》中文化负载词的英译策略[J]. 文教资料，2018(07)：39-40+64.

③ 胡晓玲. 接受美学视角下网络武侠小说翻译研究——以 Wuxiaworld 上《盘龙》的翻译为例[D]. 四川外国语大学，2018：48-53.

④ 王睿. 译介学视角下中国网络小说"走出去"探析[D]. 北京外国语大学，2019.

⑤ 刘萍. "武侠世界"网站对中国网络奇幻小说的英译研究[D]. 上海外国语大学，2018.

⑥ CAO Q. Accommodating paratextual theory to born-digital literature translation: a case study of "Wuxiaworld"[J]. *Asia Pacific Translation and Intercultural Studies*，2021，8(2)：148-162.

进行实例论证。Jiang 和 Lu① 以《我欲封天》为例,分析得出译者“善于运用图文并茂的超链接来解释特定文化元素”,强调封面和摘要两种副文本的改写对接受的促进作用。上述研究基本完成了对英译中国网络小说多种模态副文本类型的梳理,而副文本对接受各环节的促进作用需要更多的实证。

(二)译本风格研究

译本风格研究是英译中国网络小说翻译研究的另一分支。学者使用语料库工具,将英译中国网络小说与具有可比性的中国传统武侠小说进行对比,分析得出英译中国网络小说的文本风格,以此作为英译中国网络小说接受成功的原因之一。潜佳丽②将《盘龙》与传统武侠小说《射雕英雄传》(*Legend of Eagle Shooting Hero*)和《鹿鼎记》(*The Deer and the Cauldron*)构建语料库进行对比,发现《盘龙》的标准类符/形符比(STTR)低于两部中国传统武侠小说,证明《盘龙》阅读负担更小,再与文化元素翻译策略的分析结果相结合,最终得出英译中国网络小说更为简明易读的结论。杨柳③的博士学位论文从 Wuxiaworld 网站抽取《星辰变》全文和《莽荒纪》《仙逆》《一念永恒》《凡人修仙传》《我欲封天》《斗破苍穹》6 部玄幻仙侠类型的英译中国网络小说部分章节构建语料库,以传统武侠小说《七星龙王》《天涯明月刀》的英译本作为参照,分析发现英译中国网络小说语言简化、人物形象类型化、事物形象标签化的特征,同样证明了英译中国网络小说的文本更为简

---

① JIANG M, LU Q. The “going global” of Chinese Fantasy Fiction through the Internet: Using I Shall Seal the Heavens on Wuxiaworld. com as an Example[J]. *Contemporary Social Science*. 2021:19.

② 潜佳丽. 网络小说《盘龙》在英语国家的译介研究[D]. 上海外国语大学,2019: 21-23.

③ 杨柳. 网络幻想小说英译塑造的中国形象研究——以仙侠小说为例[D]. 上海外国语大学,2019.

单,具备更广泛传播的可能。在后续的研究中,杨柳[1]继续用语料库工具分析英译中国网络小说的译文本,发现了译者在《盘龙》《星辰变》这两部英译中国网络小说中留下的“自我印记”:模仿古龙的凝练风格,将源文本的复合句改为短句。杨柳认为,这是译者作为武侠文化爱好者的身份体现。上述研究在数据上体现出文本难度与传播效果之间的反比关系,符合翻译文本的简化倾向,证明了英译中国网络小说简明易读的译本风格,但为何这种风格能够吸引目标语读者,上述研究阐释不足。

（三）内容特质研究

内容特质研究关注中国网络小说的内容如何吸引海外读者。庄庸和安晓良[2]将英译中国网络小说的成功归因于“好看”的故事跨越文化打动目标语读者,但对“好看”的定义语焉不详,难以形成学术性的结论。学者研究发现,英译中国网络小说的“好看”在于其大众文化属性、快感通道、叙事结构。

大众文化属性带给目标语读者的亲近感,是一些学者认为英译中国网络小说受欢迎的首要原因。早在 2016 年,吉云飞发现,《盘龙》“从世界设定到人物命名,都基本遵循欧美的习惯”,英译中国网络小说首先展示出“与 ACG(动画 Animation、漫画 Comics、游戏 Games 的首字母缩写)文化自发连通性”和“世界流行文艺的天然同盟性”的大众文化属性[3],是其打开接受局面的直接原因。2021 年,金恩惠的研究再次印证了大众文化属性的作用:“游戏”“系统”等中外读者在 ACG 文化中的“共享标签”使目标语读者迅速进入小说,捕获内容,也使中

① 杨柳. 网络小说《盘龙》粉丝英译本叙事进程探析——基于语料库叙事学方法[J]. 外语教学理论与实践,2022(01):142-153.

② 庄庸,安晓良. 中国网络文学海外传播:“全球圈粉”亦可成文化战略[J]. 东岳论丛,2017,38(09):98-103.

③ 吉云飞. “征服北美,走向世界”:老外为什么爱看中国网络小说? [J]. 文艺理论与批评,2016(06):112-120.

国网络小说"迅速融入了跨国的流行文化之内"[①]。在此期间,一系列研究均围绕着大众文化属性在化解中国文化异质性上的作用。邓祯[②]认为英译中国网络小说以大众文化的表现形式重塑了中国文化元素,形成"具有异域亲缘性的话语体系",吸引目标语读者主动"拿过去"。邱凌和韩婕[③]将英译中国网络小说定义为一种"再文化化"的文化杂糅产物,作为"异域风物"的东方文化吸收了西方想象和流行文化,在思想内涵和故事情节上实现了"中西文化合璧"。叶雨菁[④]将英译中国网络小说成功的深层动因总结为"东方化的审美景观""二次元的内容表达""狂欢式的爽感体验""接近性的题材想象"的结合。张峻晨[⑤]也持类似的观点,将英译中国网络小说视为在异域文化中形成的兼具全球普适性和本土民族性的文学产品,是作为他者的中国文化在目标语文化中的重构。夏露[⑥]的研究发现英译中国网络小说的接受成功在于大众文学文本的特性与中国文化元素形成合力。上述研究的共识在于,英译中国网络小说以全球共通的大众文化形态呈现中国文化,对于目标语读者来说更为亲切,因而打开接受局面。

影视衍生能力是中国翻译网络小说大众文化属性的另一表征。邵璐和吴怡萱[⑦]关注中国网络小说的多模态"走出去"模式,以改编自网络小说的《后宫·甄嬛传》在海外的传播为例,描述文字、图像、声音

---

① 金恩惠.中国网络文学"走出去"的时代意义[J].对外传播,2021(09):45-49.

② 邓祯.网络文学的海外传播与中国文化形象构建[J].中国编辑,2019(03):8-13.

③ 邱凌,韩婕.网络玄幻小说的文化杂糅及跨文化传播解读[J].现代传播(中国传媒大学学报),2017,39(09):90-95.

④ 叶雨菁.中国网络文学的跨文化传播解读[J].对外传播,2018(05):33-36.

⑤ 张峻晨.中国网络文学的跨文化传播:认知、翻译与全球本土的视角[J].郑州航空工业管理学院学报(社会科学版),2020,39(05):62-70.

⑥ 夏露.网络小说中国元素与网络特性关系探讨[J].中华文化论坛,2017(08):156-159.

⑦ 邵璐,吴怡萱.中国网络文学的多模态海外传播研究[J].中国出版,2021(17):47-50.

三个模态的文本在传播中的相互配合,邵璐和吴怡萱[①]关注中国网络小说的多模态"走出去"模式,以改编自网络小说的《后宫·甄嬛传》在海外的传播为例,描述文字、图像、声音三个模态的文本在传播中的相互配合,发现影视等中国网络小说的"多模态衍生品"以"阐释的便利性与表征的可操作性"帮助读者接受网络小说中较为深厚的中国文化元素,二位学者认为多模态资源联动并与 AI 翻译相配合的新模式将取代传统文本输出,并在后续研究中描绘了语言模态与非语言模态资源共存的"改编与翻译的新生态"[②]。杨会[③]也指出英译中国网络小说的 IP 改编影视以字幕、视觉、听觉共同将文本内容具象化,降低接受难度,扩大接受范围。此两项研究指出英译中国网络小说的多模态衍生文本对于英译中国网络小说接受的影响。

跨文化共通的阅读快感,是英译中国网络小说最受认可的内容特质。2016 年,赖静平在访谈中坦言:"快感是最基础的东西。"目标语读者从英译中国网络小说得到的快感和中国读者没有区别[④],强调快感在英译中国网络小说接受中的基础性作用。随后,吉云飞在和李强合著的论文中将这一观点提炼为英译中国网络小说"'一视同仁'地打通了海内外读者的'快感通道'"[⑤]。此后,"快感通道"概念成为此类研究的核心观点,见诸相关研究。如王璐璐[⑥]提出目标语读者选择

---

① 邵璐,吴怡萱.中国网络文学的多模态海外传播研究[J].中国出版,2021(17):47-50.

② 邵璐,吴怡萱.中国网络文学海外改编与翻译新生态[N].中国社会科学报,2022-09-20(008).

③ 杨会.中国网络文学海外传播现象分析[J].南京师范大学文学院学报,2021(03):45.

④ 邵燕君,吉云飞.美国网络小说"翻译组"与中国网络文学"走出去"——专访 Wuxiaworld 创始人 RWX[M]//邵燕君,肖映宣编.创始者说:网络文学网站创始人访谈录.北京:北京大学出版社,2020:427-428.

⑤ 吉云飞,李强.中国网络文学"走出去"的启示[J].红旗文稿,2017(10):11-12.

⑥ 王璐璐.全球文化消费视角下中国网络文学海外传播研究——以 Wuxiaworld 为例[J].出版发行研究,2018(01):74-78.

英译中国网络小说的主要原因是“猎奇心理、气质契合”，在论述“气质契合”时就借用了“快感通道”这一概念。薛杰夫[①]以问卷调查的数据证明了中国网络小说读者与英译中国网络小说读者的“爽点”相通，同样彰显出“快感通道”的存在。上述观点强调快感来自于“同”，而张学谦[②]则认为快感来自于“异”，即追求新鲜感所带来的快感。中西读者相通之处在于追求新鲜感，驱使英译中国网络小说“逆旅”进入目标语文化，这是对“快感通道”概念的另一种阐述。上述研究点明了英译中国网络小说的内容引发目标语读者的快感，因而受到读者欢迎，但论及快感的内涵与生成机制，上述研究并未给出答案。鉴于此，笔者[③]曾对英译中国网络小说的三重“爽感”进行阐释：内容适应定向期待带来的基础“爽感”；文化冲击创新期待带来的进阶“爽感”；创作满足内心渴望的深层“爽感”。

英译中国网络小说的叙事结构特征逐渐成为近两年的研究热点。汤哲声和黄杨[④]发现英译中国网络小说之所以能够有潜力成为全球性文化现象，是因为采用了“折叠叙事”，即“功能性模块搭建出一种可以螺旋式上升的循环结构，通过不断循环复用这一小型结构来完成长篇架构”，这一结构一方面保证读者享受到稳定的阅读体验，另一方面使英译中国网络小说能够实现大众文化、外国文化与中国文化的有效融合，并在叙事的不断重复中实现传播中国文化。黄杨[⑤]在另一篇文章中进一步指出：在海外取得良好接受效果的英译中国网络小说都是

---

① 薛杰夫. 基于受众分析的我国网络小说域外传播研究[D]. 西安工业大学，2018.

② 张学谦. 叙事言语、文本内系统与文化接触——网络小说的“逆旅”现象[J]. 中国当代文学研究，2021(02)：57-63.

③ 张雅雯. 中国网络翻译小说的阅读快感——“爽感”成因分析[J]. 中华文化海外传播研究，2020(02)：115-128.

④ 汤哲声，黄杨. 网络小说折叠叙事的文化传承与海外传播[J]. 甘肃社会科学，2021(06)：79-86.

⑤ 黄杨. 网络作家文化自觉意识的崛起与网络小说海外传播[J]. 当代作家评论，2022(01)：192.

题材单一纯粹，且在叙事套路上不断循环重复的作品，此类作品在特定类型的中国文化上不断深挖，再通过“套路的重复”向目标语读者反复强调和解说中国文化。杨柳①则使用语料库工具对《盘龙》的叙事进程进行分析，发现了英译中国网络小说以升级为主线引领读者期待的特点，一定程度上印证了汤哲声、黄杨关于英译中国网络小说叙事“套路”促进接受效果的结论。此外，杨柳还发现了英译中国网络小说有着主角聚焦、出场较早、全程在线、开门见山、少说多做等特点，认为这些特点增强了读者的代入感，激发了兴趣，降低接受障碍，是英译中国网络小说受欢迎的原因。褚晓萌②强调隐喻叙事和原型叙事在接受中的作用。上述研究换言之，即“套路”使英译中国网络小说易被海外读者接受。王一鸣③从故事层、媒介层、关系层出发，发现英译中国网络小说叙事上的故事性、中国性、媒介性三大特征，则可以视作对上述观点的整合。

内容特质研究和翻译策略研究一样，主要关注的依然是玄幻、仙侠类型英译中国网络小说。究其原因，林玲④等学者认为传统武侠小说以及都市、穿越等类型网络小说缺乏接受所需的语境，默认被接受的只有玄幻、仙侠小说。闫晓红⑤意识到青春、爱情、职场等类型的网络小说能够弥补既往文学作品中当代中国生活状况描绘的不足，但并未讨论这些类型的英译中国网络小说是否如林玲等学者所论难以被接受。然而，2019 年至 2021 年的三份《中国网络文学出海研究报告》

---

① 杨柳. 网络小说《盘龙》粉丝英译本叙事进程探析——基于语料库叙事学方法[J]. 外语教学理论与实践，2022(01)：142-153.

② 褚晓萌. 网络文学讲好中国故事的叙事建构[J]. 河南科技大学学报(社会科学版)，2023(06)：45-51.

③ 王一鸣. 中国故事国际传播视野下网络文学的本体结构与特性[J]. 编辑之友，2023(02)：31-37.

④ 林玲. 从译介学理论看中国网络文学的海外输出——以“盘龙”的海外走红为例[J]. 三峡大学学报(人文社会科学版)，2018，40(02)：94-97.

⑤ 闫晓红. 网络文学“走出去”的机遇与挑战[J]. 出版广角，2017(22)：65-67.

以及彭红艳和胡安江[①]、邵燕君等[②]学者的文章中均显示英译中国网络小说的类型呈现出多元化趋势，这说明玄幻、仙侠类型之外的英译中国网络小说的接受有待探究。

内容特质研究尝试解答为何目标语读者认为英译中国网络小说“好看”。玄幻、仙侠类型的英译中国网络小说展现出中国文化与全球性大众文化的杂糅特质，降低了文化异质性，使“快感通道”激发读者共鸣。重复的叙事“套路”保证目标语读者阅读体验，也在潜移默化中加深读者对中国文化的印象。然而此类研究讨论的对象是英译中国网络小说源文本的内容特质，而英译中国网络小说的内容特质如何满足读者的期待，而译文本为何“好看”需要结合翻译策略和译本风格进行探讨。

二、读者维度研究

读者维度研究主要分为两类：一是目标语读者的形象特征，二是目标语读者的行为模式。

（一）目标语读者的形象特征

目标语读者特征描写源自业界报告。艾瑞咨询于 2017 年发布的《中国网络文学出海白皮书》（以下简称《白皮书》）首次对英译中国网络小说的目标语读者画像进行描写：以学生为主的青年大众，多来自北美。2019 年起，艾瑞咨询每年发布的《中国网络文学出海（研究）报告》[③]（以下简称《报告》）中也都包含“读者画像”，反映目标语读者特征的演变。

① 彭红艳，胡安江. 中国网络文学国际传播的话语模式与叙事优化[J]. 当代外语研究，2020(01)：119-128.

② 邵燕君，吉云飞，肖映萱. 媒介革命视野下的中国网络文学海外传播[J]. 文艺理论与批评，2018(02)：119-129.

③ 2021 年，《中国网络文学出海研究报告》更名为《中国网络文学出海报告》。

《白皮书》关于读者性别、年龄、教育、职业等指标的数据为相关研究提供参照。邱冬胜[1]和薛杰夫[2]均在 Wuxiaworld、Gravity tales 等海外网络小说翻译网站和论坛、社交媒体上投放问卷，调查结果在性别、年龄、教育、阅读时长等指标上均与白皮书一致。根据实证数据，邱冬胜发现玄幻类型的英译中国网络小说的目标语读者与国内同类读者群体特征相似[3]，都属于以学生为主的青年大众，同龄、同处境的读者更易产生共鸣，这为“快感通道”提供佐证。

《白皮书》显示，早期英译中国网络小说目标语读者多来自北美。郑剑委[4]利用全球网站数据供应商 Alexa 公布的网站流量数据，参照《白皮书》，将目标语读者群体进一步精确到发达国家中的亚裔、非裔、西班牙裔男性，而非白人群体。这一发现将关注点指向目标语内部的社会文化因素，是一大进步。遗憾的是，该研究仅描述了现象，未能深究少数族裔这样的“边缘群体”为何对英译中国网络小说情有独钟。随后的三份《报告》显示，目标语读者来源从北美向欧洲、亚洲以及非洲更为“边缘”的国家扩散，由此带来读者规模的扩大化和文化语境的复杂化，这些变化对接受的影响有待考察。

在目标语读者的阅读动机上，《白皮书》的调查结果与国内的普遍认知不同。《白皮书》显示，读者阅读英译中国网络小说主要是出于“单纯的喜欢”“打发时间”“缓解压力”，而出于“了解东方文化”而阅读的读者仅占 20%左右。在同于 2017 年发表的论文 *Globalization of Chinese Online Literature: Understanding Transnational Reading of Chinese*

---

① 邱冬胜. 网络玄幻小说在北美的传播研究——以英译网站 Wuxiaworld 为例[D]. 东华理工大学,2018.

② 薛杰夫. 基于受众分析的我国网络小说域外传播研究[D]. 西安工业大学,2018.

③ 邱冬胜. 网络玄幻小说在北美的传播研究——以英译网站 Wuxiaworld 为例[D]. 东华理工大学,2018.

④ 郑剑委. 中国网络文学的海外接受与网络翻译模式[J]. 华文文学,2018(05): 119-125.

Xuanhuan Novels Among English Readers 中,Wang① 通过观察 Wuxiaworld 网站的读者评论并对 15 位海外男性读者进行问卷调查,得出目标语读者阅读玄幻小说的主要是为了愉悦(pleasure-oriented demand)而非文化,这一结论与《白皮书》不谋而合。而在很长一段时间内,受源语文化取向的影响,国内学者不愿承认英译中国网络小说的娱乐功能,并试图证明中国文化才是目标语读者阅读的动机,如薛杰夫②在通过问卷调查发现了受访目标语读者以娱乐为主要动机后,还试图通过读者接触英译中国网络小说的时长和对中国的印象之间成正比关系证明英译中国网络小说的文化传播功能。目标语读者阅读英译中国网络小说的动机及其对于接受的影响需要正视和深究。

近年来,英译中国网络小说的女性读者比例上升显著。2017 年,《白皮书》显示,男性读者占九成以上。邵燕君等③将这一数据与 Alexa 的数据结合起来,提出"'女性向'文学还有很大的空间"的预言,但在当时并未引起注意。然而,2019 年后的三份《报告》显示这一预言已经得到验证,男性读者在数量上的优势地位逐渐被逆转和反超,女性读者中,"家庭主妇"增长突出。与此相对的是,性别比例的变化以及由此带来文本偏好类型、接受效果的变化却鲜有讨论。

(二)目标语读者的行为模式

对于英译中国网络小说的目标语读者行为模式,学术界主要关注的是翻译、互动、创作的行为,以及群体认同的形成。

学术界将目标语读者主导的翻译模式视为互联网时代大众力量

---

① WANG, Y. Globalization of Chinese Online Literature: Understanding Transnational Reading of Chinese Xuanhuan Novels Among English Readers[J/OL]. *Inquiries Journal*, 2017(12). (2021-10-29) http://www.inquiriesjournal.com/a? id=1716.

② 薛杰夫. 基于受众分析的我国网络小说域外传播研究[D]. 西安工业大学, 2018: 39-41.

③ 邵燕君,吉云飞,肖映萱. 媒介革命视野下的中国网络文学海外传播[J]. 文艺理论与批评, 2018(02): 127.

的崛起。尹倩和曾军①认为众包翻译模式使读者显身介入翻译过程，打破了传统文学翻译传播模式的自上而下的权力链条，形成“全民话语狂欢”。梁丽娜②将这种翻译模式称作“共享译介模式”，以全球范围内“多向、互动、去中心”的特性瓦解了文学翻译传播中的精英中心霸权。以上两项研究以传统的自上而下的文学翻译与传播模式为对照，认为目标语读者主导的翻译模式以“平等”打破了传统模式中不平等的权力关系。除了“平等”之外，“对话”也是此类研究的关键词。邓婷婷③强调这一过程中译者与读者的情感互动，认为英译中国网络小说的翻译模式实现了作者、译者、读者平等对话，译者在这一过程中接收到读者通过评论和打赏行为赋予的情感，也在输出译文的过程中输出情感，影响读者的思想观念。彭红艳和胡安江④进一步指出，英译中国网络小说允许大众读者进行翻译、评论、创作，形成了一个对话场域，使传统上被作为他者而边缘化的民间力量的参与感和话语权得到前所未有的彰显。近期的研究中，无论是吴赟和林轶⑤对英译中国网络小说在线协作模式的论述，还是邓丽君⑥对英译中国网络小说中读者、译者、译作的新型翻译本体要素的分析，焦点都在于读者与译者的互动以及二者间的相互转化。无论是“平等”还是“对话”，都暗示这一翻译模式与社会文化维度的联系，而上述研究多将翻译模式抽离出

---

① 尹倩，曾军. 中国网络文学的海外传播：现状及其问题[J]. 社会科学，2019(01)：178.

② 梁丽娜. 中国网络小说走出去之译介研究——以 Wuxiaworld. com 对中国网络小说的成功译介为例[J]. 重庆交通大学学报(社会科学版)，2020，20(01)：101-106.

③ 邓婷婷. 在中国网络文学外译中感受在场的身体——以“武侠世界”捐助更翻为例[J]. 武夷学院学报，2018，37(10)：57-60.

④ 彭红艳，胡安江. 中国网络文学国际传播的话语模式与叙事优化[J]. 当代外语研究，2020(01)：125.

⑤ 吴赟，林轶. 在线协作下的中国网络小说英译[J]. 小说评论，2022(06)：131-136.

⑥ 邓丽君. 数字叙事视域下中国网络文学数字化翻译模式本体新探[J]. 解放军外国语学院学报，2023，46(03)：121-128.

来,少有对其社会文化根源的探究,也少有实例具体阐释这种互动对翻译和接受的影响。

除了与传统文学翻译模式的对比外,学者还将目标语读者主导的翻译模式与英译中国网络小说主动“走出去”的模式进行对比。吉云飞[①]将目标语读者主导的“Wuxiaworld 模式”和由资本和专业翻译团队支撑的“起点模式”在建立原因、付费机制、翻译模式、原创体系四个方面进行对比,但并未明确解释的“Wuxiaworld 模式”在“起点模式”出现后依然常盛不衰的原因。相较于上述研究的抽象论证,李彦[②]在其博士论文中使用“网络志”研究方法,完整描写了 Wuxiaworld 网站译文生产和接受过程,展示了目标语读者主导的翻译模式的全貌,证实读者转化而来的译者在接受过程中的“关键行动者”身份,但在解释英译中国网络小说接受原因上,还有待与社会文化、文本两个维度相结合。

目标语读者行为模式与英译中国网络小说接受效果之间的关系受到学术界关注。吴赟[③]在其专著中总结了大众读者在英译中国网络小说中的核心作用:大众读者不仅是文学的传播和接受的目标,还能够以批评话语丰富译文本的阐释空间,以“粉丝”书写(创作)推动文学生产。在此之前,学者已经注意到目标语读者评论的作用。尹倩和曾军[④]认为英译中国网络小说的读者以“大众评审”等行为表达对文本的态度,个体读者的行为累积起来能够以自下而上的口碑效应推动

---

① 吉云飞.“起点国际”模式与“Wuxiaworld”模式——中国网络文学海外传播的两条道路[J].中国文学批评,2019(02):102-108+159.

② 李彦.中国网络文学在虚拟社区中的译介——基于 Wuxiaworld 的网络志研究[D].上海外国语大学,2019.

③ 吴赟.改革开放以来中国当代小说英译研究[M].杭州:浙江大学出版社,2021:274-278.

④ 尹倩,曾军.中国网络文学的海外传播:现状及其问题[J].社会科学,2019(01):171-180.

英译中国网络小说的传播。高帆和王迪雅①发现优质的读者评论和自发性推荐等批评行为能够带动英译中国网络小说的传播。Li② 发现译者与目标语读者通过参与互动，在群体内积累共同的“文体知识”（genre knowledge），使异化翻译的中国文化元素能够被目标语读者广泛接受。这些学者普遍认为目标语读者之间的评论与互动影响着英译中国网络小说的接受，这提示在考察英译中国网络小说的接受效果时，必须关注大众读者的真实反应。袁丽梅和薛东玥③以《魔道祖师》为例研究读者反馈对中国网络小说翻译质量以及文化输出的影响，赵礼寿和马丽娜④注意到《诡秘之主》的读者与作者通过“本章说”进行交流进而影响文本创作的现象，也都体现了读者行为对英译中国网络小说接受的影响。

读者的创作行为是英译中国网络小说与先前中国文化“走出去”在接受效果上的主要区别。尤达⑤和李欣然⑥均认为英译中国网络小说的目标语读者属于约翰·费斯克（John Fiske）所论的大众文化“过度的读者”：不仅以传统的阅读方式消费文本，更主动投入到意义的生产环节，是“主动的、热烈的、狂热的、参与性的”，创作被包含在意义生产行为之中。邱冬胜⑦的“浅/深阅读”与之同理：与普通读者追求视觉快感和精神愉悦的常规阅读行为“浅阅读”相比，“深阅读”是海外

① 高帆，王迪雅. 从《斗破苍穹》看我国网络小说的跨文化传播——以 Wuxiaworld 网站读者评论为例[J]. 传播力研究，2019，3(36)：264-265.

② LI D. The Transcultural Flow and Consumption of Online Wuxia Literature through Fan-based Translation[J]. *Interventions*，2021，23(7)：1041-1065.

③ 袁丽梅，薛东玥. 网络小说翻译过程中读者、译者互动及其影响探析——以《魔道祖师》的英译为例[J]. 外国语文，2022，38(04)：128-134.

④ 赵礼寿，马丽娜. 粉丝营销视角下网络文学海外传播策略研究——以《诡秘之主》为例[J]. 吉林师范大学学报(人文社会科学版)，2023，51(01)：105-110.

⑤ 尤达. 网络文学海外受众媒介消费研究[J]. 编辑学刊，2019(01)：108-113.

⑥ 李欣然. 中国网络小说海外迷群体文本生产力研究[D]. 上海外国语大学，2018.

⑦ 邱冬胜. 网络玄幻小说在北美的传播研究——以英译网站 Wuxiaworld 为例[D]. 东华理工大学，2018：32.

原创作者追求文本知识全面系统地掌握的阅读行为,以借鉴英译中国网络小说进行创作为典型表现。上述研究从理论上判定了英译中国网络小说的大众文化性质。杨柳[①]在其博士论文首次详细分析了海外网络小说作者 Tina Lynge 和 Deathblade 在小说中塑造的中国文化形象,认为他们的作品尽管仍受刻板印象的影响,但反映出他们对中国文化的认同和传播的热切愿望,是以实证考察目标语读者创作行为的动机。张富丽[②]等学者近期发表的成果中,也都提到了海外粉丝转变为网文作者的现象,指出英译中国网络小说在目标语文化中本土化传播的趋势。英译中国网络小说启发海外读者创作的现象及其影响,还有待结合文本进一步讨论。

目标语读者的行为模式促成群体认同的形成。2019 年时,尤达注意到英译中国网络小说目标语读者的认同问题。尤达[③]总结了英译中国网络小说目标语读者的身份认同过程:从被动地“观看”(阅读)到主动参与“表演”(重构、再创造等行为),再从其他读者的认同中收获自我肯定。在另一篇文章中,尤达[④]指出英译中国网络小说目标语读者虽然已经在分享和交流中初步构建相互认同的“诠释社群”,但真正的群体认同尚未形成,与“显著的文化现象”仍有距离,态度较为审慎。随后,彭红艳和胡安江也提到目标语读者的群体认同,“网络文学的吸引力不仅是故事内容,很大程度上来自读者之间的情感互动”[⑤],但未展开论述。2020 年出版的《网络文学教程》首次将中国网络小说的海

① 杨柳. 网络幻想小说英译塑造的中国形象研究——以仙侠小说为例[D]. 上海外国语大学,2019:134-165.

② 张富丽. 从作品出海到生态出海:中国网络文学国际传播现状[J]. 扬子江文学评论,2023(02):75-81.

③ 尤达. 从文化输出到文化认同——浅析网络文学海外受众身份认同的构建过程[J]. 编辑之友,2019(08):49-54+59.

④ 尤达. 网络文学海外受众媒介消费研究[J]. 编辑学刊,2019(01):108-113.

⑤ 彭红艳,胡安江. 中国网络文学国际传播的话语模式与叙事优化[J]. 当代外语研究,2020(01):125.

外传播现象写入教科书，与先前诸如欧阳友权的《中国网络文学二十年》[①]等网络文学学术专著仅从宏观数据描述这一现象不同，该书编著者着重从读者维度论述了接受现象，将目标语读者对英译中国网络小说的接受定义为"'海外追文族'的'在地化'接受"的过程：目标语读者由于"快感沉浸"产生对文本进行再生产的动力，进行"在地化解读"，生产出的文本在互联网空间进行交流，实现"交际性阅读"，在交际的过程中，形成读者的共同体[②]。"读者的共同体"被写入教科书，意味着英译中国网络小说的读者群体认同已得到学术上的承认。刘桂茹[③]进一步地将英译中国网络小说的海外粉丝社群模式定义为"UGC+PGC"，阐释读者行为和群体认同对英译中国网络小说传播与接受的推动作用。

以《白皮书》为契机，学术界关注英译中国网络小说的目标语读者特征。英译中国网络小说的目标语读者与源语读者在性别、年龄、职业、受教育程度等指标上相似，间接证明"快感通道"的存在，但是近来女性读者比例上升，由此带来的类型偏好、接受效果上的变化尚未在研究中有所体现。学术界关注到目标语读者的翻译、评论、创作等行为模式，也尝试讨论这些行为与接受之间的关系，但多是将读者从社会文化语境和文本中抽离出来，总结出抽象的行为模式。读者的行为是在阅读并接受文本后做出的，是在一定的社会文化语境中发生的，这意味着关于读者行为模式的研究必须与文本和社会文化维度相结合。另外，目标语读者行为的产物——译文本、评论、原创小说等，都是英译中国网络小说接受效果的证明，在研究接受效果时应作为实证

① 欧阳友权. 中国网络文学二十年［M］. 南京：江苏凤凰文艺出版社，2018：242-248.

② 周冰. 第八章 网络文学的海外传播［A］. 网络文学教程［M］. 周志雄主编. 北京：高等教育出版社，2020：129-141.

③ 刘桂茹. 技术视角下的网络文学海外传播［J］. 中国文化产业评论，2023，32(01)：169-181.

纳入考察。

三、社会文化维度研究

相较于文本维度和读者维度，社会文化维度研究数量较少。最先发现英译中国网络小说现象的吉云飞在2016年的研究中就已提及社会文化维度因素。但此后一段时间内，学术界专注于文本维度的研究，不再关注英译中国网络小说翻译和接受所发生的社会文化语境，直至2018年，社会文化维度的研究才重新回到学术视野。

（一）目标语社会文化维度

目标语读者对英译中国网络小说的喜爱，源自对“另类现实”（alternatives）的期待。研究初期，吉云飞①指出英译中国网络小说的魅力在于为目标语读者营造出不同于日常生活，也不同于日本轻小说和美国主流文化的“另类现实”，暗示目标语社会文化中盛行着对现实的不满，是目标语读者青睐英译中国网络小说的深层心理原因。邓婷婷②与吉云飞的观点异曲同工，认为英译中国网络小说的接受成功反映出目标语读者对发达资本主义体制的失望，在不同体制下生产出的英译中国网络小说使读者在异世界中获得重生。

读者渴求“另类现实”是由于现代社会的生存压力。在锁定了目标语读者群体特征后，邱冬胜③更为直接地指出了以青少年为代表的目标语读者内心失望的现实来源：心理压力、校园霸凌、贫富差距等，这些因素构成难以逃避的重压，使目标语读者迫切希望得到情感宣

---

① 吉云飞.“征服北美，走向世界”：老外为什么爱看中国网络小说？[J].文艺理论与批评，2016(06)：115-116.

② 邓婷婷.在中国网络文学外译中感受在场的身体——以“武侠世界”捐助更翻为例[J].武夷学院学报，2018，37(10)：59.

③ 邱冬胜.网络玄幻小说在北美的传播研究——以英译网站Wuxiaworld为例[D].东华理工大学，2018：31-32.

泄,英译中国网络小说以异域风情的架空世界和主角逆袭的经历吸引了目标语读者,使其暂时从重压中解脱。王青[①]则认为是全球化导致人类共同的生存困境与精神危机,由此产生了对排解压力的共同追求,是从社会文化维度论述"快感通道"存在的可能。

"另类现实"与现实之间的关系也是学者思考的方向。一些学者认为,英译中国网络小说的架空世界能够排除现实中社会文化之间的摩擦对文化传播的影响。武文颖和蒋璐[②]指出,玄幻小说的架空世界是另一个"共同意义空间",在这一空间中不同文化的读者使用相对独立的符号系统进行交流,受现实文化壁垒影响较小。吴赟和顾忆青[③]指出,架空世界使目标语读者跳出"特定政治文化背景的认知局限"与"时代语境的空间制约",从而实现了"超越国界的审美意义"。针对这一观点,吴赟在随后出版的专著中再次论述:英译中国网络小说构建了一种具有普遍意义的价值属性,因此"具有了超越国界的审美意义和阅读价值"[④]。另一些学者认为,架空世界给读者创造了宣泄的空间。叶雨菁[⑤]将架空世界视为巴赫金所论的"狂欢"的广场,使读者摆脱现实的规范,在狂欢中实现了强大的自我和理想的人生。彭红艳和胡安江[⑥]认为目标语读者通过在架空世界中找寻被压抑的"本我",排解现实生活中的焦虑,获得精神和情感上的现实性满足。从上述研究可知,架空世界的作用主要有二:满足读者想象和排除现实干扰。

---

① 王青. 网络文学海外传播的四重境界[J]. 中国文学批评,2019(02):109-115+160.

② 武文颖,蒋璐. 符号互动论视域下的中国网络小说跨文化传播[J]. 对外传播,2018(10):31.

③ 吴赟,顾忆青. 中国网络文学在英语世界的译介:内涵、路径与影响[J]. 中国比较文学,2019(03):66-79.

④ 吴赟. 改革开放以来中国当代小说英译研究[M]. 杭州:浙江大学出版社,2021:260-262.

⑤ 叶雨菁. 中国网络文学的跨文化传播解读[J]. 对外传播,2018(05):34.

⑥ 彭红艳,胡安江. 中国网络文学国际传播的话语模式与叙事优化[J]. 当代外语研究,2020(01):119-128.

大众文学的流行离不开社会文化语境。彭红艳和胡安江指出,英译中国网络小说“要取得持续有效的传播和接受效果,不能只纠结于翻译问题”,更要关注社会历史文化语境以及接受者的兴趣、心理和反应等因素①。但截至目前,仅有陈彦旭②提到反智主义为英译中国网络小说成为一条“另类传播路径”创造机会:反智主义社会思潮使西方知识分子与大众之间的裂隙扩大,从而使英译中国网络小说成为“动态经典”的现象具有反精英色彩。目标语读者为何渴望英译中国网络小说的架空世界,架空世界与现实的社会文化语境存在何种联系,架空世界如何帮助读者实现对“另类现实”的期待,上述研究着墨较少。

(二)源语社会文化维度研究

源语的社会文化维度研究更少、更零散,多在研究中一笔带过。从综合国力来看,庄庸和安晓良③指出,英译中国网络小说之所以能够“走出去”,根本原因在于中国历经改革开放,已经成为工业化强国和文化大国。从文学场域出发,邵燕君等④认为英译中国网络小说从根源上得益于互联网带来的“媒介革命”。从源语与目标语双方文化关系上来看,郭竞⑤认为西方文化的强势地位给中国文学逆向传播造成巨大阻力,既往中国文学对外传播急于“送出去”的急躁与冲动,以及内容上过多强调文化核心价值的独特性与优越性,是英译中国网络小

① 彭红艳,胡安江. 中国网络文学国际传播的话语模式与叙事优化[J]. 当代外语研究,2020(01):123.

② 陈彦旭. “雅到俗”抑或“俗到雅”?——论“中国文化走出去”的另类传播路径[J]. 西安外国语大学学报,2018,26(03):91-96.

③ 庄庸,安晓良. 中国网络文学海外传播:“全球圈粉”亦可成文化战略[J]. 东岳论丛,2017,38(09):102.

④ 邵燕君,吉云飞,肖映萱. 媒介革命视野下的中国网络文学海外传播[J]. 文艺理论与批评,2018(02):119-129.

⑤ 郭竞. 也谈中国文学翻译出版“走出去”——以中国网络文学欧美热为例[J]. 出版广角,2017(03):85-86.

说面临的不利因素。曾照智[①]认为当下的文化共生格局为英译中国网络小说翻译传播带来机遇,同时也带来与西方文化价值观体系冲突的困境。相关学者众说纷纭,未能形成共识。

对于英译中国网络小说现象的社会效益,陆秀英[②]初步将英译中国网络小说的社会效益分为思想价值和国家文化形象构建、文学文化价值、经济价值、艺术价值四个维度,并从正反两方面进行论述。尽管得出的结论仍然比较抽象,也并未在讨论时对源语社会和目标语社会进行区分,但仍是有益的尝试。

总体而言,学术界对社会文化维度关注度偏低,研究成果少而散,尚未勾勒出社会文化现状。反智主义、现实重压导致目标语读者热衷英译中国网络小说所描绘的架空世界,这一结论虽言之有理,但还略显单薄,需要结合文本和读者维度进一步论证。双方社会文化的关系和互动对英译中国网络小说接受的影响有待考察。

四、英译中国网络小说的文化价值

学术界对英译中国网络小说的探讨,一在接受原因,另一在文化价值。学术界对于英译中国网络小说文化价值的态度经历着从审慎到肯定再到理性的转变,争议点集中于价值观、架空世界、中国文化元素的含量和含义上。

(一)英译中国网络小说的文化价值评价

2016—2017 年,学者对于英译中国网络小说这一刚刚出现的跨文化传播现象的价值较为审慎。最早发现英译中国网络小说传播现象

① 曾照智. 文化共生与中国“网文出海”的困境[J]. 广西师范学院学报(哲学社会科学版),2018,39(04):25-28+33.

② 陆秀英. 中国网络小说外译传播的社会效益评价研究[J]. 南昌航空大学学报(社会科学版),2021,23(04):65-70.

的吉云飞[1]是最先质疑其文化价值的学者。他虽然肯定了英译中国网络小说的接受效果,但也表示英译中国网络小说要真正实现中国文化“走出去”,不能靠《盘龙》等玄幻、仙侠“俗”小说,而是要靠具备“中国风格”“中国价值”的“雅”小说,因为后者更具文化和文学价值。对此,吉云飞提出了“类型平衡”这一解决方案,但此后吉云飞的研究兴趣转移,并未就“中国风格”“中国价值”“类型平衡”等问题深入。同样是2016年,赖静平在访谈中以实际经验提出了现阶段“越是中国的,可能越难走出去”的观点,认为英译中国网络小说要实现文化传播,还需要再过二三十年的时间[2]。万金[3]一方面肯定了异化翻译的中国文化元素对英语词汇和表达的丰富,同时也质疑英译中国网络小说盲目追求快感,恐对目标语读者输出变异的文化影响,违背中国文化“走出去”的初衷。庹继光[4]虽认同英译中国网络小说对中国文化的呈现,同时也认为其在能否代表中国主流文化和价值观上“应打一个问号”,质疑其仅实现了商业层面的输出,而非文化层面的“走出去”。早期研究在肯定了接受效果的同时,也注意到英译中国网络小说在文化价值上的不足,英译中国网络小说在当时还是新生的跨文化现象,因而学者对英译中国网络小说“走出去”普遍采取观望态度。

随着英译中国网络小说的接受效果被广泛注意,学术界普遍将英译中国网络小说视为中国文化“走出去”的成功案例。王颖冲的《中

---

① 吉云飞.“征服北美,走向世界”:老外为什么爱看中国网络小说?[J].文艺理论与批评,2016(06):112-120.

② 邵燕君,吉云飞.美国网络小说“翻译组”与中国网络文学“走出去”——专访Wuxiaworld创始人RWX[M]//邵燕君,肖映宣编.创始者说:网络文学网站创始人访谈录.北京:北京大学出版社,2020:423-430.

③ 万金.网络武侠小说在英语世界的传播——以翻译网站Wuxiaworld为例[J].东方翻译,2017(05):29.

④ 庹继光.我国“文化走出去”中网络文学担当与路径探析[J].广州大学学报(社会科学版),2017,16(09):88.

文小说英译研究》[①]将悬疑、科幻、武侠等流行题材的文学作品有效提升了中国文学的海外形象与影响力，是传统严肃文学的重要补充。姚建彬等主编的《中国文学海外发展报告（2018）》[②]同样注意到英译中国网络小说这一“传统概念中的边缘文学”的崛起，对其开拓目标语文化系统中的普通受众持鼓励态度。胡安江[③]在许钧主编的《改革开放以来中国翻译研究概论（1978—2018）》的“中国文学‘走出去’与中译外研究”一章中特别指出，英译中国网络小说理应包括在中国文学的“所有题材”中，得到应有的关注研究。此外，还有一系列肯定英译中国网络小说的文化价值的论文，如《中国网络小说走红海外的启示》[④]《文化自信视域下中国网络文学海外传播的路径探析》[⑤]等。上述研究以宏观的现象评介为主，并没有具体的例证，对于英译中国网络小说“走出去”的文化价值或一味褒扬，或选择性模糊，不再正面回应。

2018 年开始，学术界意识到应对英译中国网络小说在中国文化“走出去”中的具体角色进行定位，态度又发生转变。彭石玉和张慧英[⑥]提出，“正视中国网络文学外译的力量与优势，绝对不等同于只关注中国文学是否被接受的片面地‘走出去’，而不理睬‘走出去’的是否是真正的中国文化”，提示关注英译中国网络小说所传播的“中国文化”内容与接受效果之间的关系。陈定家等[⑦]提出，仅凭英译中国网络

① 王颖冲. 中文小说英译研究[M]. 北京：外语教学与研究出版社，2018：1，147.

② 姚建彬主编. 中国文学海外发展报告（2018）[M]. 北京：社会科学文学出版社，2019：13-16，390-393.

③ 胡安江. 中国文学走出去与中译外研究[M]//许钧主编. 改革开放以来中国翻译研究概论（1978—2018）. 2018：303-313.

④ 陈朝辉. 中国网络小说走红海外的启示[J]. 对外传播，2017（11）：35-37.

⑤ 王丹红. 文化自信视阈下中国网络文学海外传播的路径探析[J]. 出版广角，2019（14）：46-48.

⑥ 彭石玉，张慧英. 中国网络文学外译与文化走出去战略——以“武侠世界”为例[J]. 外国语言与文化，2018，2（04）：105.

⑦ 陈定家，唐朝晖. 网络文学：扬帆出海正当时[J]. 文艺争鸣，2019（03）：152-156.

小说不能实现中国文化“走出去”，促进中华优秀传统文化走向世界才是更应关心的问题，呼吁重新审视英译中国网络小说的文化价值。吴漤于 2021 年出版的专著《改革开放以来中国当代小说英译研究》将英译中国网络小说纳入中国当代小说“走出去”的整体框架，同时也认识到英译中国网络小说“并不能全面反映中国文化的风格与价值观”，要想实现中国文化核心价值观的传播还需要凸显中国文化的思想高度[①]，这一观点与先前吉云飞提出的“中国风格”“中国价值”类似。侯瞳瞳等[②]同样注意到，英译中国网络小说的接受效果与接受内容之间存在的矛盾，认为英译中国网络小说的商业属性导致其普遍存在娱乐性、功利性的问题，因此“阅读流量大并不能代表精神文化层面的认同”，且与目标语文化系统中的主流文化圈和精英人群之间仍存在鸿沟。有学者关注英译中国网络小说与国家机构主导的中国文化“走出去”之间的互补关系，Jiang[③] 在讨论国家翻译政策时将英译中国网络小说视为国家翻译政策的“他者”，可为国家翻译政策提供参考。与上述学者聚焦当下不同，吕世生[④]以历史的眼光看待英译中国网络小说，认为英译中国网络小说作为文化交流活动的价值要高于其文本自身的文学和文化价值，其“走出去”是特定历史阶段、特定文化关系格局下的文化交流策略，必要性会随着文化之间交流加深而减弱。上述研究反映出学术界开始将英译中国网络小说视为跨文化交流现象，置于更大的文化背景下，重回理性，客观评价其“走出去”的文化价值。

---

① 吴赟. 改革开放以来中国当代小说英译研究[M]. 杭州：浙江大学出版社，2021：279.

② 侯瞳瞳，单世联，鄢楚茜. 中国网络文学跨文化传播的悖论、偏差与疏离[J]. 南昌大学学报(人文社会科学版)，2021，52(06)：110-119.

③ JIANG M. Translation as cultural diplomacy：a Chinese perspective[J]. *International Journal of Cultural Policy*，2021：1-13.

④ 吕世生. 中国英译网络小说“走出去”的文化价值[J]. 翻译与传播，2020(2)：41-54.

（二）英译中国网络小说的文化价值争议

自2017年起，学术界一直就英译中国网络小说的文化价值争论不休。英译中国网络小说所传达出的价值观，是学术界对其文化价值的争议之一。早期研究多认为，玄幻仙侠小说以草根少年逆袭升级为主题，反映积极进取的价值观，符合中国文化核心价值，这种正面的共通性价值观发挥着打破文化壁垒的作用。庹继光①认为英译中国网络小说蕴含的正义、爱情、奋斗等人类共同价值观有效地消除文化输出的过程中的“文化折扣”（某一种文化特有的、其他文化难以理解的元素）。邹祖邑②认为英译中国网络小说反映的成长、梦想、正义等普适性价值观可使中国文化的他者性和陌生性有所缓和，持类似观点的学者不在少数：武文颖和蒋璐③将这种人类共通的情感追求和价值追求视为一种“共同意义空间”；张纯莹④认为这样的价值观可以扩大“约哈里窗口”理论中的“开放区”；曹文刚⑤认为“网络文学只有表现人类共同的精神追求才能实现传播效果的最大化”。“求同”的价值观存在于源语文化和目标语文化之间的交集，能够化解异质文化的陌生感，使英译中国网络小说被目标语读者认同和接受，是此类研究的普遍观点。面对质疑，彭石玉和张慧英⑥认为“实力可以决定一切”等思想虽看似负能量，但勤奋、乐观、正义、奋斗等符合中国文化核心价值

① 庹继光. 我国“文化走出去”中网络文学担当与路径探析[J]. 广州大学学报（社会科学版），2017，16（09）：86-91.

② 邹祖邑. 高低语境下的中国网络玄幻小说跨文化传播研究[D]. 上海外国语大学，2018：20-22.

③ 武文颖，蒋璐. 符号互动论视阈下的中国网络小说跨文化传播[J]. 对外传播，2018（10）：29-31.

④ 张纯莹. 中国网络小说北美传播的跨文化解读——以英译网站 Wuxiaworld 为例[D]. 河北经贸大学，2019.

⑤ 曹文刚. 我国网络文学的海外传播——兼谈网络小说《琅琊榜》[J]. 湖南工程学院学报（社会科学版），2019，29（02）：27-31.

⑥ 彭石玉，张慧英. 中国网络文学外译与文化走出去战略——以“武侠世界”为例[J]. 外国语言与文化，2018，2（04）：103-104.

观的观念仍是核心，试图证明英译中国网络小说符合中国文化核心价值观。

否定者认为，英译中国网络小说的“丛林法则”色彩与中国文化的核心价值观相悖。林江依等①注意到一些英译中国网络小说的主角被赋予了“无情”“狡猾”“傲慢”等贬义标签，并非正人君子的设定，却因新奇而吸引大量目标语读者。邱冬胜②的研究发现“丛林法则”是支配英译中国网络小说的根本价值观，这种不符合政治正确的价值观背离了目标语文化系统的常规，激发了目标语读者的猎奇心理，进而使其对英译中国网络小说产生兴趣。杨柳③使用语料库工具分析得出，英译中国网络小说“披着中国文化的外衣，蕴含着突破自我、成为强者的内核”，宣扬积极进取的同时，不免带有边沁的功利主义色彩。“丛林法则”为何吸引目标语读者，与中国文化核心价值观的传播是否冲突，是否影响中国文化“走出去”，需要解释。

第二个争议点在于架空世界是否能反映真实的中国文化。席志武和付自强④认为玄幻类型的英译中国网络小说存在着内容同质化、空心化，脱离历史和现实的问题，导致其难以真正传达中国传统文化主旋律。杨会⑤回顾了英译中国网络小说的发展历程后，指出英译中国网络小说向目标语文化展示的更多是东方古国形象和想象出的“玄幻”中国，不够真实、立体、全面。邓祯⑥持不同观点：玄幻、仙侠等类型

---

① 林江依，段绮茹，关雪维，等. 中国网络玄幻小说走红海外的原因探究[J]. 新闻研究导刊，2017，8(23)：32-33.

② 邱冬胜. 网络玄幻小说在北美的传播研究——以英译网站 Wuxiaworld 为例[D]. 东华理工大学，2018：25-27.

③ 杨柳. 网络幻想小说英译塑造的中国形象研究——以仙侠小说为例[D]. 上海外国语大学，2019.

④ 席志武，付自强. 我国网络文学海外传播现状、困境与出路[J]. 中国编辑，2018(04)：79-84.

⑤ 杨会. 中国网络文学海外传播现象分析[J]. 南京师范大学文学院学报，2021(03)：46.

⑥ 邓祯. 网络文学的海外传播与中国文化形象构建[J]. 中国编辑，2019(03)：8-13.

小说看似虚幻,实则承载着对中国文化形象的“现实想象”,小说人物和情节携带着中国文化所倡导的豁达积极的态度、崇尚和平的理念、勇于担当的精神等,在走入目标语读者心理时会转化为文化建构力,帮助读者构建中国文化的现实想象。王青①亦表示肯定:优秀的英译中国网络小说“即便是以超越现实的想象式书写构建故事框架,也在更深层次上指向人类普遍的价值情感与人文关怀,这使目标语读者在潜移默化中获得具备东方色彩的情感教益与思想启迪”。二位学者均相信架空世界可以传达真实的中国文化。彭红艳和胡安江②从表现形式与价值传达的关系上对英译中国网络小说进行辩护:英译中国网络小说“快餐式”文化体验是满足目标语读者审美意趣和接受心理以实现接受的手段,与彰显文化内涵和价值深度并不冲突。而孙乔可和李琴③则认为,受“粉丝经济”的文化消费影响,玄幻、仙侠类型的英译中国网络小说“快餐式”内容以“套路”限制了“中国特色”,造成英译中国网络小说受众有限,或将给英译中国网络小说造成发展困境。

第三个争议点在于英译中国网络小说的中国文化元素含量和含义。研究初期,部分学者受传统思路影响,认为英译中国网络小说的魅力在于中国文化。谷学强和汪中瑞④认为目标语读者熟悉的“本土性”大众文化表现形式只是英译中国网络小说打开海外市场的方式,维持传播效果最终要靠强调中国文化的“异域性”。同理,宋学清和吴昊⑤指出中国传统义利观、传承精神、团队精神等符合中国文化核心价

① 王青.网络文学海外传播的四重境界[J].中国文学批评,2019(02):111.

② 彭红艳,胡安江.中国网络文学国际传播的话语模式与叙事优化[J].当代外语研究,2020(01):127.

③ 孙乔可,李琴.网文出海何以“走进去”:发展困境与未来想象[J].出版发行研究,2022(03):88-92.

④ 谷学强,汪中瑞.从 Wuxiaworld 爆红看我国网络小说的跨文化传播[J].安庆师范大学学报(社会科学版),2017,36(03):56-58+73.

⑤ 宋学清,吴昊.中国网络小说“走出去”的文化反思[J].哈尔滨师范大学社会科学学报,2018,9(01):120-124.

值观的内核才是英译中国网络小说的核心竞争力。在上述学者看来,英译中国网络小说广受欢迎,归根到底还是其承载的中国文化。然而,夏露[①]的研究以传统武侠小说《七杀手》与网络玄幻小说《星辰变》的评论数对比悬殊印证了先前吉云飞、赖静平等人"越是中国的越难走出去"的判断:中国文化制约着英译中国网络小说的接受效果。这两种观点孰是孰非,还需要文本与读者反馈相结合的实证分析。这一阶段的研究重点在于中国文化元素的含量对接受效果的影响,并未关注这些文化元素的含义。近来的研究成果显示,英译中国网络小说中的中国文化元素与原本内涵存在差异。杨柳[②]基于语料库的分析发现英译中国网络小说中的中国文化元素往往仅作为背景设置和气氛营造,失去了原始语境中的意义内涵,传播的并非真正的中国文化。在其随后出版的专著中,杨柳[③]将这一观点进行了更为客观、学术的阐述:"语言形象及内涵的重要性让位于功能性,这些表达只是功能的符号化。"同样,蔡翔宇[④]对于盛行海外的玄幻等"泛修仙类"小说中被目标语读者普遍接受的"仙"(Immortal)、"妖"(Demon/demonic beasts/spirit beasts)、"飞剑"(flying sword)三个文化元素进行双语对比后得出结论:上述中国文化元素进入目标语文化系统后出现了内涵外溢和变质,成为"中式幻想的一种轮廓"。这对先前研究将英译中国网络小说视为中国文化传播有效渠道的观点造成冲击,这一转变提示英译中国网络小说的中国文化元素含量和含义需要被重新审视。

上述争议的根源在于学者将注意力集中于英译中国网络小说的

① 夏露. 网络小说中国元素与网络特性关系探讨[J]. 中华文化论坛,2017(08):157-158.

② 杨柳. 网络幻想小说英译塑造的中国形象研究——以仙侠小说为例[D]. 上海外国语大学,2019.

③ 杨柳. 网络幻想小说英译塑造的中国形象研究——以仙侠小说为例[M]. 杭州:浙江大学出版社,2022:155.

④ 蔡翔宇. 试论"网文出海"中的文化内涵损失——以泛修仙类作品概念的译介和理解为例[J]. 外国文学动态研究,2021(01):101-110.

文本本身，未能将英译中国网络小说的“走出去”作为跨文化传播活动来看待。吉云飞、王璐璐[①]、杨曙和尹付[②]、崇宁等[③]学者都或多或少意识到英译中国网络小说“在完全没有政治力量和资本力量保驾护航的情况下，中国网络小说单凭文学的自身魅力在不到两年的时间里征服了百万以上的英文读者”[④]，即文化传播流向上的由边缘向中心，这是英译中国网络小说的最大突破。但在一段时间以内，学术界只关注英译中国网络小说文本的文化价值多寡，忽略了这种特殊的传播流向背后的理论价值与现实意义。为何中心文化会对边缘文化产生译入的需求？李彦将这一问题重新提上议程：Wuxiaworld 的翻译实践作为一种“强势文化”对“弱势文化”主动发起的“文化进口”在当下并不多见，目标语文化系统“进口”了哪些作品，为什么“进口”这些作品[⑤]？但囿于主题和篇幅并未给出答案。此外，注意到英译中国网络小说作为文化传播大众路径的学者更少，尽管石家麒[⑥]在 2017 年时就注意到 Wuxiaworld 网站上的英译中国网络小说以普通大众为目标，区别于经典文学文本，但此后的研究甚少讨论这一大众路径的价值。这些问题的答案是解释英译中国网络小说现象，解决中国文化“走出去”接受困境的关键。

---

① 王璐璐. 全球文化消费视角下中国网络文学海外传播研究——以 Wuxiaworld 为例[J]. 出版发行研究，2018(01)：77.

② 杨曙，尹付. 国际传播视域下中国网络文学“走出去”策略分析——以 Wuxiaworld 网站为例[J]. 传媒，2019(04)：73.

③ 崇宁，季建芬，姜华. 中国网络文学海外传播的特点及启示[J]. 新闻知识，2017(08)：36.

④ 吉云飞. “征服北美，走向世界”：老外为什么爱看中国网络小说？[J]. 文艺理论与批评，2016(06)：119.

⑤ 李彦. 中国网络文学在虚拟社区中的译介——基于 Wuxiaworld 的网络志研究[D]. 上海外国语大学，2019：200.

⑥ 石家麒. 从 Wuxiaworld 看中国文化“走出去”新思路[J]. 安徽文学（下半月），2017(03)：89-90.

五、可继续探索的空间

其一,英译中国网络小说"走出去"的文化价值是学术界的主要分歧点。支持者认为英译中国网络小说以中国文化元素激发兴趣,以共通性价值观实现共情,其接受效果就是文化价值所在。反对者质疑英译中国网络小说的"丛林法则"有违中国文化核心价值观,架空世界难以承载中国文化的真实形象,中国文化元素含义和含量有所折扣,仅是文化快餐,难以肩负文化传播的使命,不具备文化价值。两派学者未能达成共识。这一争议的根源在于文化传播中长久以来的源语文化取向,以文本自身判断文化价值。英译中国网络小说是一场发生在全球多元文化系统中、由中心文化中的大众读者发起的、由边缘向中心的逆向传播,其文化价值应置于中国文化"走出去"的历史进程中进行评价。

其二,文本维度的研究中,学术界的关注点仍停留在英译中国网络小说与源文本和源语文化的一致性上,以忠实作为标准,体现出自我文化中心的倾向。英译中国网络小说对目标语文化障碍的跨越并非简单的翻译问题,需要理论层面的阐释。此外,其他网络小说翻译网站和"女频"小说的翻译与接受还有待探讨,英译中国网络小说中的"中国文化元素"概念和分类有待厘清,副文本以及 IP 衍生多模态文本的相关研究有待加强。

其三,读者维度的研究描述了英译中国网络小说的目标语读者外部特征和行为模式,但与文本和社会文化维度的研究相互割裂。一方面,目标语读者基于英译中国网络小说的行为(翻译、评价、拼贴、创作等)是读者对文本的真实反应,在描写文本接受效果时,读者行为的产品(评价、拼贴、创作等)应作为实证;另一方面,读者行为基于文本,发生于一定的社会文化语境之中,需结合文本以及社会文化语境进行分析。

其四,社会文化维度的研究在各维度中最为薄弱。目前学术界聚焦的生存压力或反智主义只是目标语社会的一个侧面,不足以概括英译中国网络小说流行的原因,对目标语社会文化语境的分析还需要进一步拓展和整合。再者,现有社会文化维度研究将目光限定在目标语社会文化,忽略了源语社会文化以及源语与目标语的互动。源语社会文化不只是文本翻译与接受的背景,其与目标语社会文化的互动关系应纳入考察。

其五,纵观既往研究,均为单一维度入手,始终未能全面地论述这一现象的成因,可见系统性思维的缺失是英译中国网络小说研究的普遍问题。学者往往试图从某一维度为英译中国网络小说的接受成功找到原因,得出的结论虽言之有理,但只见树木不见森林。中国网络小说的翻译与接受发生于一个包含源文本、译文本、读者、译者、源语与目标语两种社会文化语境等诸多维度的复杂系统,各维度因素相互作用,影响翻译与接受过程。有学者突破单一维度研究的局限,尝试构建二维的研究框架,如文本+读者(如郑剑委)、文本+社会文化(如吉云飞、陈彦旭)、读者+社会文化(如李欣然、尤达),说明学术界已经注意到各维度因素的互动,但尚未深入触及各维度间更为复杂和广泛的内在联系和交互作用。这一现象提示未来的研究需要构建一个更具系统性的分析框架。

第三节　研究问题

基于既往研究留下的可探索空间,本研究聚焦以下问题:

其一,英译中国网络小说为何能在短时间内取得接受成功?

其二,英译中国网络小说如何呈现中国文化?

其三,英译中国网络小说“走出去”的文化价值何在?

其四,大众文化传播路径如何服务于中国文化“走出去”?

第四节 预期目标与创新之处

根据研究问题,本研究预期目标如下:其一,系统描述英译中国网络小说翻译与传播的总体面貌、基本特征、基本路径,揭示英译中国网络小说现象的动因、主要影响因素和基本规律。其二,整合多元系统理论、阐释学理论、大众文化理论、"接受三层级"(3R)等理论,构成英译中国网络小说翻译与接受现象的理论解释框架。其三,探讨大众文学文本的文化价值所在,指明其对践行中国文化"走出去"战略的价值和意义。其四,明确英译中国网络小说中对中国文化核心价值观的呈现。其五,从理论上解释中国文化翻译传播在理论与实践上的矛盾,即"'走出去'的不忠实,忠实的走不出去"。其六,建构中国文化"走出去"的实践模式,提出现阶段弘扬中国文化的现实路径。

本研究的主要创新点如下:其一,在研究思路上,本研究借助多元系统理论,将中国网络小说翻译与传播的多元成分纳入系统分析过程,改变了当前研究仅对文本孤立分析的现状。其二,在研究内容上,本研究深入分析了中国文化核心价值观在英译中国网络小说中的特殊表征,肯定了英译中国网络小说在当代的文化价值所在,为英译中国网络小说"走出去"现象提供了充分的理论解释。其三,在研究视角上,本研究描述了英译中国网络小说接受的总体状况和基本特征,总结出中国文化"走出去"的新路径——大众文化传播路径。其四,在实践意义上,本研究分析了20世纪50年代以来中国文化"走出去"存在的问题,提出了中国文化"走出去"理想与现实权衡的思想,为摆脱中国文化"走出去"的接受困境提供了理论和现实依据。

第五节　研究方法与理论框架

一、研究方法

本研究使用系统分析法、文本分析法、语料库法、网络志(Netnography)法,以定性研究与定量研究相结合,解释英译中国网络小说的翻译与接受现象。

系统分析法,将英译中国网络小说置于多元文化系统中,分析源语与目标语双方社会、读者、文本等各维度因素之间的冲突协调、博弈对话对翻译与接受过程的影响。

文本分析法,根据一定标准选取不同类型、不同网站、不同目标读者群体的英译中国网络小说典型个案,比较个案在文化元素翻译策略、内容特质、接受效果等维度的异同,综合分析个案之间的共性和个性。

语料库法,对所选个案的文本进行抽样,使用语料库工具AntConC析出文本的主题词,使用Readability Analyzer分析文本的易读性,与文本细读的定性分析相结合,得出文本风格特征。

网络志法,深入网络小说翻译网站、网络小说导航网站、书评网站收集文本相关读者评论,用以分析英译中国网络小说的接受状况。

二、理论框架

本研究以多元系统理论、阐释学理论、大众文化理论、切斯特曼“接受三层级”(3R)理论构建框架,旨在探究英译中国网络小说所涉及社会、读者、文本各维度要素的相互作用,系统解释英译中国网络小说接受成功原因。

多元系统理论关注宏观的文化系统间关系，阐释学理论着眼文本与读者的互动，但在翻译文学的接受问题中，两种理论存在交叉点。翻译文学的接受会对目标语文化系统造成影响，这与多元系统理论中的系统间相互“干预”（interference）的现象不谋而合。一方面，文本对目标语文化系统的影响是通过个体读者对文本的接受行为汇聚而成的；另一方面，读者对文本的接受发生于一定的“前结构”基础之上。塑造读者“前结构”的因素，除了读者自身的生理、心理状态，还有读者所处的社会文化语境。这与多元系统理论中宏观的社会文化语境所构成的“机构”（institution）因素在文本的“生产者”（producer）与“消费者”（consumer）之间造成影响同理①。读者是社会与文本之间能动的枢纽，文本经由读者对文化系统产生影响。本研究正是在这一点上将两种理论相结合构建宏观与微观相互作用的研究理论框架。

在读者—文本的环节，阐释学中的“前结构”概念用以解释目标语读者的接受行为。海德格尔认为，由“先行具有”（*Vorhabe*）、“先行看见”（*Vorsicht*）、“先行把握”（*Vorgriff*）组成的“前结构”（*Vorstruktur*）是理解的先决条件②。接受的过程，实际上是读者的“前结构”与文本各自独立—文本与读者视野融合—读者理解—读者“前结构”得以发展的循环结构。文本与读者视野融合的过程，又可进一步细化为读者已有的“定向期待”与受到新事物刺激的“创新期待”的矛盾运动，这是目标语读者“前结构”演变的原理，可用来解释目标语读者对同一类型文本在不同时期、不同阶段的不同态度。

在社会—读者的环节，大众文化理论用以解释目标语读者的行为模式。英译中国网络小说作为大众文学文本，其接受是一场社会文化活动，与社会文化语境密切相关。“包含宰制的力量（forces of domina-

---

① EVEN-ZOHAR，I. The “Literary System”[J]. *Poetics Today*. 1990，11（1）：33.

② [德]马丁·海德格尔. 存在与时间：修订译本[M]. 陈嘉映，王庆节译. 北京：生活·读书·新知三联书店，2014：173-179.

tion),以及反驳那些宰制性力量的机会"[①],是大众文化的本质属性,这种"宰制性力量"存在于社会文化语境的现实中,与目标语读者存在矛盾,是目标语读者阅读的深层动机。大众文化的"躲避性"与"生产性"两种快感,是读者对宰制性力量两种不同的反抗方式。其中,"生产性"快感是目标语读者运用现成的大众文化原材料制造出自己的意义时所获得的快感。

大众文化的两种快感在英译中国网络小说的语境下又有着特殊内涵。根据切斯特曼(Andrew Chesterman)所论的"接受三层级"(3R),即"反应"(reaction)、"反馈"(response)和"反响"(repercussion)[②],读者阅读文本后在精神和心理上的感受是为"反应",将"反应"落实于评论等可见的行动是为"反馈",文本对目标语文化系统造成的实质性影响是为"反响","反馈"和"反响"是考察文本接受的可视性指标。"反响"在以往的接受研究中少有考察,除了这一现象与接受之间的关系认识不足之外,更大的原因在于"反响"不够显著。目标语读者从英译中国网络小说获得"生产性"快感的过程中,生产的各类产品(原创网络小说等)事实上是英译中国网络小说在目标语文化系统的"反响",也是多元文化系统间相互干预的证明。综上,"社会—读者—文本"理论框架[③]如图 1.1 所示。

接受效果以大众读者的"反馈"来衡量。专业读者在《纽约时报》(*New York Times*)等主流媒体发表的书评是常见的反馈形式。然而,

---

① [美]约翰·费斯克. 理解大众文化[M]. 王晓玨,宋伟杰 译. 北京:中央编译出版社. 2001:31.

② CHESTERMAN A. Bridge Concept in Translation Sociology[A]. // *Constructing a Sociology of Translation*[C]. WOLF M, FUKARI A. ed. Amsterdam/Philadelphia: John Benjamins. 2007:179-180.

③ 笔者曾应用这一理论框架对英译中国网络小说现象进行研究并取得阶段性成果,详情请见:张雅雯,吕世生. 社会、读者、文本——英译中国网络小说目标语接受系统分析[J]. 翻译界,2022(01):41-57.

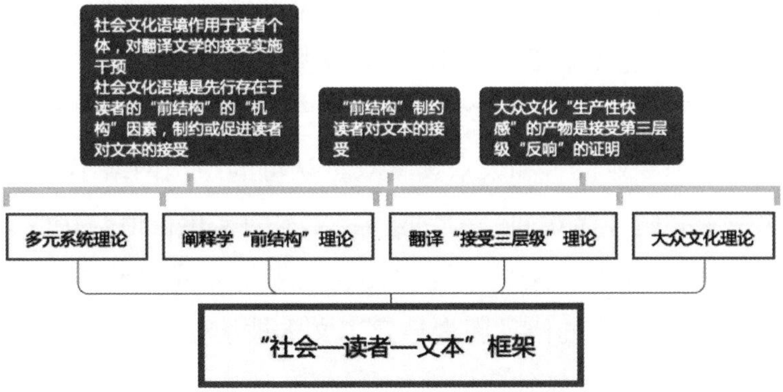

图 1.1　“社会—读者—文本”理论框架

被国内媒体称为“文化奇迹”的英译中国网络小说，却在这些目标语主流媒体上难见其踪，以专业读者的反馈来衡量英译中国网络小说的接受效果行不通。互联网时代，大众读者决定文本成败的事件屡见不鲜，特别是在网络小说领域。大众读者的评论基于自身体验，能够展示读者对于文本的真实感受。其中，掌握细分领域知识的“关键少数”读者所作出的评论，在客观性和深度上不亚于专业读者。大众的广泛参与积累起海量的“反馈”数据，成为衡量英译中国网络小说的接受效果的标准。鉴于此，本研究在考察接受效果时，以译文本发表的网络小说翻译网站、网络小说导航网站 Novel Updates、书评网站 Goodreads 为数据源，搜集作为“反馈”的大众读者评分与评论，以及作为“反响”的各种模态文本衍生情况，综合得出译文本的接受情况。

三、个案选择

英译中国网络小说数量巨大，且质量良莠不齐，在进行学术研究时应进行筛选，以保证严肃性和代表性。本研究在选择个案时从源语文化和目标语文化两个维度进行考量，考察指标包括：译文本在目标语文化中的接受情况，源文本在源语文化中的接受情况，源文本的文化价值。阅读人数和评价情况衡量文本被大众读者接受的情况，大众读者的认可反映文本在价值取向上与主流价值观一致,但无法证明文本的文化价值,这需要纸质书出版、专业奖项评选、影视改编情况来佐证。再者,同一文本在两种文化中的接受效果有可能存在差异,在源语文化中受到专业读者和大众读者双重认可的中国网络小说,在目标语文化中未必同样受欢迎,反之亦然。文本的文化价值与接受效果之间的矛盾、文本在不同文化系统中接受效果的差异,带来待研究的问题,即目标语文化中的何种因素导致了文本被接受或被排斥。

此外,综述发现,既往研究多关注玄幻、仙侠等"男频"网络小说的翻译与接受现象,言情、穿越等类型的"女频"小说无人问津。然而,近年来英译中国网络小说女性读者的比重已经超过男性读者,"女频"小说崛起。因此,在筛选个案时,在"男频""女频"中各选取两部不同类型的小说,以保证平衡。

四、中国文化元素的分类

文化元素"反映了特定民族在漫长的历史进程中逐渐积累的、有别于其他民族的、独特的活动方式"①,包含在词句、语段之中,也隐藏在语言所反映的文化心理。中国文化元素是中国文化的表征,包括物质文化、制度与习俗文化以及精神文化,以词句、语段和文化心理形式呈现。英译中国网络小说的中国文化元素有两大来源,一是现实世界,二是网络小说的架空世界。前者是在源语文化中确实存在,但在目标语文化中缺少对应项或内涵发生变化的元素,如人名地名、典故、诗词、谚语等。后者产生于作者的想象,但与现实的中国文化存在着

① 廖七一. 当代西方翻译理论探索[M]. 南京:译林出版社, 2000:232.

或隐或显的联系，如功法、宝物、专有概念等①。本书将英译中国网络小说的中国文化元素分为三个维度：器物维度、制度维度、价值维度。

器物维度的中国文化元素，指以词汇或句子形式独立存在的传统或流行文化元素，涵盖现实中存在的物质实体、行为动作、生产生活、思想、宗教、文学等领域的概念名词以及技术手法，以及作者基于中国文化而创造的术语。

制度维度的中国文化元素，不仅包括对历史人物或事件的借鉴、挪用和戏拟，还包括中国在长期生产和生活实践中总结形成的，广为遵照执行的法规、制度、习俗、伦理、规范等，在目标语文化中可能缺乏对应的表达。中国网络小说中参照史实设定的架空世界及其制度、对现实中政治话语的戏拟、与伦理相关的禁忌话语、性话语等都属于制度维度的中国文化元素。相较于器物维度的文化元素，制度维度的中国文化元素异质性更强，文化根基更深，而呈现方式从词拓展至句段，更为含蓄，更难被识别。

价值维度的中国文化元素，指情节和人物蕴含的中国文化核心价值观。中国文化核心价值观是中国文化的深层结构，是中国不同于其他民族的思维方式和行为模式的集中体现，承载于语言、艺术、宗教、哲学等客观载体中。价值维度的中国文化元素隐含在字里行间，往往缺少显著的符号，难被读者迅速识别，其接受亦需要一定时间，一旦被接受，其影响也是最为深远的。这一维度也是英译中国网络小说文化价值的关键。

上述三个维度之间并没有明显的界线，也没有高低层级之分。不同类型的英译中国网络小说所呈现的中国文化元素维度、数量和方式

---

① 此分类参考以下两篇文章：DAVIES，E. E. A goblin or a dirty nose? The treatment of culture-specific references in translations of the Harry Porter[J]. The Translator. 2003(9)：89-90. 以及 LIANG W W. Translators' behaviors from a sociological perspective -A parallel corpus study of fantasy fiction translation in Taiwan[J]. Babel. Revue internationale de la traduction / International Journal of Translation，2016，62(1)：44.

不一,三个维度的文化元素兼而有之是一部英译中国网络小说的理想状态。

第六节　本书结构

本书各章内容如下:第一章为绪论,包括选题缘起、文献综述、研究问题、预期目标、创新之处、研究方法、理论框架、本书结构。第二章,梳理英译中国网络小说现象发生的社会文化背景。第三章,结合社会文化维度的发现,得出目标语读者的定义和“前结构”特征,分析目标语读者的阅读期待和行为模式。第四章至第七章,选取四部不同类型的英译中国网络小说作为个案,探讨其翻译文本特征、读者群体特征、目标语文化的社会历史条件,分析接受效果及原因。第八章,结合中国文化“走出去”的接受困境,分析英译中国网络小说“走出去”的文化价值。第九章为结论。

第二章 英译中国网络小说兴起的社会文化语境

2014 年,一部《盘龙》让英译中国网络小说这一传统意义上“不入流”的大众文学文本掀起了一次前所未有的全球大众文化狂欢,这一跨文化传播现象离不开社会文化语境的天时地利。

第一节 英译中国网络小说兴起始末

2014 年,时任美国外交官的美籍华裔青年赖静平偶然间在亚洲影视与小说论坛 Spcnet 读到了一部名为《星辰变》(*Stellar Transformation*)的玄幻小说,随即被吸引。在这部小说的译者——越南华裔 Heman 的激励下,赖静平开始翻译《星辰变》的作者“我吃西红柿”(本名朱洪志)的另一部小说《盘龙》(*Coiling Dragon*),并以网名 RWX 在该论坛的轻小说(Light Novel)版面发布。这部来自中国的玄幻小说以新奇的想象和曲折的情节很快吸引了美国、加拿大等国网友的关注,最高日均点击量超十万,无数网友每日“追更”“催更”,热议人物和情节。《盘龙》迅速上涨的人气盖过了论坛中的其他亚洲轻小说,导致论坛版主不满而封禁了《盘龙》相关帖子。为了继续发布《盘龙》的译文,当年 12 月底,赖静平建立了第一家海外网络小说翻译网站 Wuxiaworld,并在不久之后辞去公职,全职翻译网络小说和运营该网站,访问量一度跻身全球前1000名。大众读者化身粉丝译者,完成了《盘龙》《斗破苍穹》《我欲封天》等30余部超长篇中国网络小说的翻译。“道”“气”“阴阳”等中国文化元素借这些英译中国网络小说进入海外读者视野,激发了部分海外读者研习中国语言和文化的兴趣,也启发了部分海外读者的小说创作潜能。来自中心文化的大众读者在兴趣驱动下主动译入来自边缘文化的大众文学文本,自发传播并投入创作,形成全球性的文化奇观。

中国网络小说并不是第一次“走出去”。21世纪初,中国网络小说曾被港台出版社以繁体中文版实体图书的形式引进越南、泰国等东南亚国家。2005年,起点中文网第一次授权越南语、泰语出版,言情、盗墓等类型的中国网络小说能够以传统的纸质译本的形式走进文化背景相近的东南亚诸国,并在2006—2008年掀起一个小高潮。这一阶段的传播虽是目标语文化的主动引进,但仅发生在越南、泰国等东南亚国家,未能真正打入日韩、欧美等文化产业发达地区的主流市场,在全球范围内仍属小众。直至2014年《盘龙》的横空出世,英译中国网络小说在海外不温不火的局面才得以改变。

Wuxiaworld网站的成功带动了其他海外网络小说翻译网站的兴起。仅仅在Wuxiaworld网站创立一个月后,2015年1月,还在读高中的美籍华人孔雪松(Goodguyperson/GGP)在自己创立的Gravity tales网站上传了《斩龙》(*Zhan Long*)的第一章译文。同年12月,同样出生在美国、在纽约华尔街从事金融工作近十年的华人女青年艾飞尔(etvolare)受到赖静平的鼓励,建立Volare novels网站,以恶搞和科幻等“另类”作品和言情类型的“女频”小说填补了先前两家专攻玄幻、仙侠小说的网站在类型上的空白,海外网络小说翻译网站“三驾马车”的格局就此形成。此后,radiant translation,Wuxia nation,Moon Bunny Café,Shiroyuki translations,Translation nation和Liber spark等由海外读者自发成立的网络小说翻译网站如雨后春笋在美国以及欧亚非各国落地，尽管浏览量和影响力无法与“三驾马车”同日而语，但都各自吸引了一定忠实读者。汇集亚洲文学英译作品索引的导航网站 Novel Updates 将这些网络小说翻译网站的更新情况汇总于自己的搜索引擎，进一步提升英译中国网络小说在海外亚洲文学爱好者中的影响力。除了上述人工翻译网站，一位热爱英译中国网络小说的软件工程师于 2015 年 10 月建立了网络小说机器翻译网站 LNMTL（Light Novel Machine Translation 的缩写），以更高的更新效率满足“追更”中的海外读者。上述网站为读者自发创立，自愿翻译，免费分享，除了部分读者的打赏或少数广告之外并无资本和政治力量的支持，仅仅凭借网络便在短时间内汇集了数百万欧美、东南亚各国的大众读者。

Wuxiaworld 网站的成功促使中国的网络文学网站改变了版权合作、实体出版的传统策略，启动了自主翻译与线上传播计划。2017 年，阅文集团起点中文网的海外版——“起点国际”上线，以“Webnovel”这个已经被海外读者广泛接受的概念作为自己的网站域名，表达出起点国际要成为“英译中国网络小说”代名词的愿景。起点国际的上线将英译中国网络小说“走出去”推向国内与海外分庭抗礼的新局面。起点国际凭借版权资源优势，丰富了译出小说的类型，在玄幻、仙侠、奇幻等“男频”小说之外，增加了言情、穿越等“女频”小说，吸引更多女性读者。翻译语种也从英语拓展到西班牙语、葡萄牙语、俄语等非通用语种。截至 2022 年底，起点国际已上线中国网文翻译作品约 2900 部，9 部作品阅读量破亿①。目前，累计已有 16000 余部中国网络小说被输出到海外，出海市场规模超过 30 亿元②。

---

① 阅文集团. 二百多国读者追更的中国网文[EB/OL].（2023-05-27）[2023-06-09]. https://mp. weixin. qq. com/s/oyI7k7N0wBV0R8yiR_VuWw.

② 虞婧. 1.5 亿海外读者为什么会被中国网络文学打动[EB/OL].（2023-06-03）[2023-06-10]. http://www. chinawriter. com. cn/n1/2023/0602/c404027-40005050. html.

在阅文集团的推动下，英译中国网络小说被改编成影视剧、动漫、游戏等，以 IP（intellectual property，知识产权）形式在全球传播：动漫版《从前有座灵剑山》（*Once Upon A Time, There Was A Spirit Sword Mountain*）、《全职高手》（*The King's Avatar*）掀起全球网友热议；《琅琊榜》（*Nirvana in Fire*）在日韩等亚洲国家引发收视热潮；《扶摇》（*Legend of Fuyao*）登上欧美主流视频网站及多国电视台；《天盛长歌》（*Rising Phonenix*）成为国际视频平台 Netflix 最高级别预购第一部中国古装大剧。此外，阅文集团还向海外进行 IP 授权，如网络作家"囧囧有妖"的作品《许你万丈光芒好》向越南授予改编版权和电子版权，推动中国故事在全球语境下的演绎，进一步扩大英译中国网络小说的接受局面。

英译中国网络小说激发了海外读者的创作潜能。来自丹麦的青年女性读者 Tina Lynge 在 Gravity tales 网站上[①]同时创作了 *Blue Phoenix*（《蓝凤凰》）和 *Overthrowing Fate*（《颠覆宿命》）两部小说，取得良好反响后，Tina Lynge 又创作了多部英文玄幻小说，并开设了个人网站 tinalynge.com 分享自己的创作进度和心得。来自西班牙的程序员 Alemillach 因其创作的网络小说 *Last Wish System*（《最终愿望系统》）受到中国日报、中国青年报等媒体报道。英国作家 JKSManga 的 *My Vampire System*（《我的吸血鬼系统》）、菲律宾作家 KazzenlX 的 *Hellbound With You*（《地狱使者与你同行》）荣获"Webnovel 最受欢迎原创作品"。原本对英文原创网络小说并不看好的 Wuxiaworld 网站近年也开辟原创小说（Original）频道，为海外创作者提供平台。据报道，截至 2023 年，仅起点国际就有约 34 万名海外网络作家，海外原创作品约 50 万部[②]。中国网络小说的创作风格和文化元素通过翻译在目标语

① Gravity tales 关停后，Tina Lynge 将写作阵地转至起点国际、亚马逊电子书平台等其他网站。

② 阅文集团. 二百多国读者追更的中国网文[EB/OL].（2023-05-27）[2023-06-09]. https://mp.weixin.qq.com/s/oyI7k7N0wBV0R8yiR_VuWw.

文化中生根发芽,促成海外网络文学生态的形成,微观上反映的是读者个人对中国网络小说和中国文化的喜爱和认同,宏观上来看则是切斯特曼所论最高层级的接受——“反响”的体现,这是既往中国文化“走出去”未曾达到的效果。

一种大众文化的流行,离不开社会文化语境。作为一种大众文学文本的英译中国网络小说,其兴起的根源同样来自于社会。

第二节　变化中的目标语世界

英译中国网络小说的翻译方向和发起者是其与其他中国文化“走出去”实践的主要区别。英译中国网络小说是目标语文化系统中的大众读者主动译入的,而这些先行者中,绝大多数来自美国。美国是目标语文化系统的中心,在经济和文化方面都居于强势地位,本应是一个文化输出国,却让英译中国网络小说生根发芽这一反常现象表面上是大众读者的个体需求使然,深层原因在于自我文化系统出现“真空”,需要他者文化的某些方面来填补。一方面,这种“真空”可能是文学的,也有可能存在于宏观的社会文化之中;另一方面,英译中国网络小说的翻译与接受发生在特定社会文化语境中,业已存在的社会文化语境制约着读者对文本的选择和接受。

一、刻板印象下对中国文化的好奇心

近代以来,目标语文化对中国与中国文化的态度受到种种刻板印象的制约:受西方中心主义影响而对中国文化的忽视,受冷战思维影响而对社会主义阵营国家的敌视,受自由传统影响而对国家机构行为的审视。

西方中心主义影响下,中国文化逐渐以落后的他者形象呈现。这

样的刻板印象根植于目标语文化，使目标语读者对中国及中国文化的认识往往滞后于现实。即使如今中国已经是现代化大国，中国在西方的个别群体眼中依然神秘而落后：中国人还停留在“男人留辫子，女人穿旗袍”①的旧社会，中国的文学停留在《红楼梦》等古典小说。另一部分目标语读者虽对中国文化抱以友善态度，但内心所向往的，却常常是想象中的古代“东方神话”。此二类心态殊途同归：“厚古薄今”成为目标语读者对中国文化的普遍认知。武侠、道家思想等反映传统中国的文化元素，更符合他们心目中“中国”和“中国文化”的概念，现当代中国文化元素因不符合他们对中国的想象而常被忽略。此外，国家机构在传播中国文化时着重传统，大量海外汉学家以中国典籍和古代文学作为研究对象，这些现状也在客观上加重了“厚古薄今”的刻板印象。

冷战思维影响下，意识形态的对立加剧了中西文化之间的冲突。二战结束后，美苏盟友关系破裂，世界分裂成为社会主义和资本主义两大对立的阵营，“红色中国”受到敌视。在意识形态的桎梏下，一些目标语读者一边抵制中国国家机构主导译出的反映中国正面形象的文学作品，一边对“禁书”趋之若鹜，企图从中窥探中国在政治、历史、伦理上的“阴暗面”，满足扭曲的好奇心，验证偏见。葛浩文曾直言：“《纽约时报》书评夸张的溢美之词、封底上性感的中国女人，或类似于‘禁书’的标签也许能够引起一点销售业绩，但仅此而已。”②冷战结束后，文化上的麦卡锡主义至今阴魂不散。中国文学作品中异于自身文化的价值观念、伦理道德，依然是部分目标语读者猎奇、猎艳的对象。

---

① 孙宇. 文化翻译视域下葛浩文英译莫言小说研究[M]. 北京：中央编译出版社，2019：146.

② [美]葛浩文. 论当代中国小说在美国的接受//彼岸的声音：汉学家论中国文学翻译[C]. 马会娟等编译. 天津：南开大学出版社，2019：46.

自由传统影响下，西方政治文明熏陶出了一种偏见："只要是官方的就是不好的"[①]，国家机构主导的文化传播行为被等同于具有政治色彩的宣传(propaganda)；另一方面，冷战以来西方大国政府借富兰克林图书项目(Franklin Book Programs)等文化活动传播意识形态，加深了目标语读者将国家机构主导的译出活动视为政治宣传的印象。这导致目标语文化系统中无论是精英还是大众，均下意识地警惕国家机构主导的文化传播行为，特别是他者文化官方主导的文化传播行为，而更信任商业或民间的"自己人"(英语母语者)译者。

当下的全球局势正在悄然变化，发展的引擎正在向东方转移，中国的崛起引发了世界的兴趣，与以美国为代表的目标语世界之间形成了"介于敬畏与忌惮之间的微妙关系"[②]。政府主导的主观性误读常常引起民众对误读对象更大的热情与好奇心[③]，激发了大众对中国文化的兴趣。然而，长久以来对于中国文化的无视、敌视、审视是存在于整个目标语文化系统的集体无意识，短时间内难以完全根除，造成了目标语读者对中国文化既有偏见又好奇，既感兴趣又戒备的矛盾心态。

二、目标语世界的波动

与中国崛起同时发生的，是目标语世界的暗潮涌动。美国为代表的目标语世界在经历了长期繁荣后面临社会不平等带来的诸多挑战，社会文化出现"真空"，为翻译文学的进入创造空间。

① 鲍晓英.中国文化"走出去"之译介模式探索——中国外文局副局长兼总编辑黄友义访谈录[J].中国翻译，2013(5)：45.

② 张柏然，辛红娟.译学研究叩问录——对当下议论研究的新观察与新思考[M].南京：南京大学出版社，2016：208.

③ 孙宜学，摆贵勤."一带一路"与中国当代文学走出去[M].上海：同济大学出版社，2019：173.

(一)社会不平等动摇“美国梦”

“美国梦”(American Dream)根植于美国人的头脑之中,统摄着美国人所信奉的价值观念。但当下,“不平等”正在取代“美国梦”成为当下美国社会的关键词。“美国梦”所倡导的最大化的个人自由、最先进的物质资源和最丰富而平等的成功机会,是多数美国人相信的个人梦想的应然状态。然而,近年来“美国梦”正在遭遇冲击。过去40年里,美国社会出现了前所未有的阶级分化,形成了“双钻石型”的“新阶级体系”:占20%人口的特权阶级“小钻石”和80%人口所组成的新工人阶级“大钻石”①(如图2.1)。富裕阶级和贫困阶级在收入上的对比却与人口数量的对比恰恰相反。过去40年里,美国社会出现了前所未有的阶级分化,形成了“双钻石型”的“新阶级体系”:占20%人口的特权阶级“小钻石”和其余80%人口所组成的新工人阶级“大钻石”,包括技能性体力劳动者、蓝领工人、无技能体力劳动者和失业者等(如图2.1)。前者即图2.2中的“顶层20%”线以上的部分,包含顶层5%;后者则涵盖顶层20%以下,包含“第二个20%”至“底层20%”部分。富裕阶级和贫困阶级在收入上的对比却与人口数量的对比则恰恰相反。自20世纪90年代以来(如图2.2),“小钻石”所对应的顶层20%的人口家庭年收入增长显著,而其余80%“大钻石”人口的年收入增长微乎其微,特别是底层20%人口的收入几乎毫无变化,长期处于贫困线上。加之经济发展、通货膨胀等因素作用,“大钻石”人口实际掌握的财富进一步缩水,大小“钻石”间财富份额差异扩大。

大小“钻石”之间收入上的失衡加剧资源和机会上的不平等。

① [美]厄尔·怀松,罗伯特·佩卢奇,大卫·赖特.新阶级社会:美国梦的终结[M].张海东等译.北京:社会科学文献出版社,2014:30-31.

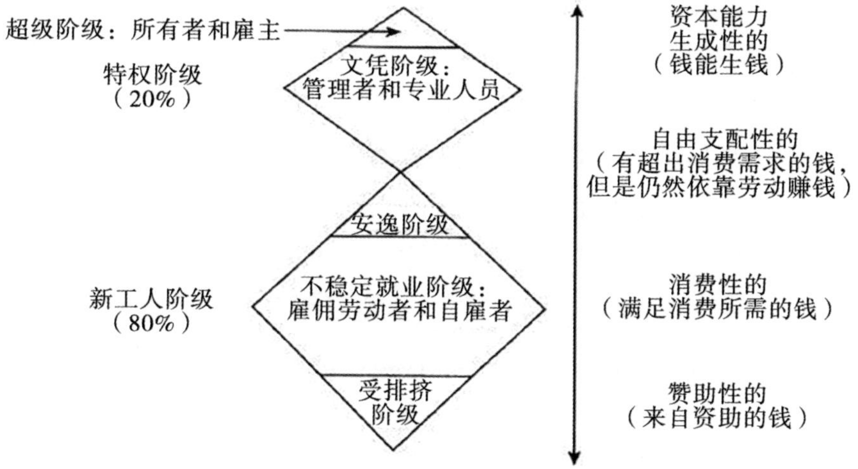

图 2.1　美国“双钻石型”新阶级社会结构图①

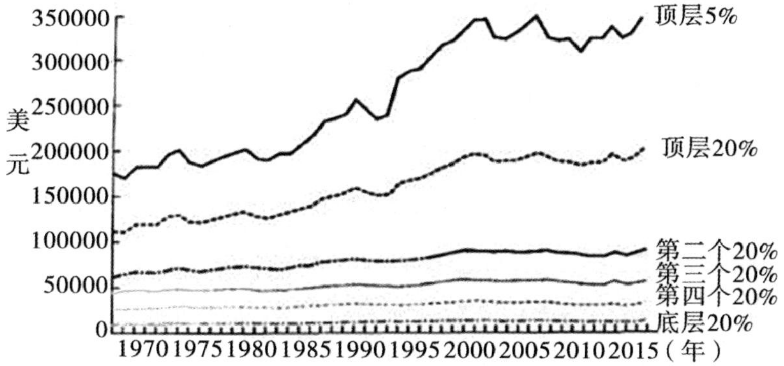

图 2.2　1965—2015 年美国家庭平均收入②

“小钻石”凭借财富占据更多教育、医疗、职业发展等领域的资源，依托上述资源，精英阶层实现再生产，财富持续扩张，同时对“大钻石”施压，阻碍后者所掌握的资源的稳定和增长，以保证自己的资源优势。“大钻石”中的大众获得的资源愈发有限，教育不公、平民失业等社会

① ［美］厄尔·怀松，罗伯特·佩卢奇，大卫·赖特. 新阶级社会：美国梦的终结［M］. 张海东等译. 北京：社会科学文献出版社，2014：30.

② ［美］基思·佩恩. 断裂的阶梯［M］. 李大白译. 北京：中信出版社，2019：7.

问题愈演愈烈,个人发展的机会愈发稀缺,深陷贫困陷阱。由于收入缩水、机会减少,中产阶级持续萎缩,部分中产阶级从安逸阶级沦为不稳定就业阶级。低收入、低文化程度、低社会融入度的“不稳定就业阶级”和“受排斥阶级”现已占据“大钻石”中的过半人口,且在持续扩大。中产阶级的缩水使“大、小钻石”之间通道更加狭窄,阶层间自由流动更加难以实现,美国曾引以为豪的流动的活力逐渐丧失。阶层分化(social stratification)日趋严重,大众生活水平持续走低,“双钻石”结构成为定局。残酷的现实使坚信个人力量、重视个人尊严、崇尚自由竞争、无视命运血统、相信机会平等的“美国梦”价值观受到冲击,权力、金钱、地位成为大众不满情绪的指向。

“双钻石”结构使原本就处于弱势的少数族裔和女性处境更为艰难。性别歧视、种族歧视是美国社会长久存在的结构性矛盾。美国社会中,男性白人中产阶级新教徒群体掌握强势地位,宰制其他群体,中心与边缘二者之间的对抗持续不休。在“双钻石”结构的新阶级社会中,种族、性别上的差异带来教育、就业等领域的不公待遇加剧底层“大钻石”中女性、少数族裔等群体的焦虑和不满。群体间的阶级、性别、种族问题纠缠在一起,社会矛盾持续激化。

信奉“美国梦”的青年大众处于自我意识觉醒的阶段,渴望摆脱家世等外在因素的限制,靠自己的智慧与勤勉实现富裕、体面、自由的人生。然而,社会不平等使青年大众越发感受到理想和现实之间的巨大落差,凭借个人奋斗,很难改变现状。青年大众因此感到沮丧挫败,转而在电子游戏、动漫、影视等大众文化中寻求慰藉。在架空世界中,将自己代入角色,大开“金手指”打怪升级,这种廉价的成功体验有效地补偿了青年大众现实中的苦闷,也培养起他们对于“另类现实”(alternatives)的渴望。2010 年的“占领华尔街”活动中,齐泽克(Slavoj Žižek)将中国的穿越小说视作一种反抗“统治系统”(ruling system)的

“另类现实”而大加赞赏①,成为英译中国网络小说日后风靡全球的预言。

（二）反智主义——大众起而抗之

大众与精英之间的尖锐矛盾使反智主义(anti-intellectualism)成为美国社会的主基调。反智主义常活跃于社会矛盾冲突、危机频发时期,表现为对经典与理性的怀疑,外化为个人主义、享乐主义等反主流文化,是大众面对社会矛盾产生的“反精英、反理性、反权威、反建制”②的社会思潮。

反智主义并非新概念,从根源上看,反智主义与美国的平民主义、实用主义、民主政治传统等渊源颇深,与“美国梦”的主张也有着千丝万缕的联系。反智主义崇尚本能至上、自由至上、实用至上,崇尚实践性经验,敌视或不信任知识分子及其对知识的追求,认为大众和精英应平起平坐,有能力作出同样的贡献。反智主义者常常“对一个受过良好教育的精英声称拥有的知识或智慧产生怀疑和不信任,尤其是这种声称被质疑已经沦为特权阶级的服务工具时”③。在反智主义者眼里,推崇理性的精英占据资源优势,站在大众对立面。精英将这一现象批判为大众对理性和智识(intelligence)的无端攻击,故得名“反智”。

当下西方世界的反智主义是大众数量扩张与话语权不足之间矛盾的产物。新阶级社会中,“大钻石”持续膨胀,大众在现实生活中的话语权却式微,“人们不断希望自己的声音能被社会平等视之,即便他

---

① ŽIŽEK S. *SLAVOJ ŽIŽEK SPEAKS at OCCUPY WALL STREET*: *TRANSCRIPT*[EB/OL].[2021-08-02] https://imposemagazine. com/bytes/slavoj-zizek-at-occupy-wall-street-transcript.

② 刘恩东.反智主义的本质及社会根基分析——基于美国社会的问题审视[J].人民论坛,2020(23):130.

③ RIGNEY D. Three Kinds of Anti-Intellectualism: Rethinking Hofstadter[J]. *Sociological Inquiry*,1991,61(4): 434-451.

们知道彼此可能存在能力上的差距,无法像专家那样在专业问题上给出适当的解释和建议”[①]。互联网赋予大众现实中难以获得的话语权、融入感和公平感,大众在互联网上的现身与发声,背后隐藏的是大众反抗精英、重塑大众价值的真实呼声:打破精英的宰制,使社会重回“美国梦”描绘的理想状态。

反智主义的影响日趋扩大,作用于西方世界的政治、社会乃至文化。反智主义者倾向于颠覆一切被精英视为崇高与传统的东西,对专业读者的批评方式嗤之以鼻。对于深奥的知识,反智主义者抗拒思考。对于经典文学文本,反智主义者主张颠覆、解构、戏仿。在文学中,反智主义常表现为对知识分子形象的弱化和丑化,对校园、图书馆等学术场景的恶搞,强调运气、实力在人生价值实现中的作用,追求感官体验而非理性思考。对经典的戏谑,对精英的讽刺,对强者的降格,都是实现内心平等诉求的体现。全球互联网推波助澜,使反智主义从一国一地蔓延全球。

三、大众文化基础深厚

美国是全球大众文化的桥头堡。相较于欧洲,美国人文传统和文化底蕴相对薄弱,而科学技术高度发达,工业化、城市化进程迅速,大众阶层发展较快,因而较早步入了大众社会。生产力的发展、闲暇时间的增加、大众的从众倾向,再加上消费时代带来的享乐主义,大众文化这种取悦大众的文化,在美国得以经久不衰,形成了稳定的大众文化消费习惯。

大众文化为大众筑梦。美国式大众文化是“美国梦”这一民族精神的集中体现。美国文学史就是一部“美国人追寻‘美国梦’的历

① 王晓笛.人性与现代性的阴影:为什么美国以无知为荣?——读尼科尔斯的《专家之死》[J].中国图书评论,2020(09):55.

史"[①],美国的大众文学亦然。草根少年凭借勤奋和智慧,获得贵人相助,最终走上人生巅峰,或牛仔单枪匹马战胜强敌行侠仗义,或"小妞电影"(chick flick)中平凡少女收获白马王子的圆满爱情,这些草根青年的成功故事都是"美国梦"的缩影。同样,产自美国的"超级英雄"电影、动漫,无论如何突出娱乐性的感官体验,其核心依然是"美国梦"的价值观——以个人主义为核心的进取、公平、自由。这些大众文学文本广受欢迎,也反映出"美国梦"价值观对读者文化品位的制约作用。一方面,喜爱大众文学文本,根本原因在于认同文化产品背后的价值观;另一方面,对大众文学文本的消费也塑造着读者的视野,影响他们对其他文本的选择与接受。

正所谓"畅销的都是模式化的",类型小说能够持续唤起具有相似特性的读者共同的审美心理,养成对同类文本的消费习惯,是大众文学文本的主要形式。西方文化拥有成熟的类型小说(genre fiction)系统,包括悬疑小说、惊悚小说、冒险小说、奇幻小说、浪漫小说、西部小说、科幻小说和恐怖小说等[②],这一成熟的系统框定了大众读者对大众文学的期待,成为大众文学文本译入英语时需要遵守的诗学规范,特别是边缘文化的文本向中心文化传播时。例如,郝玉青(Anna Holmwood)等海外译者在翻译中国传统武侠小说《射雕英雄传》时,一方面将中国的"侠"文化与中古欧洲时期的骑士传奇和《三个火枪手》《伊凡霍》等19世纪小说相比附[③],制造中西文化之间的接触点,以便目标语读者理解"侠"的内涵;另一方面将《射雕英雄传》定位为奇幻(fan-

① 王向远.宏观比较文学19讲[M].桂林:广西师范大学出版社,2020:263.

② 洪捷.文类视角下的武侠小说英译研究[J].中国翻译,2020,41(02):120.

③ 彭珊珊.专访《射雕》英文译者:翻译武功招式不难,难在译得流畅[EB/OL].(2017-10-28)[2021-06-07]https://www.thepaper.cn/newsDetail_forward_1840736.

tasy）小说[①]，并打出"中国的《指环王》"（The "*Lord of the Rings*" of Chinese literature）[②]的推荐语，吸引了大量《指环王》粉丝的关注。可见，与西方类型小说的相似性是来自他者的大众文学文本被目标语读者接受的先决条件。

大众文化与社会权力结构密不可分。大众文化自产生之日起，就是"属于被支配者和弱势者的文化，因而始终带有权力关系的踪迹……而这些力量对我们的社会体制和社会体验是举足轻重的"[③]。大众文化的社会价值在于对宰制性力量的反抗。这种反抗不仅体现在以沉迷阅读逃避（evasion）现实，还包括以拼贴、创作等方式生产属于自己的意义，是以抵抗（resistance）行为表达争取精神层面的存在空间的诉求，是一种本能和自觉的表现。

在全球化的推动下，大众文化成为全球多元文化系统中的"Lingua Franca"（通用语），美国作为桥头堡功不可没。美国式大众文化是全球大众文化的主力军，学者布热津斯基（Zbigniew Brzezinski）称："现代美国献给世界的是科学技术进步和大众文化。"[④]可见美国式大众文化的战略地位。美国式大众文化一方面通过诚实、善良等符合人类共同追求的价值观在潜移默化中向全球输出"美国梦"，塑造正面的国家形象；另一方面也在拓展全球市场时，客观上推动了多元文化的交流与传播。面对中国文化这样相对边缘但拥有深厚底蕴的他者文化时，美国式大众文化常从该文化取材以拉近与目标受众的距离。《花木

① 李晖. 终有襄阳城破时：金庸武侠小说的英译与经典化[EB/OL].（2019-01-12）[2021-06-07] https://www.thepaper.cn/newsDetail_forward_2837718.

② 详情请见 https://qz.com/quartzy/1125004/jin-yongs-epic-condor-trilogy-the-lord-of-the-rings-of-chinese-literature-is-finally-being-translated-into-english/

③ [美]约翰·费斯克. 理解大众文化[M]. 王晓珏，宋伟杰译. 北京：中央编译出版社，2001：9.

④ BRZEZINSKI, Z. *BETWEEN TWO AGES: America's Role in the Technetronic Era*[M]. New York: The Viking Press. 1970: 16.

兰》(*Mulan*)、《功夫熊猫》(*Kung Fu Panda*)等都是美国式大众文化利用中国文化元素的典范。受自身文化立场的影响,美国式大众文化在进行调适时倾向于选择符合自我文化心目中的“中国文化”标准的元素,随着这些美国式大众文化产品的全球风靡,中国文化得以出现在全世界大众视野之中,功夫、武侠作为中国文化代名词的地位进一步强化。

尽管美国式大众文化当下在产量上依然领先,但对内“为大众筑梦”的能力有所下降。美籍华裔译者孔雪松曾表示:在美国,除了《哈利·波特》,很难看到“少年向”的书①。其中的原因是多方面的。其中之一为美国式大众文化长期以来在全球大众文化中占据中心,中心地位使其倾向于遵循已有类型,不愿轻易创新。系统越成熟,这种机械趋同现象越显著。而与之相矛盾的是,读者天生是求新的,没有读者会纯粹喜爱看了开头就知道结尾的公式化作品。一种类型小说一旦流行起来,都会激起读者更高的期待,此后批量产生的跟风之作常导致读者的审美疲劳。例如西方奇幻文学至今没有完全脱离“剑与魔法”模式的超人气奇幻作品的诞生②,这是由于这一模式业已成熟、完整,深入人心,作者很难跳出窠臼另起炉灶。与尝试创新相比,遵循已有类型能够控制风险和成本,更为经济。而对于读者来说,这些元素已成为陈词滥调,没有新鲜感,也就难有“超人气”。

西方奇幻文学人气的下降还有更深层次的社会文化原因。大众文化必须包含“宰制性的力量(forces of domination),以及反抗宰制性力量的机会”③。然而,“小钻石”中的特权阶级把控着大众文化产业,凭借资源优势“塑造文化的内容,以促进大众广泛接受精英阶级的观

① Goodguyperson,吉云飞. 中国网络小说西行录:18 岁开始网络小说翻译[N]. 文艺报,2017-08-14(002).

② 冯琦. 网络玄幻小说的特征、发展及其价值[J]. 网络文学评论,2019(02):84-87.

③ [美]约翰·费斯克. 理解大众文化[M]. 王晓珏,宋伟杰译. 北京:中央编译出版社,2001:31.

念、价值观和世界观"①。在特权阶级的控制下,跨阶级的社会流动有时被用作戏剧张力和道德教化的来源,用来提醒大众阶级不可跨越,即使成功,也是"具有破坏性的或不受欢迎的"②结果。此举的目的显而易见——维护特权阶级的宰制性力量。西方奇幻文学是一个矛盾体:以大众文化产品的表象示人,内核却是"寻找失落人文传统"③的精英文化主张,这与大众反抗宰制性力量的诉求形成了冲突。《冰与火之歌》等西方奇幻文学虽以架空世界和宏大场面刺激大众读者的感官,传达的依然是君权神授、英雄史观、血统决定命运等陈旧观念,强化的依然是大众被宰制的宿命,少有对大众通过奋斗以反抗现实的价值传达,与大众的日常生活关联性趋弱,难以引发持续的情感共鸣。而各类"超级英雄"电影则描绘个人强者对大众的拯救,同样难给大众带来真正的慰藉。

大众的新期待、新需求呼唤新的类型小说,当自身文化无法供应符合需求的文本,读者求诸其他文化,译入的动机因此产生。

四、全球互联网的赋能

21 世纪是全球互联网的时代,互联网改变着大众的生活,也使东西方的格局重新洗牌,世界进入了一个新的文明阶段,不可逆转。

全球互联网为多元文化赋能,冲击文化上的西方中心主义,推动多元文化秩序的形成。过去的几个世纪,西方文化在全球文化格局中占据绝对中心。加拿大学者让-路易·鲁瓦(Jean-Louis Roy)将 20 世纪的全球文化格局比喻成一张照片,照片的中心空间被西方文化占

① [美]厄尔·怀松,罗伯特·佩卢奇,大卫·赖特. 新阶级社会:美国梦的终结[M]. 张海东等译. 北京:社会科学文献出版社,2014:118.

② [美]厄尔·怀松,罗伯特·佩卢奇,大卫·赖特. 新阶级社会:美国梦的终结[M]. 张海东等译. 北京:社会科学文献出版社,2014:264.

③ 高红梅. 中国玄幻小说对英国现代奇幻文学的变异性接受[J]. 东北师大学报(哲学社会科学版),2015(03):137-141.

据,其他文化只能处在照片的边缘,甚至无法被纳入照片之中,这一局面一直延续到21世纪初①。当全球互联网时代到来,中国文化的独特价值在全球文化的"照片"中显形。全球互联网打破了西方的技术垄断,瓦解着西方文化的绝对中心地位,驱动各方以更为平等的状态进行交流和对话,为一种真正的多元文化格局铺平道路。在这一环境下,处于中心文化的青年大众对于诸如武侠等中国文化的兴趣和需求变得合理而正当,在这一需求的驱动下,武侠小说和影视以海外华人群体为入口进入目标语世界,进而在全球青年大众中流行开来。

全球互联网让边缘的大众走向中心,为在全球范围内瓦解精英的宰制性力量实现了技术上的可能性。《赛博空间独立宣言》宣称互联网是"一个新世界,人人都可以进入这个世界,而不必考虑种族、经济力、武力、出生地而来的特权或偏见",一个"人人、处处可以表达他或她的信仰……而不再害怕被强制沉默或强制一律"②的世界。全球互联网的天然平等属性打破了自上而下的权力结构,降低了交流的门槛,成千上万不同族裔、性别、身份的大众现身,并被赋予自由思考、自由发声、自由创造的权力。互联网为大众的赋能蔓延至文学,表达欲望日趋膨胀的大众读者以点击、评论、打分等行为表达自己对文本的态度,这些留在互联网平台上的痕迹影响其他读者的选择和态度。大众的声音形成规模效应,影响着文本的价值,文学的话语权回归大众。

大众在全球互联网中拥有了翻译自己感兴趣内容并分享的权力。历史上的译入热潮多以精英主导,以引进他者文化的思想资源,解决社会危机,推动文化和文学系统的变革为目的,而大众的译入是出于兴趣。无论中国的美剧英剧字幕组,还是海外各大论坛中自发翻译中

① [加]让-路易·鲁瓦. 全球文化大变局[M]. 袁粮钢译. 深圳:海天出版社,2016:17.

② BARLOW J P. 赛博空间独立宣言[EB/OL]. 李旭,李小武译. 高鸿钧校. 2020-08-27[2020-12-21]. https://www.chainnews.com/zh-hant/articles/805379458408.htm.

国武侠小说、日本动漫和轻小说的翻译组,大多以兴趣为出发点,以满足娱乐需求为目的。尽管由掌握语言和文化优势的"关键少数"发起,粉丝翻译本质上却是"从大众中来,到大众中去"的互助,译者、读者在翻译与传播的过程中形成情感共同体,打破了传统翻译模式下的等级差异。

全球互联网对多元文化和大众的赋权,催生了英译中国网络小说。中心文化的大众读者主动无偿地翻译一部上千章、上百万字的中国小说并免费分享给读者,在过去可谓天方夜谭,译本引发全球轰动更是难以想象。这一文化奇观是以全球互联网为基础形成的。热爱武侠文化的美籍华人赖静平在网上发现了中国网络小说《盘龙》,对其中融合武侠与奇幻的情节产生兴趣而开始翻译,译文发布于互联网论坛,迅速吸引了大量读者,也吸引了孔雪松、艾飞尔、Deathblade 等人加入,以"自己人"粉丝译者为主力的英译中国网络小说的 Wuxiaworld 模式逐渐成形。大众读者在全球互联网的赋能下,登上了中国文化"走出去"的历史舞台。

第三节 小结

本章回溯了英译中国网络小说的历程,以目标语的大众读者主动译入现象为切口,探寻英译中国网络小说接受现象在社会文化维度的原因。当中心文化系统由于波动而出现"真空",同样有可能对边缘文化产生需求。

社会不平等使"美国梦"岌岌可危,反智主义社会思潮盛行,目标语文化中的青年大众内心充满压抑与落差,渴望在大众文化中所营造出的"另类现实"里满足欲望,重拾个人价值,而自身文化难以提供这样的慰藉。对中国文化"厚古薄今"的刻板印象使武侠等传统中国文化元素借助美国式大众文化产品和互联网风靡全球,使武侠、功夫成为中国文化的代名词。互联网不仅客观上传播了中国文化,还为青年大众赋能,使之转型成为译者,主导译入活动。深受武侠文化影响的美籍华人赖静平发现了中国网络小说,这种来自中国的大众文学文本既符合他们心目中"中国文化"的标准,又能为他们提供在暗淡生存境遇中的心理寄托。在兴趣的驱使下,他们自发将中国网络小说译入英语,形成"自己人"粉丝译者为主力的 Wuxiaworld 模式。Wuxiaworld 网站在以北美为代表的目标语文化中的成功,带动了中国网络文学网站的译出,形成译入与译出的分庭抗礼。

社会文化语境对接受的制约通过读者个体发挥作用。下一章将结合社会文化语境详细阐述英译中国网络小说目标语读者的定义、阅读期待和行为模式。

第三章 英译中国网络小说的目标语读者

读者是接受的主体,是文本与社会文化两个维度的联结。本章在社会文化维度分析的基础上,结合目标语读者的主体因素,定义英译中国网络小说的目标语读者,分析其阅读期待和行为特征。

第一节 英译中国网络小说的目标语读者

2014 年以来,英译中国网络小说的目标语读者群体急剧扩大,同时在性别、地域、职业、教育水平、阅读动机、阅读习惯等指标上有所变化,总体呈现出愈发明显的大众化特征。

一、目标语读者的特征

艾瑞咨询于 2017 年首次发布《中国网络文学出海白皮书》(《白皮书 2017》),又从 2019 年起每年发布《中国网络文学出海(研究)报告》(《报告 2019/2020/2021》),其中的固定栏目“读者画像”描写了英译中国网络小说目标语读者在性别、地域、教育、职业、阅读习惯等方面的特征,呈现如下趋势。

(一)数量大,增长快,流失率低

2014年,《盘龙》开启了英译中国网络小说的纪元,此后,英译中国网络小说的目标语读者便呈指数上涨,仅用5年时间就从2017年时的七百余万[①]增长至2022年的1.5亿[②]。这一庞大的数字远超过经典文学文本,且仍在持续增长。新读者加入的同时,老读者并未流失,《报告2021》显示,超八成的读者接触英译中国网络小说超过半年,其中15.9%已经超过3年,这些读者养成了稳定的阅读习惯,说明英译中国网络小说已经形成了有规模的读者群体。

(二)从男性读者一家独大到女性读者后来居上

英译中国网络小说诞生之初,男性读者是绝对的主力。《白皮书2017》的数据显示,男性读者占比超九成(92.4%),女性读者仅占7.6%[③],这是由于玄幻、仙侠、奇幻等"男频"小说类型占据这一阶段的主流。2017年起点国际的上线带动更多"女频"小说的译介,女性读者的比例相应提高,男女读者比例由悬殊趋于均衡。2019年的报告中,女性读者比例上升到31.2%[④],而在2021年突破了67.8%。女性读者后来居上,在接触英译中国网络小说后,很快表现出强烈的兴趣,甚至超过了男性读者,这一点从"女频"小说在各类平台上的评论、评分数量,以及长篇评论比例中便可见一斑。

---

① 艾瑞咨询. 2017年中国网络文学出海白皮书[R/OL]. 2017. (2017-09-30)[2019-09-30]. https://www.iresearch.com.cn/Detail/report? id=3057&isfree=0.

② 中国作家协会网络文学中心. 2022中国网络文学蓝皮书[R/OL]. (2023-04-12)[2023-06-08]. http://image.chinawriter.com.cn/n1/2023/0412/c404027-32662169.html.

③ 艾瑞咨询. 2017年中国网络文学出海白皮书[R/OL]. 2017. (2017-09-30)[2019-09-30]. https://www.iresearch.com.cn/Detail/report? id=3057&isfree=0.

④ 艾瑞咨询. 2019年中国网络文学出海研究报告[R/OL]. (2019-06-21)[2020-09-30]. https://www.iresearch.com.cn/Detail/report? id=3389&isfree=0.

(三)从未婚青年到全年龄段大众

艾瑞咨询的四份报告均显示,未婚的青年学生始终是英译中国网络小说的主要读者,白领上班族次之,与中国网络小说的读者情况类似。2021 年后,家庭主妇群体异军突起,读者的身份与年龄趋于多元,但都属于大众群体。

情感状况上,2017 年时,英译中国网络小说的读者中 90. 9%未婚[①]。2021 年,未婚读者比例降低至 42. 1%,已婚读者比例达到 33. 5%[②]。这是读者群体扩大的自然结果,也存在当年的未婚读者进入了人生新阶段的可能。

年龄上,青年为主力,并向全年龄段扩展。《白皮书 2017》[③]显示 85%的读者在 30 岁以下。2019 年时,30 岁以下的读者占 72. 6%[④]。《报告 2020》[⑤]和《报告 2021》[⑥]显示,35 岁以下的读者约占 60%。英译中国网络小说的目标语读者平均年龄有上升趋势,但主力仍是 18 至 30 岁左右的青年。

教育上,绝大多数读者具备高中及以上学历。2017 年时[⑦],具备高中及以上学历的读者占 96. 5%,其中大学本科及以上的读者占

---

① 艾瑞咨询. 2017 年中国网络文学出海白皮书[R/OL]. 2017. (2017-09-14)[2019-09-30]. https://www. iresearch. com. cn/Detail/report? id=3057&isfree=0.

② 艾瑞咨询. 2021 年中国网络文学出海报告[R/OL]. 2021. (2021-09-03)[2021-09-30] https://www. iresearch. com. cn/Detail/report? id=3840&isfree=0.

③ 艾瑞咨询. 2017 年中国网络文学出海白皮书[R/OL]. 2017. (2017-09-14)[2019-09-30]. https://www. iresearch. com. cn/Detail/report? id=3057&isfree=0.

④ 艾瑞咨询. 2019 年中国网络文学出海研究报告[R/OL]. (2019-06-21)[2020-09-30]. https://www. iresearch. com. cn/Detail/report? id=3389&isfree=0.

⑤ 艾瑞咨询. 2020 年中国网络文学出海研究报告[R/OL]. 2020. (2020-08-31)[2020-09-30]. https://www. iresearch. com. cn/Detail/report? id=3644&isfree=0.

⑥ 艾瑞咨询. 2021 年中国网络文学出海报告[R/OL]. 2021. (2021-09-03)[2021-09-30]. https://www. iresearch. com. cn/Detail/report? id=3840&isfree=0.

⑦ 艾瑞咨询. 2017 年中国网络文学出海白皮书[R/OL]. 2017. (2017-09-14)[2019-09-30]. https://www. iresearch. com. cn/Detail/report? id=3057&isfree=0.

51.4%。《报告 2021》[①]显示,本科及以上学历的比重达到 58.7%。英译中国网络小说的目标语读者具备基本的阅读和鉴赏能力,但并未达到专业读者的水准。他们大多只关注译文本带给自己的阅读体验,无力也无心进行对比批评。

职业上,学生占比最大,家庭主妇增长明显。《白皮书 2017》中,无收入的学生读者的比重达到 52.9%,其次是白领,占比 10.7%[②]。此后的报告均显示,学生始终是英译中国网络小说的最大目标语读者群体,而有稳定工作收入的读者比例维持在四成左右。学生和白领上班族,是青年大众中的主要组成部分,居于社会金字塔底座,在社会中承受巨大的生存压力,渴望在大众文化中得到补偿,这与起点中文网在中国的读者群体情况类似。他们对于大众文化有着强烈的需求,但消费能力有限,热衷于以廉价带来胜利体验的大众文化,如电子游戏。免费或以打赏等非强制方式付费的英译中国网络小说能够以最低的成本满足他们打发时间、缓解压力、释放情绪的需求,因而能在大众文化发达的美国打开一个缺口。另一个值得注意的数据是家庭主妇的比重从 2019 年时的 2.1%增长[③]至 2021 年时的 9.5%[④]。这一群体带有"女性""年龄较大""学历不高""没有稳定工作""有情感诉求"等特征,不同于惯常思路下的网络小说读者,但同样属于"三低"群体,且在社会融入度上比学生和白领上班族更低,加上传统性别秩序的带来的压力以及女性自身的生理心理特质,她们排解生存与情感双重压力

---

① 艾瑞咨询. 2021 年中国网络文学出海报告[R/OL]. 2021. (2021-09-03)[2021-09-30]https://www.iresearch.com.cn/Detail/report? id=3840&isfree=0.

② 艾瑞咨询. 2017 年中国网络文学出海白皮书[R/OL]. 2017. (2017-09-14)[2019-09-30]. https://www.iresearch.com.cn/Detail/report? id=3057&isfree=0.

③ 艾瑞咨询. 2019 年中国网络文学出海研究报告[R/OL]. (2019-06-21)[2020-09-30]. https://www.iresearch.com.cn/Detail/report? id=3389&isfree=0.

④ 艾瑞咨询. 2020 年中国网络文学出海研究报告[R/OL]. 2020. (2020-08-31)[2020-09-30]https://www.iresearch.com.cn/Detail/report? id=3644&isfree=0.

的渴望更强烈,更容易将情感寄托于文本世界中的主角。这一群体本就是浪漫小说的主要读者,阅读小说是她们逃避现实、填补空闲时间的娱乐方式,因此,她们也有可能对符合需要的英译中国网络小说产生需求。

（四）以北美为中心向“边缘”国家延伸

英译中国网络小说以美国为中心,向“边缘”延伸。美国是早期英译中国网络小说读者主要来源,占比 20. 9%,而第二名巴西占比仅 7. 4%[①],印证了中国网络小说的翻译始于北美这一事实。随后,英译中国网络小说从美国向亚洲拓展,《报告 2020》显示 50. 7%的读者来自亚洲,超过北美成为英译中国网络小说的海外主战场[②]。《报告 2021》显示,英译中国网络小说在维持欧美和东南亚地区的份额优势的同时,正在向“边缘”国家延伸,81%的读者来自印度、菲律宾、印度尼西亚等“欠发达”国家[③],符合从中心流向边缘的跨文化传播规律。美洲、亚洲仍是目前英译中国网络小说目标语读者的主要来源。

（五）娱乐放松大于文化研习

与国内普遍观点不同的是,目标语读者主要的阅读动机是兴趣。如表 3. 1,《白皮书 2017》和《报告 2019》显示,超过九成的读者出于“单纯的喜欢”而阅读,其次是出于“缓解压力”“打发时间”而阅读。而在《报告 2021》中,“缓解压力”的受访者比例从 2017 年的 45. 3%增长到 67. 5%,可见大部分目标语读者看中的是英译中国网络小说的娱乐功能。以“了解东方文化”为目的的海外青年大众读者虽仅占两成,

① 艾瑞咨询. 2017 年中国网络文学出海白皮书[R/OL]. 2017. (2017-09-14)[2019-09-30]. https://www.iresearch.com.cn/Detail/report? id=3057&isfree=0.

② 艾瑞咨询. 2020 年中国网络文学出海研究报告[R/OL]. 2020. (2020-08-31)[2020-09-30]https://www.iresearch.com.cn/Detail/report? id=3644&isfree=0.

③ 艾瑞咨询. 2021 年中国网络文学出海报告[R/OL]. 2021. (2021-09-03)[2021-09-30]https://www.iresearch.com.cn/Detail/report? id=3840&isfree=0.

但也显示出英译中国网络小说具备一定文化传播能力。此外,随着读者群体扩大,英译中国网络小说也逐渐成为同龄人之间“寻找共同话题”的方式,比例从 2017 年的 3.4%上涨到 2021 年的 10.6%。

表 3.1　海外读者阅读英译中国网络小说的目的

年份	单纯的喜欢(2017/2019)	新奇的情节(2020/2021)	缓解压力	打发时间	了解东方文化	寻找共同话题
2017	91.3%	-	45.3%	47.8%	20.3%	3.4%
2019	91.6%	-	50.5%	42.1%	22.1%	5.3%
2020	-	56.0%	54.3%	33.4%	20.7%	-
2021	-	49.8%	67.5%	40.1%	-	10.6%

目标语读者对英译中国网络小说 IP 改编形式的期待同样印证了英译中国网络小说的娱乐属性。《白皮书 2017》[①]中,海外读者最期待的网络小说 IP 改编方式分别为动画电影(51.5%),游戏(46.7%),连载动画片(40.8%),电视剧(34.8%),漫画(31.6%),电影(21.4%),受 ACG 文化熏陶的目标语读者对动漫和游戏改编的期待更高。2018 年起,《琅琊榜》《将夜》《扶摇皇后》等网络小说 IP 改编的影视剧在海外广受欢迎,目标语读者对网络小说 IP 影视改编的态度发生变化。到了 2020 年,电视剧(47.3%)和电影(36.6%)成为目标语读者最期待的 IP 改编形式[②]。2021 年,在原有的电视剧、电影、动画电影等形式之外,“互动阅读”这一融合了漫画和文字游戏的新形式首次出现在榜单,一跃超过了游戏、连载动画片,成为目标语读者最期待的改编形式[③]。目标语读者对于 IP 改编形式的期待折射出目标语读者的大众

① 艾瑞咨询. 2017 年中国网络文学出海白皮书[R/OL]. 2017.(2017-09-14)[2019-09-30]　https://www.iresearch.com.cn/Detail/report? id=3057&isfree=0.

② 艾瑞咨询. 2020 年中国网络文学出海研究报告[R/OL]. 2020.(2020-08-31)[2020-09-30]https://www.iresearch.com.cn/Detail/report? id=3644&isfree=0.

③ 艾瑞咨询. 2021 年中国网络文学出海报告[R/OL]. 2021.(2021-09-03)[2021-09-30]https://www.iresearch.com.cn/Detail/report? id=3840&isfree=0.

文化消费习惯,他们将阅读英译中国网络小说视为和玩游戏、看电视剧一样的娱乐方式,而接受的并非纯文本模态的英译中国网络小说,而是多模态文本。

（六）习惯碎片化线上阅读

不同于经典文学文本正襟危坐的传统阅读方式,阅读频率高、碎片化但累计时间长、高度依赖移动设备,是英译中国网络小说目标语读者的阅读习惯。2017 年,在英译中国网络小说走进目标语文化系统不到三年时,就已经有 94.1%的读者养成了“几乎每天都看”的依赖型阅读习惯①。此后三年的《报告》中这一数据基本保持稳定,至少每周阅读 4—5 次网络小说的读者接近九成。

不仅是阅读频次高,《报告 2020》和《报告 2021》还反映出海外青年大众读者“过度”的每日阅读时长投入。2020 年海外青年大众读者平均阅读时长达到 117 分钟,每日阅读 3 小时以上的受访读者占 36.9%②。在 2021 年,这样的读者比例上升至 57.9%③。睡觉前、工作或学习闲暇时、起床前后、节假日、通勤途中是海外青年大众读者的主要阅读场景,均为碎片化的休息时间,呼应读者缓解压力、打发时间的阅读动机。

阅读时长和频次的增加与阅读渠道的逐渐优化正相关。和源语读者一样,英译中国网络小说目标语读者高度依赖移动设备。英译中国网络小说兴起于网络论坛,PC（个人计算机）、手机、平板上的网页是英译中国网络小说的传统阅读媒介。2018 年前后,Wuxiaworld 和起点国际都推出了手机 App 客户端,改变了读者的阅读习惯。2020 年

① 艾瑞咨询. 2017 年中国网络文学出海白皮书[R/OL]. 2017.(2017-09-14)[2019-09-30] https://www.iresearch.com.cn/Detail/report?id=3057&isfree=0.

② 艾瑞咨询. 2020 年中国网络文学出海研究报告[R/OL]. 2020.(2020-08-31)[2020-09-30]https://www.iresearch.com.cn/Detail/report?id=3644&isfree=0.

③ 艾瑞咨询. 2021 年中国网络文学出海报告[R/OL]. 2021.(2021-09-03)[2021-09-30]https://www.iresearch.com.cn/Detail/report?id=3840&isfree=0.

起，手机 App 反超网页，成为主要阅读渠道。《报告 2020》和《报告 2021》均显示，超过 80%的受访者在手机 App 上阅读英译中国网络小说。移动设备支持读者利用碎片化时间随时随地阅读，培养了越来越多的阅读次数多、单次阅读长、阅读数量大的重度读者，使英译中国网络小说融入目标语读者的日常生活，这是传统纸质的经典文学文本难以实现的。

二、目标语读者的定名——海外青年大众读者

上述数据反映出英译中国网络小说目标语读者的“大众”特征：无论男女，都属于无收入或收入为中低水平，学历多在高中至大学本科，生存压力大，人微言轻；依赖移动设备，拥有大量碎片化空闲时间，将阅读视为日常的消遣，容易上瘾而投入大量时间精力；能以英语阅读文学作品，但不具备对文学作品进行学术批评的能力，评价基于自己对译本的主观感受；国籍分布复杂，不仅包括传统意义上的“西方世界”或“英语世界”之外，还包括东南亚以及非洲、南美地区由于历史原因而以英语为官方或重要工作语言的亚非拉发展中国家，除非读者主动披露，否则难以仅凭语言来定位。

综上，英译中国网络小说的目标语读者可以定义为“海外青年大众读者”。

第二节　海外青年大众读者的阅读期待

一、海外青年大众读者的“前结构”

读者个体的性别、年龄、学历、职业等指标与“先行具有”的宏观社会文化语境相互作用，共同塑造读者个体的“前结构”，指导着读者对

文本的理解与阐释,也影响着译者对文本的选材和翻译。

“前结构”由“先行具有”“先行看见”和“先行把握”构成。“先行具有”是业已存在的社会文化环境、历史条件、文化习惯等,包含所有与文本阐释活动相关的共时与历时的制约因素。“先行看见”与读者掌握的知识和经验相关,如价值观、文化素养、阅读经验、概念系统、话语体系等。“先行把握”是观念、前提以及对文本预先具有的假设。目标语读者对文本的选择标准和接受程度由“先行具有”“先行看见”和“先行把握”共同塑造。社会文化维度的境况属于“先行具有”,与读者自身因素一起,塑造着读者个体“先行看见”的观念以及“先行把握”的期待。在“先行具有”和“先行看见”的共同作用下,读者形成对文本“先行把握”的期待,以此为基础,选择、阐释、接受文本。

“先行具有”的刻板印象与“先行看见”的主体意识共同决定了海外青年大众读者对于中国文化的态度。尽管目标语文化中“先行具有”着对中国文化的刻板印象,作为文化无意识影响着生存其中的每个人,但海外青年大众读者年龄尚轻,人生阅历尚浅,受此束缚相对较少,总体上对中国文化的态度较为开放、包容。另外,海外青年大众读者处于自我意识的形成期,有一定的反思意识和反抗心理,思维活跃,想象力丰富,常试图亲身体验以验证自身观点或反驳宰制性力量灌输的思想,对于中国文化形成了自己的看法。《中国国家形象全球调查报告》显示,18—35 岁的海外受访者对中国整体形象的评价最高①。互联网打破了西方文化的绝对中心地位,使海外青年大众读者拥有更多接触中国文化的可能。与此同时,“厚古薄今”的刻板印象作用下,海外青年大众读者首先注意到的,依然是武侠、功夫等目标语文化心目中的“中国文化”。

① 当代中国与世界研究院对外传播研究中心. 中国国家形象全球调查报告 2019 [R/OL]. (2020-09-16) [2021-08-04] http://www.accws.org.cn/achievement/202009/P020200915609025580537.pdf.

自身文化的“先行看见”决定了读者是否认同他者文学作品所反映的价值观,形成接受的前提条件。来自他者的大众文学文本中与“美国梦”价值观相近的部分能够一定程度上化解他者文化的陌生感,使读者放下戒备,形成价值观上的共识,为进一步理解接受做准备。随着美国式大众文化的风靡,这样的价值观成为全球青年大众的共同期待。

更为迫切的需求在于,“美国梦”与社会不平等的现实之间形成了落差,阅读成为海外青年大众读者排遣压力、逃避现实的途径。无论中外,大众群体位于社会金字塔底座,承担着维持社会运转的主要工作,自己的声音却难以真正融入社会。社会不平等、阶层固化、性别和种族歧视等痼疾存在,大众即便不满社会中的宰制性力量,也难以凭借个人的努力改变现状。学业和工作带来的沉重压力,按部就班、单调重复的生活,使海外青年大众读者迫切渴望逃离现实,在“另类现实”中充分宣泄。一个和自己年龄相仿、处境类似的草根青年凭借自己的努力改变命运,走上人生巅峰,这种平民英雄故事既与“美国梦”的少年成长故事主旨异曲同工,有效地弥补自己在现实中无法掌控命运的遗憾,又能够带来区别于自身文化的新奇体验,满足文化猎奇心理。

互联网时代人与人之间的孤独与隔膜,使海外青年大众读者渴望陪伴。成长中的主角,是海外青年大众读者的心灵伙伴,而一群人在一段时间内共同追寻一个主角、一个故事,共享一段人生经历,见证一部作品的诞生和成功,对海外青年大众读者也是一种精神寄托。在现实中难以融入社会的海外青年大众读者在网络世界中抱团取暖,借助互联网提供的开放平台,海外青年大众读者得以与全球范围内成千上万处于同样阶段、拥有同样兴趣的读者相遇,在评论、交流、创作中获得认同,现实中的孤独得以补偿。

动漫、游戏、西方奇幻文学等全球性大众文化的流行为青年大众读者构建了共同的文化记忆，培养了相似的文化消费需求和审美标准。大众文化参与到全球青年大众读者“前结构”的建构之中，海外青年大众读者从小受到以“爽”和代入感为核心的大众文化产品的熏陶，偏好以简单直接的方式获得感官刺激或情感宣泄，从紧张曲折的情节或精彩刺激的场面中获得纯粹消遣的“爽”。阅读对他们而言和玩游戏、看剧一样，是一种放松身心的娱乐方式，他们并不期待借助文本陶冶思想情操，获得人生真理，也不善辨识艺术上的良莠优劣、粗细文野，他们对文本的阅读体验的期待超过文学价值和审美价值。

要实现这一点，文本必须符合读者的阅读水平和偏好，简明易读，开门见山，能够在两三章内迅速激发读者的兴趣，而且战斗场景的描写要足够生动，呈现出类似动漫的夸张效果，情节要足够曲折，营造出乎意料的效果。此外，读图时代，图像先于文本进入读者视野，英译中国网络小说的封面以及 IP 改编的影视剧等衍生多模态文本，也会影响海外青年大众读者对文本的期待，从而影响其阅读的决定。

“先行具有”的社会文化语境塑造了海外青年大众读者对于大众文学文本和中国文化“先行看见”的概念，在此基础上，海外青年大众读者形成了对英译中国网络小说“先行把握”的期待。和中国网络小说的读者一样，海外青年大众读者同属“三低”群体——低年龄、低收入、低社会融入度的底层人群①，这一群体在社会系统中迫居边缘，但在数量上最庞大，消费习惯最忠诚，是大众文化必须争夺的潜在受众群体，一旦养成阅读习惯，便会上瘾，害怕“断更”，投入大量时间精力“追更”“催更”，成为“过度的读者”。海外青年大众读者与中国网络小说的源语读者同属“三低”人群，所处的人生阶段相近，心理状态、人生阅历和阅读能力也基本持平，“前结构”上存在共性，在大致相同的社会文化语境下，更有可能产生相似的阅读期待——“爽感”。

① 邵燕君. 从乌托邦到异托邦——网络小说“爽文学观”对精英文学观的“他者化”[J]. 中国现代文学研究丛刊，2016(08)：25.

二、“爽感”——海外青年大众读者的阅读期待

“爽感”是英译中国网络小说的特有阅读快感,来自文本对读者期待的满足,是读者接受文本时的体验。若先行具有的社会文化语境一致,读者阅读期待的差异来自于读者之间的个体差异。在阅读中宣泄情绪、逃避压力,探寻神秘的中国文化,在“另类现实”中证明自我价值,海外青年大众读者不同层级的期待引发了不同层级的“爽感”。

读者接受文本,是文本与读者视野融合的过程。期待视野(horizon of expectation)是姚斯(Hans Robert Jauss)对海德格尔“前结构”概念的发展,可以进一步分为“定向期待”和“创新期待”。定向期待规定了读者对某类作品的偏好以及理解的方向与水平,形成惯性,可能唤起读者过去与之相关的一切审美经验,促使其选择自己相对熟悉的文本类型。创新期待与定向期待相抗衡,以追求新意为目标,是期待视野的深层结构和阅读的动力来源。定向期待与创新期待辩证统一,创新期待逐渐累积形成定向期待,实现期待视野的拓展①。文本与期待视野之间的差异形成的“审美距离”既是文本调动读者创新期待的动力,同时也是读者接受文本的潜在障碍。海外青年大众读者期待的“爽感”,在定向期待与创新期待的矛盾运动中产生。基础“爽感”,一是来自文本类型和故事走向与定向期待的匹配,二是来自情节突变对创新期待的冲击,这是源语读者与目标语读者“快感通道”的所在。进阶“爽感”,是海外青年大众读者在基础“爽感”实现后获得的,海外青年大众读者通过探寻中国文化奥秘,获得跨越文化障碍的满足感,是海外青年大众读者作为异文化者获取的独特体验。深层“爽感”,是海外青年大众读者前两重“爽感”的推动下投身创作,从中实现自我认

① 朱立元. 接受美学导论[M]. 合肥:安徽教育出版社,2004:206-216.

同、群体认同，以及对宰制性力量的反抗[①]。

（一）基础“爽感”——娱乐消遣的满足

英译中国网络小说最先是以中国武侠小说、日本轻小说的某种补充和替代品出现的，这意味着海外青年大众读者对于英译中国网络小说的基本要求是提供娱乐消遣的基础“爽感”。

认知上，读者的注意力往往被陌生之物吸引，但在情感上，读者更倾向选择熟悉的内容，这是定向期待的作用。最先“走出去”的英译中国网络小说《盘龙》《星辰变》都带有“西化”色彩，其角色人名类似西方习惯，“骑士阶级”“宝物”“怪兽”等设定也更接近西方奇幻文学，同时，这些玄幻小说中呈现的“气”“道”等中国文化元素也常出现于中国武侠小说中。这些文化元素为爱好武侠文化的海外青年大众读者所熟悉，能够调动起他们的阅读经验。同理，目标语文化中的女性读者有着阅读浪漫小说（romance）的习惯，容易被同样以“romance”为类型标签的网络言情小说吸引。

基础“爽感”基于全球青年大众读者的共同境遇。尽管意识形态上存在差异，全球青年大众面临的境遇却类似：阶层固化使得等级无处不在，社会资源分配不均导致学业、工作、情感上的竞争愈发激烈，国家、社会、学校、集体、家庭多方面的宰制和束缚使青年大众难得自由。压力越大，现实越难改变，青年大众就越倾向于将情感投射于凭借自身努力改变命运的平民英雄，因为这意味着个人奋斗的可能性，意味着社会的公正与平等依然存在。青年大众渴望看到和自己处境类似的主角，在比现实更为残酷的修炼世界中，凭借个人奋斗打破宰制，逆袭成功，以圆满的结局弥补现实中的沮丧挫败。

圆满的结局如果平铺直叙，还不够“爽”，还需要曲折的情节刺激

---

① 本书的“爽感”概念以笔者在论文《中国网络翻译小说的阅读快感——“爽感”成因分析》中提出的三重“爽感”概念为基础进行修正完善，见《中华文化海外传播研究》2020. 秋之卷，第115-128页。

读者神经。《报告 2020》和《报告 2021》(见表 3.1)均显示,半数左右的受访读者被新奇的情节所吸引。随着阅读的深入,读者形成对故事情节走势的定向期待,故事情节只有不时打破读者的定向期待,才能避免读者阅读兴趣的减退。突如其来的"抑",或战斗失利、修炼不成,或误会争吵、分手变心,超出读者对情节的预判,使读者受挫,感到轻微的紧张焦虑,而对圆满结局的期待驱使读者继续阅读。随后,主角凭借自身力量脱离困境,或凭借"金手指"扭转局面,情节回到正轨并加速深入,补偿读者的挫折感,使读者获得从兴奋,到畅快,再到愉悦的体验。"抑"与"扬"形成张力,成为读者的生理与心理、感官与精神共生共建的接触点和引爆点①,"爽点"因此形成。

全局性逆袭与阶段性"爽点"的叠加,满足了海外青年大众读者对基础"爽感"的需求,也奠定了他们对英译中国网络小说的定向期待—— 草根逆袭。进阶"爽感"以基础"爽感"为前提,"只有阅读快感被调动起来之后,才能塞进精神'私货'"②。此时的精神"私货"包括英译中国网络小说中蕴藏的器物、制度、价值各维度的中国文化元素,刺激着海外青年大众读者的创新期待。

(二)进阶"爽感"——中国文化的惊艳

中国文化带来的"爽感",是在基础"爽感"得到满足之后的进阶体验。在从情节内容中获得了基础"爽感"以后,海外青年大众读者感到舒畅,逐渐对中国文化产生"多接触一些,再吸收一点"③的意愿,是进阶"爽感"的动机。

---

① 庄庸等主编.爽点宇宙:中国网络文学阅读潮流研究(第 2 季)[M].北京:中国青年出版社,2020: 5.

② 邵燕君.从乌托邦到异托邦——网络小说"爽文学观"对精英文学观的"他者化"[J].中国现代文学研究丛刊,2016(08):16-31.

③ 邵燕君,吉云飞.美国网络小说"翻译组"与中国网络文学"走出去"——专访 Wuxiaworld 创始人 RWX[M]//邵燕君,肖映宣编.创始者说:网络文学网站创始人访谈录.北京:北京大学出版社,2020: 427-428.

从《白皮书》和《报告》的结果来看，中国文化似乎并不是海外青年大众读者的主要追求，却是读者“新鲜感”的主要来源。海外青年大众读者的“前结构”因阅读经验的积累而拓展，与英译中国网络小说的审美距离缩短。原来令读者感到新鲜的逆袭“套路”固化为定向期待，不时引发读者“陈词滥调”“审美疲劳”的批评。此时，小说间相异的中国文化元素能够刺激海外青年大众读者的创新期待，成为驱动海外青年大众读者继续阅读的关键。通常，海外青年大众读者最先注意到器物维度的中国文化元素，因为此类中国文化元素能够被轻易识别，且通过阅读、交流、检索即可理解。制度维度的中国文化元素与中国文化关联更深，隐藏文化信息更多，且有时以句段为单位呈现，理解起来难度略有增加，有一定的误读可能。价值维度的中国文化元素最为隐蔽，蕴藏于角色的言行之中，少有明显符号，难被识别与理解。

海外青年大众读者对英译中国网络小说的接受过程也是对中国文化的初解过程，通过对中国文化元素的探究拓展对中国文化的认知。读者在阅读时，常在无意识中将其与自身文化的价值观相比较，对中国文化核心价值观与自身文化价值观相通的一面表示认同，对反映文化特色的一面表示不解。随着阅读的深入，读者与文本视野交融，对中国文化的核心价值观形成认同或“认异”（了解并尊重文化间的差异）[①]，跨越文化壁垒，拓展“前结构”，获得进阶“爽感”。

（三）深层“爽感”——文本生产行为带来的愉快

获得以上两重“爽感”之后，仍有一部分海外青年大众读者期待着更深层次的“爽感”。这部分读者已经不满足于阅读文本带来的愉悦（plaisir/pleasure）[②]，而是希望“演奏”（play）文本，积极参与到文本的

① “认异”概念参考汪信砚. 价值共识与和谐世界[J]. 武汉大学学报（哲学社会科学版），2017，70(05)：11-20.

② 王宁. 翻译研究的文化转向[M]. 北京：清华大学出版社，2009：211.

生产，获得近乎“狂喜”的体验（jouissance/bliss）①。在大众文化语境下，“狂喜”产生于“粉丝文化”生产过程中，海外青年大众读者作为“过度的读者”（excessive reader），不仅投入大量时间阅读文本以获得“躲避式快感”，而且以“主动的、热烈的、狂热的、参与式的”②文本生产行为创造出一种拥有自己的生产和流通体系的“粉丝文化”③，获得“生产式快感”。大众读者打破精英的宰制，获得生产意义的权力，创造出“粉丝文化”，与宰制性力量倡导的经典文化相抗衡，充分释放创造力和生产力，在反抗宰制性力量中获得不受束缚的狂喜。

读者从文本的情节中获得了基础“爽感”，从文化中获得了进阶“爽感”，心理得到满足，进而产生行动的意愿。互联网的开放平台使读者的意愿变为现实，这部分读者或是化身译者，翻译未被译介的新小说或复译已有译本的小说；或是化身作者，创作同人文或原创小说；或是创作各类多模态文本，展示自己的技能和创意；或是发表长篇评论，赏析和挖掘中国文化。海外青年大众读者通过这些文本生产行为宣泄了自己的情绪，表达了自己的观点，获得自我认同。其他读者可以听到看到这些行为的产品——粉丝译本、长篇评论、同人文和原创网络小说，并表达支持或参与讨论，建立联系，形成群体认同，大众读者现实中的失语得到缓解。因此，深层“爽感”不仅来自于对宰制性力量的反抗，更源于大众读者对自我认同和群体认同的心理需求。

基础“爽感”、进阶“爽感”、深层“爽感”代表着海外青年大众读者对英译中国网络小说的接受逐层深入。读者根据自身的期待，获取不同层级的爽感，但读者若能从一部英译中国网络小说中完整地获得三重“爽感”，说明读者的“前结构”充分接触、融合、吸纳了文本中的中

① 朱立元. 接受美学导论[M]. 合肥：安徽教育出版社，2004：99-100.

② [美]约翰·费斯克. 理解大众文化[M]. 王晓珏，宋伟杰译. 北京：中央编译出版社，2006：163.

③ [美]约翰·费斯克. 粉都的文化经济[C]//陶东风主编. 粉丝文化读本. 北京：北京大学出版社，2009：17.

国文化,是接受的理想状态。

第三节 海外青年大众读者的行为模式

常规的阅读行为实现的是基础“爽感”和进阶“爽感”,要实现生产式的深层“爽感”和进阶“爽感”,需要读者的主动作为。翻译、评论、拼贴、创作,这些海外青年大众读者特有的行为是他们获得深层“爽感”的方式。同样,他们的行为模式也受到自身“前结构”的制约。

一、翻译

不同于其他中国文化“走出去”的翻译活动,英译中国网络小说是由海外青年大众读者发起的粉丝翻译(fan translation)。粉丝翻译是某类特定文本(多来自大众文化)的粉丝出于兴趣自发进行的非营利翻译,属于约翰·费斯克所论的大众文化的“迷”(fandom)行为[①]。

开创英译中国网络小说先河的赖静平,就曾是一名海外青年大众读者。赖静平1986年出生于中国成都,3岁时随父母来到美国加州定居,毕业于加州大学伯克利分校,曾任美国国务院驻马来西亚、加拿大、越南等国的外交官,身跨中国与美国两种文化背景,对武侠文化情有独钟。在Spcnet论坛,赖静平和其他网友花了六七年时间,接力翻译了金庸和古龙几乎所有小说,免费分享给中文水平有限的海外武侠文化爱好者们。2014年,在一年多无书可译的空窗期后,赖静平偶然看到越南华裔网友He-man翻译的玄幻小说《星辰变》,小说新奇的文化和曲折的情节满足了赖静平的基础“爽感”和进阶“爽感”,驱动他翻译玄幻小说《盘龙》。这部小说不仅吸引了海外武侠文化爱好者,还

① M. Baker & G. Saldanha. *Routledge Encyclopedia of Translation Studies* (*3rd ed.*)[M]. Abingdon and New York: Routledge, 2020: 177-181.

吸引了不少日本轻小说爱好者,满足了百万海外青年大众读者的基础“爽感”需求,英译中国网络小说就此诞生。

和赖静平一样,英译中国网络小说早期的粉丝译者多是从通晓双语的海外青年大众读者转化而来,最早多为英语世界的华裔或以英语为母语、汉语为第二语言的东南亚人士,如孔雪松、艾飞尔,后来拓展到掌握中文的英语母语者,如 Deathblade。他们出于兴趣成为业余译者,最终转为全职的专业译者或网络小说翻译网站的管理者,至今都是英译中国网络小说领域中的意见领袖,致力于中国网络小说的翻译和中国文化的传播。双语文化背景使这些粉丝译者既了解海外青年大众读者的阅读心态和兴趣所在,又通晓英语的表达习惯,确立了以忠实于源文本内容为前提,以“看起来本来就像英语写的”[①]和“感觉是在阅读母语创作而非译作”[②]为标准,适应目标语文化系统的语言规范,保证译文本的流畅可读。武侠文化爱好者的身份制约着粉丝译者对待译文本的选择。赖静平热衷于武侠文化,从他的网名和对网站的命名上可见一斑。对武侠文化的热爱和对西方文化的熟悉使他决定从玄幻小说开始翻译。在他看来,只有玄幻、仙侠小说这类发生在架空世界的故事才能打通中外读者的快感通道,言情、盗墓等其他类型的小说难以引发海外读者共鸣。受这一思维模式的影响,随后建立的 Gravity tales 和 Volare novels 也以玄幻小说为主打。粉丝翻译奠定了海外青年大众读者对英译中国网络小说的审美标准。

在起点模式入场后,粉丝翻译成为起点国际职业翻译团队的补充和替代。当起点国际上职业翻译团队产出的官方译本在更新速度或质量上不合期待时,读者便重现粉丝翻译的模式,在互联网自行翻译、发布,满足自己和其他读者“催更”。除了人工翻译,粉丝翻译还存在

---

① etvolare,肖映萱. 从华尔街到中国网络小说翻译[N]. 文艺报,2017-08-07(002).

② 李彦,杨柳. 网络文学译介:一条少有人走的路——武侠世界创始人赖静平访谈录[J]. 翻译论坛,2018(04):6.

着一种常被忽略的另类模式——机器翻译。在国内的网络文学企业尚未将 AI 赋能翻译技术铺开之时,海外已经出现中国网络小说的全机器翻译网站 LNMTL①。该网站的创建者是一个热爱英译中国网络小说的软件工程师。他自称不懂中文,无法进行人工翻译,于是在业余时间创建这一网站来满足"追更"中的读者。创建者采取了一种"术语众包"的方式控制翻译质量。读者在阅读译文时,可以在"术语表"(glossaries)中对某一术语(term)的翻译提出个人建议。术语的各译法由读者投票选择,得票数更高的译法将被采用,加入到机器翻译引擎的训练之中,海外青年大众读者即使不懂翻译,也可参与到粉丝翻译中。

即使在 Wuxiaworld 网站走向商业化、起点国际携职业翻译团队入场竞争之后,粉丝翻译依然活跃,在官方译本之外提供时效更高或质量更精的译本,参与翻译的粉丝在其他海外青年大众读者的关注和支持中获得深层"爽感"。

二、评价

英译中国网络小说的价值是由大众读者决定的,无论文本质量多高,若无人问津,便是失败之作。海外青年大众读者对英译中国网络小说的评分(rating)和评论(review),合称"评价"。网络小说翻译网站、导航网站(如 Novel Updates)、书评网站(如 Goodreads)都允许读者进行评价。评分是读者对英译中国网络小说质量的量化判定,评分时读者只需点击相应的星星个数,或者更简单的大拇指图标"顶/踩"表示赞同与否。评论则允许读者更充分地表达其对文本的态度,包括全书评论、章节评论、网站论坛讨论帖等。

评价是读者对文本作出的反馈,直观地呈现英译中国网络小说接

① 详情请见 https://lnmtl.com/novel.

受情况。评价人数的多寡、讨论的热烈程度都反映着文本在读者中的影响，评价积累到一定数量，即可呈现目标语文化中读者对于作品的普遍态度。一般来说，接受效果好的英译中国网络小说，评价人数多、评分高、长篇评论占比大。评价人数多反映文本的影响广，评分高反映读者对文本的反应偏积极；长篇评论占比大，说明文本能够与读者的“前结构”深度交融，有效地激发读者表达思想或情绪的欲望。

海外青年大众读者的评论内容可分为以下四类：其一，对译者、作者的感谢和支持，或者“催更”，此类评价与文本内容不一定相关，是读者对文本直观反应驱动下的反馈行为。其二，对某一角色或某一情节的解读、分析和预测，这是读者验证期待的结果。在这一环节中，海外青年大众读者往往从自身“前结构”出发，对情节和角色的接受或排斥常通过评论表达出来。其三，对翻译的批评，这是海外青年大众读者对译者施加影响的环节。海外青年大众读者中绝大多数并不具备双语能力，认为译文流畅可读，无明显错误，能在风格上重现中国语言的异质之美，就是“好翻译”（good translation）。他们以这一标准来要求译者，形成读者与译者之间的交流与互动。如图 3.1，读者指出了《我欲封天》译文中的错误，Deathblade 据此对译文进行修正，还欢迎读者通过评论或邮件、社交平台与他交流翻译问题。其四，对于英译中国网络小说内容及中国文化的深入挖掘，这是海外青年大众读者对其他读者施加影响的环节。部分读者凭借自身的阅读经验和在细分领域的知识基础，主动解答其他读者关于中国文化的疑问，帮助他们跨越文化障碍。

评价不仅是读者个人情绪的表达，也是与其他读者的联结。“寻找共同话题”愈发成为海外青年大众读者的阅读动机，2020 年以后，社交网络取代搜索引擎，成为海外青年大众读者了解英译中国网络小说的主要渠道，这些迹象凸显出英译中国网络小说的社交功能。海外青年大众读者看到与自己观点一致的评论，或点赞支持，或回复肯定，

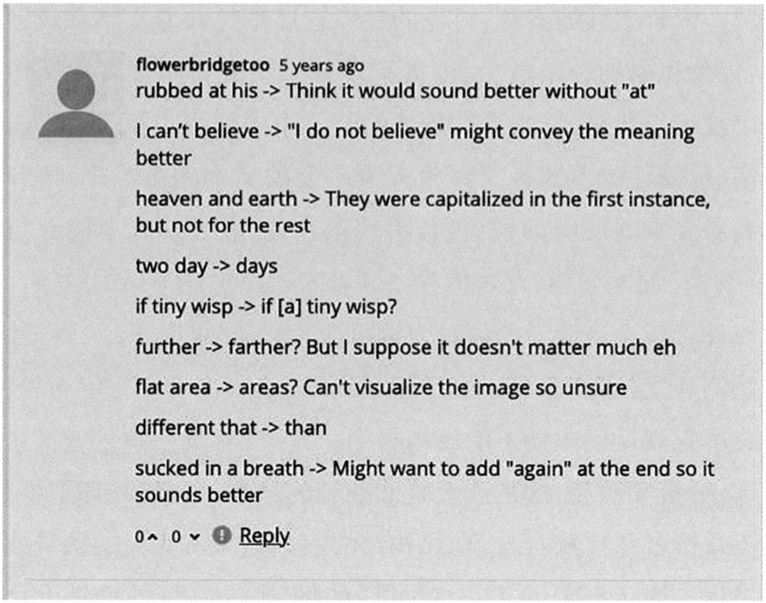

图 3.1 读者在评论中为 Deathblade 的翻译纠错

看到观点不一致的评论,或点踩,或反驳。来自全球的海外青年大众读者打破时间空间的隔膜,以英译中国网络小说的名义聚集,中国文化元素成为海外青年大众读者群体身份的标志,也是他们进行改造的对象。他们将中国文化元素与自身文化相结合,打造各类"互联网迷因(meme)"[①],在交流中广泛应用:互称"道友"(Daoist),在自己的网名加入"Dao",以改造自西方宗教用语的"愿道与你同在"(May the Dao be with you)相互问候等。在"互联网迷因"的生产和传播中,海外青年大众读者创造出共同的文化空间,在空间中确认了共同的身份,缓解了现实中的孤独。

① SHIFMAN L. Memes in a digital world: reconciling with a conceptual troublemaker [J]. *Journal of Computer mediated Communication*, 2013, 18(3): 367.

三、拼贴

亨利·詹金斯(Henry Jenkins)用文本“盗猎者”①(poacher)的概念来形容大众文化的粉丝:大众读者按照自身的期待、经验、意图和价值判断和目的挪用文本,拼贴重组成书面、听觉、视觉或影视等模态的文本,生产属于自己的意义,并在这一过程中获得来自群体其他成员的认同。在互联网时代,文本拼贴的制作和分享前所未有的便利。大众读者以图像、音频、视频等多模态方式进行拼贴创作,海外青年大众读者录制或使用自动阅读软件制作有声书音频上传到网上,供其他读者收听;录制视频,分享自己对于英译中国网络小说的分析;剪辑网络小说 IP 改编影视的片段进行配乐或配音;根据小说文本绘制出架空世界的地图、角色的形象、武器,制作表情包等。制作、使用拼贴意味着英译中国网络小说已经融入海外青年大众读者日常生活。

介绍中国文化的资料库(Resources)实质上就是对英译中国网络小说和中国文化文本的拼贴。为了帮助更多海外青年大众读者进入英译中国网络小说世界,Wuxiaworld 网站于 2016 年 1 月 25 日上线资料库功能(如图 3.2)②,内容由赖静平、Deathblade 等译者上传。起初由常见问题(General FAQ)和 Deathblade 翻译和中文学习经验分享(Deathblade's Learning Chinese FAQ)两个模块组成。同年 5 月增加了“道的基础知识”(Basic Dao Primer)③和网络小说作者唐家三少的介绍(TJSS Biography),11 月上线仙侠小说中的“核”(“core” in Chinese

---

① [美]亨利·詹金斯,杨玲译. “干点正事吧!”——粉丝、盗猎者、游牧民[C]//陶东风编. 粉丝文化读本. 北京:北京大学出版社,2009:40-54.

② 本部分数据使用 web. archive. org 网站回溯功能获取,详情请见 https://web. archive. org/web/20160128012328/http://www. wuxiaworld. com/have-you-considered-learning-chinese/.

③ 详情请见 https://web. archive. org/web/20160513181248/http://www. wuxiaworld. com/what-dao-heck-a-very-basic-primer-to-the-dao/.

Cultivation Novels)、成语俗语(Chinese Idiom Glossary)、武侠仙侠称谓术语(Wuxia-Xianxia Terms of Address)、通用术语(General Idiom Glossary)等[①],最终形成“共享副文本”的模式。之所以是“共享”副文本,是因为资料库中提供的解释不限于某一部英译中国网络小说,而是玄幻、仙侠小说中高频概念的汇总。通过阅读这些词条,读者能够积累接受英译中国网络小说所需的中国语言和文化基础,做好“先行看见”的知识准备,也逐渐养成查阅副文本的阅读习惯。这一功能的上线收获了海外青年大众读者的支持,读者表示这一功能很有必要,“一定会留存备查”(I'll save this and the other sections for future use)。遗憾的是,在被韩国 Kakao Entertainment 的美国子公司 Radish Media 收购后,Wuxiaworld 网站于 2022 年 1 月 18 日(美国东部时间)改版,资料库功能下线,只留下了解释“wuxia”“xianxia”概念等常见问题(General FAQ)栏目。

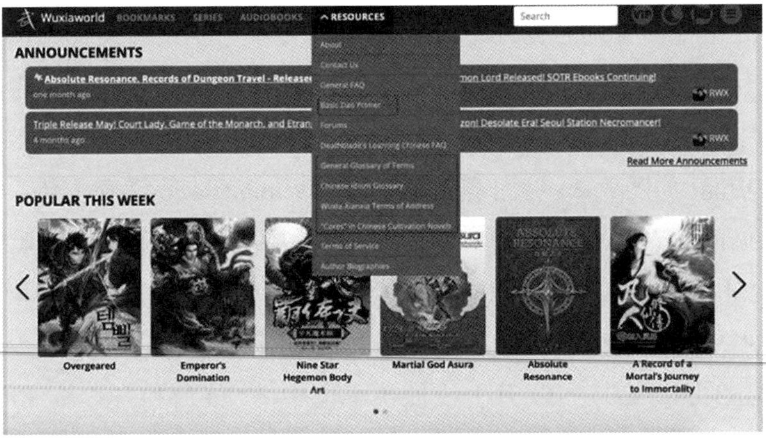

图 3.2　Wuxiaworld 网站的资料库

“资料库”功能启发了一些海外青年大众读者自己建立专门的术

① 详情请见 https://web.archive.org/web/20161123132001/http://www.wuxiaworld.com/general-glossary-of-terms.

语网站,Immortal Mountains 网站[①]就是其中一例。该网站由一名热爱英译中国网络小说但并不懂中文的西方读者(Westerner)建立,以术语库和文章(Article)的形式为新读者提供陌生概念和术语的解释。Immortal Mountains 网站在亲属称谓、俗语成语、常见概念上与 Wuxiaworld 术语库的内容重合程度很高,而对“紫气东来”“妖与魔”“双修”“核”等概念给出了相较于 Wuxiaworld 网站更为详细的解释,并在关键概念上加注中文的拼音。该网站的资料来源包括维基百科以及其他中文网站,例如文章中对于中国网络小说类型的介绍来源于中国网络文学网站 17K 在 2015 年的一篇新闻报道(如图 3.3)。创建者表示,自己会在好奇的概念上花费大量时间去查证和理解,长期下来,产生了把自己查证的成功共享给读者们的念头。海外青年大众读者以文本拼贴的方式建立术语库,在满足自己的学习需求的同时,分享给其他读者,践行互联网的平等与共享精神。

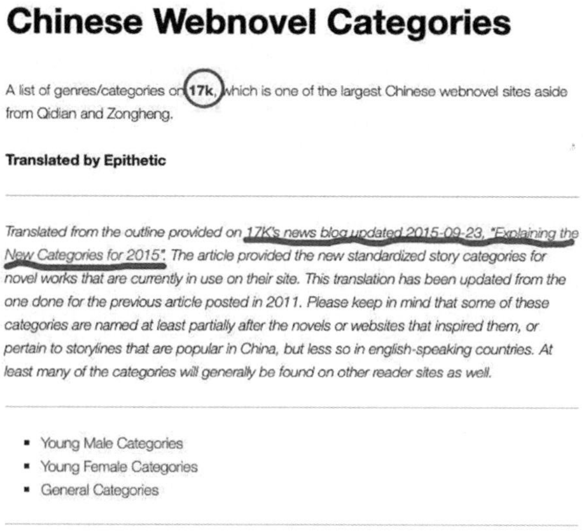

图 3.3　Immortal Mountains 网站对于中国网络小说类型的介绍

---

① 详情请见 https://immortalmountain.wordpress.com.

四、创作

网络小说打破传统文学模式中的宰制性力量，赋予大众读者创作的权力，从而借大众读者的力量实现接受效果的突破。大众读者创作的同人文和原创网络小说作为新的文学形式，出现在目标语文化系统，是接受的最高层级“反响”的表现，证明英译中国网络小说对目标语文化的切实影响。

同人文(fan-fic)是与文本距离最近的再创作。同人文可以总结为“同人=原作+粉丝欲求”，按照欲求，同人文的类型可以进一步分为补充型、圆满型、爱欲型、存续型、恶搞型、征服型、焦虑宣泄型、评论型等[①]。同人文创作是建立在对文本的深入阅读基础之上的，读者发现文本与自身期待之间存在有待补足的空白，遂借助原作的故事背景、人物设定和语言风格，按照自己的意愿，弥补这一空白。在这一过程中，创作同人文的读者内心得到满足，情感得到释放。《我欲封天》就曾在海外青年大众读者中引发了同人文创作热潮，这并不意味着读者的不满，相反，这是海外青年大众读者表达由衷热爱的方式。

同人文是海外青年大众读者对特定英译中国网络小说的接受，英语原创小说则代表了对中国网络小说和中国文化的接受，是英译中国网络小说在目标语文化中造成的反响。海外青年大众读者借用英译中国网络小说的情节组织、人物设定、文化元素，用英文或自己的母语创作原创网络小说，来自丹麦的女性网络小说作者 Tina Lynge 是先行者之一，自 2015 年至今，她已创作了 17 部原创玄幻、仙侠小说。

Tina Lynge 的创作深受《盘龙》的影响。Tina Lynge 从小热衷于亚洲文化和中国历史，曾花大量时间阅读四大名著，对中国文化的兴趣和基础使她一读到《盘龙》英译本就被迅速吸引，并产生了创作的灵

① 刘小源. 来自二次元的网络小说及其类型分析——以同人、耽美、网络游戏小说为例[M]. 上海：东方出版中心，2019：100-118.

感。Tina Lynge 表示,“我想在我的故事中展现和传播中国古代的神话和文化”①。为了创作小说,她投入了大量时间研究中国文化和道家思想,“每创作 2000 字的一章,都要集中精力,花费 5 个小时的时间”②。尽管如此,Tina Lynge 却乐在其中,因为创作不仅帮助她渡过了病痛的难关,更赋予她书写自我、改变现实的精神力量。对于她而言,创作已经不是一份工作,而是一种自由的感觉,让自己放松身心,心情平静。同时,她也希望自己的作品也能够给世界上的人们带来一些快乐和新鲜空气(bring a bit of joy and a breather into the life of those who live in this world)③。创作不仅使 Tina Lynge 实现了自我认同,还收获了来自其他读者的支持,实现了英译中国网络小说的深层“爽感”。

图 3.4 Tina Lynge 创作英文小说 Blue Phoenix 的部分封面

Tina Lynge 以创作表达她对中国文化的认识。研习而得的中国文化和“先行看见”的自身文化在 Tina Lynge 的“前结构”中碰撞、融合,使其作品呈现出中国风格,又带有自身文化烙印,与英译中国网络小

① 乔燕冰. 中国网文“出海”:越是网络的,越是世界的[EB/OL]. (2017-04-11)[2021-02-18] http://www.chinawriter.com.cn/n1/2017/0411/c404023-29202860.html.

② 梅佳. 你看过英语版《盘龙》么? 外国读者正在追中国网络小说[N/OL]. (2017-02-22)[2021-05-17] http://www.chinadaily.com.cn/cndy/2017-02/22/content_28295685.htm.

③ 详情请见 https://tinalynge.com/about/.

说既一脉相承又有自身文化特色。在 Tina Lynge 的小说中,龙(Dragon/Long)、凤(Phoenix)在文本和封面(如图 3.4)中反复出现,次数明显高于中国网络小说,是由于这些文化元素是 Tina Lynge 心目中最能代表中国文化的符号,反复使用这些元素能够以直观的方式营造出中国文化的氛围,强化读者对于中国文化的认知。另一方面,Tina Lynge 小说的主角有着中文姓名,修炼着中国功夫,却生活在西方的骑士精神、宗教观念、魔法概念统治下的架空世界。中西文化杂糅共存,是 Tina Lynge 多元文化思维的体现,也是中国文化进入目标语文化、形成"反响"的证明。

第四节　小结

本章对英译中国网络小说的目标语读者群体——海外青年大众读者进行定义,描述读者特征、阅读期待、行为模式。海外青年大众读者,是以学生、白领上班族、家庭主妇为代表,18—35 岁,无收入或中低收入,社会融入度低,高中至大学本科学历,生活于美洲、亚洲各地,具备基本的英语文学作品阅读能力的大众群体。这一群体具有大众文化消费习惯,依赖移动设备,将阅读视为填补碎片化时间的娱乐消遣。海外青年大众读者与中国网络小说的读者都属于"三低"人群,境遇类似,有形成"快感通道"、产生相似阅读期待的可能。"先行具有"的社会文化语境,与读者上述"先行具有"的特性一道,构成了海外青年大众读者的"前结构",制约着读者的接受和译者的翻译。

"爽感"是海外青年大众读者对英译中国网络小说的期待,既与其在源语文化中的内涵相似,又有自身特殊内涵。基础"爽感"出于读者娱乐消遣的基础需求,以情节内容来满足,是"快感通道"的所在。基础"爽感"得到满足后,部分读者对英译中国网络小说的"私货"——

中国文化产生兴趣,进而探寻,获得跨越文化障碍的进阶“爽感”。上述两重“爽感”激励部分读者以翻译、评价、拼贴、创作行为参与到英译中国网络小说的意义生产之中,在自我认同、群体认同和对宰制性力量的反抗中获得深层“爽感”。

“爽感”的实现程度反映英译中国网络小说的接受程度。不同类型的英译中国网络小说如何与海外青年大众读者的“前结构”融合,实现不同层级的“爽感”,呈现不同的接受效果,将在接下来四章结合文本进行分析。

第四章 《我欲封天》："小白仙侠"出海先行

在《盘龙》以中西合璧的玄幻故事打开局面后，蕴含"升级版"[①]中国文化的仙侠小说也走进海外青年大众读者的视野，美国译者 Deathblade 翻译的《我欲封天》（*I Shall Seal the Heavens*，简称 *ISSTH*）就是其中之一。

第一节 雅俗共赏的仙侠代表作

《我欲封天》是起点中文网"白金作家"耳根（本名刘勇）继《仙逆》《求魔》后的代表作，属于"男频仙侠升级流小白文"。该作品自 2014 年开始连载，篇幅达到 496.26 万字，多年来吸引超百万读者。截至 2023 年 6 月，《我欲封天》的源文本仅在起点中文网上就获得 455.97 万总推荐，多次获得"月票榜"（打赏量排名）冠军，实时在线阅读人数超过 120 万[②]。如果再将五花八门的盗版网站计算在内，《我欲

① 邵燕君，肖映萱. 创始者说：网络文学网站创始人访谈录[M]. 北京：北京大学出版社，2020：430.

② 详情请见 https://book.qidian.com/info/3106580#Catalog.（查询时间 2023 年 6 月）

封天》的中国的读者体量远不止百万量级。

不仅大众读者对其青睐有加,《我欲封天》还受到了专业读者和文学权威的认可。2015 年,《我欲封天》获得“福布斯 · 中国原创文学风云榜 2015 年度最佳作品奖”①。2016 年,中国作家协会公布“中国网络小说半年榜”(已完结作品),《我欲封天》榜上有名,该排行榜评价《我欲封天》“既有对宗教理念的探寻,也有对人性复杂的揭示”,融合了中国传统文化与幻想,“形成一种富有中国意象、中国气派的玄幻叙述”②。学者欧阳友权也对《我欲封天》的评价颇高,认为《我欲封天》是“玄幻界精品力作”之一,是“娱乐性质的网络文学开始向充满人文情怀的纯文学殿堂出发”③的有力尝试。《我欲封天》的 IP 还被开发成网络游戏、手机游戏,并改编成漫画、舞台剧、网剧、微电影等,在国内广为传播。2017 年,《我欲封天》作为中国网络文学的代表登上伦敦国际书展④。

第二节 粉丝翻译引爆“中国仙侠热”

2015 年 5 月起,美国译者 Deathblade 在 Wuxiaworld 网站翻译《我欲封天》,全书 1600 余章,历经两年时间连载完成。

Deathblade 真名 Jeremy Barwick,中文名白杰瑞,出生于美国加州,

---

① 姜煜. 福布斯 · 中国原创文学风云榜颁奖盛典在上海举行[EB/OL]. (2016-01-07)[2021-04-14] http://www.chinawriter.com.cn/news/2016/2016-01-07/262643.html.

② 中国作家网. 2016 年中国网络小说排行榜半年榜(已完结作品)上榜作品评语[EB/OL]. (2016-09-13)[2021-04-14] http://www.chinawriter.com.cn/n1/2016/0913/c404023-28712898.html.

③ 欧阳友权. 中国网络文学二十年[M]. 南京:江苏凤凰文艺出版社,2018: 154.

④ 朱喆. 2017 伦敦书展:聚光灯下的中国出版[EB/OL]. (2017-03-23)[2021-04-14] http://www.chinawriter.com.cn/n1/2017/0323/c403994-29164496.html.

是地道的美国白人。和华裔出身的赖静平相比,Deathblade 并不具备“先行具有”的语言环境和“先行看见”的中国文化基础,他对于中国文化的了解来自武侠小说和电影。2000 年,Deathblade 因《卧虎藏龙》等中国武侠电影而对中国和中国文化产生了浓厚的兴趣,2007 年的一场中国之旅使他决心学习中文。2010 年,他移居中国,与自己的中国妻子相识并结婚。2015 年后,Deathblade 放弃了教师工作,转型成为全职译者,先后翻译了《我欲封天》《圣王》(*Sage Monarch*)两部网络小说,以及《七杀手》(*7 Killers*)、《英雄无泪》(*Heroes Shed No Tears*)两部古龙所著的传统武侠小说,累计超过 1400 万字①。2020 年,Deathblade 以“Jeremy Bai”②的新笔名将自己翻译的包括《我欲封天》在内的数部英译中国网络小说在亚马逊网站以 Kindle 电子书形式上架销售,并以“jeremybai. com”为域名创办了个人站点,开发专属 App,与读者分享翻译和创作的动向。除了翻译之外,Deathblade 还在海外主流视频网站 YouTube 上开设了个人频道,介绍中国网络小说的翻译和中国文化知识,如“Xuanhuan(玄幻)、Xianxia(仙侠)和 Wuxia(武侠)之间的区别”等。2020 年 12 月,Deathblade 将视频内容集结成册,以 Jeremy Bai 的笔名出版了 Kindle 电子书《理解中国式奇幻文学:武侠、仙侠、玄幻读本》(*Understanding Chinese Fantasy Genres: A primer for Wuxia, Xianxia, and Xuanhuan*),介绍英译中国网络小说中涉及的语言和文化知识。

Deathblade 翻译的《我欲封天》在海外迅速赢得大量拥趸,至今热度不减。根据 2023 年 6 月的检索结果,在 Wuxiaworld 网站上,《我欲封天》在“已完结英译中国网络小说”中居人气(Popular)榜第 3 位,评分(Rating)榜第 5 位,185 名读者参与评分,好评率达到 84%③。在阅文集团与 Wuxiaworld 网站达成版权合作的“蜜月期”,起点国际全文

---

① 详情请见 https://jeremybai. com/about-me.

② Jeremy Bai 是其真实英文名 Jeremy 与中文名中的姓“白”的拼音组合而成

③ 详情请见 https://www. wuxiaworld. com/novels.

转载了《我欲封天》,阅读量(views)3080 万次,533 名读者评分,平均分为 4.6 分,510 名读者曾通过“订阅付费章节”(Subscribing Premium Chapters)、“送礼物”(Sending Gifts)等付费方式进行支持①。在 Novel Updates 网站,3144 名读者为《我欲封天》打出 4.4 分,其中 70%的读者给出了 5 分满分的评价,340 名读者发表了文字评论②。在 Goodreads 网站,《我欲封天》共有 12 个打分页面(11 个分卷本和一个全本),分卷本每卷打分人数从 6 到 1629 人不等,平均得分 4.35,全本有 203 人打分,平均得分 4.49③。

《我欲封天》是“接受三层级”完整实现的典型案例。《我欲封天》启发了包括 Deathblade 本人在内的海外青年大众读者以同人文、视频、原创小说等方式进行创作。2016 年,还在翻译《我欲封天》的 Deathblade 与海外网络作家 Caladbolg 合作,创作同人文 *I Shall Slay Immortals*④。该同人文共 2 卷 43 章,Deathblade 负责策划大纲,Caladbolg 主笔,细节由二者共同完成。*I Shall Slay Immortals* 不仅书名与《我欲封天》的英文书名十分相似,故事情节也与《我欲封天》相关联:主角 Wu Bai 本是西部荒漠(Western Desert)中克劳童军部落(Crow Scout Tribe)的贵族,因一场天灾(Apocalypse)而命运突变,自身的天赋异禀因此被激发。《我欲封天》的主角孟浩以“金手指”的角色出现,辅助 Wu Bai 的修炼。*I Shall Slay Immortals* 将英译中国网络小说常见的逆袭套路、《我欲封天》中的“凝气”(Qi Condensation)、“筑基”(Foundation Establishment)设定以及“天灾”等西方文化色彩结合起

---

① 详情请见 https://www.webnovel.com/book/i-shall-seal-the-heavens_8058316805003405.(查询时间 2023 年 6 月)

② 详情请见 https://www.novelupdates.com/series/i-shall-seal-the-heavens/.(查询时间 2023 年 6 月)

③ 详情请见 https://www.goodreads.com/search? q=i+shall+seal+the+heavens&qid=EmmrMyNZoJ.(查询时间 2023 年 6 月)

④ 详情请见 https://forum.wuxiaworld.com/discussion/2215/i-shall-slay-immortals-issth-fanfic.

来，以浅白的语言和紧张的节奏书写海外青年大众读者眼中的“中国仙侠”。之后，Deathblade 以 Jeremy Bai 的笔名在亚马逊 Kindle 电子书平台出版了两部玄幻小说：*Legends of Ogre Gate*（2019 年 4 月）和 *The Nine Heavens and Ten Earths*（共三卷，分别发布于 2021 年 3 月、4 月、6 月）①，都是以类似古代中国的架空世界为背景，以中文姓名的人物为主角，以修炼战斗为主线，与玄幻、仙侠类型的英译中国网络小说如出一辙。

其他读者也以同人文的形式参与创作。读者 merlix 计划在同人文 *Heavenly Defiance* 中讲述一个出身穷苦、在药铺谋生的 12 岁男孩 Yan Kong 的修炼之路，可惜在完成了等级系统设定——10 个修炼等级和四种修炼模式（Kik，mana，mental energy，divine essence）后未再更新②。国外兴趣社区网站 Reddit 的网络小说分论坛 r/noveltranslations 曾经举办过“《我欲封天》短篇故事大赛”③，邀请读者基于《我欲封天》创作一篇不超过 509 个字的小故事，其中读者_Tasear_创作了孟浩的木剑拟人对话并转载到 Wuxiaworld 的论坛中，获得 Deathblade 的点赞④。在 Wuxiaworld 网站的 ORIGINAL CREATION 分论坛中，Deathblade 组织了一场艺术创作大赛（ISSTH Artwork Competition）⑤，以场景或角色为对象创作漫画作品，得到海外青年大众读者的积极响应。读者 Shiro the Hero 在 YouTube 上发布视频 *I Shall Seal The Heavens* |

① 详情请见 https://jeremybai. com/.

② 详情请见 https://forum. wuxiaworld. com/discussion/2856/heavenly-defiance-issth-ish-fanfic.

③ 详情请见 https://www. reddit. com/r/noveltranslations/comments/3trq3s/event_issth_short_story_contest/.

④ 详情请见 https://forum. wuxiaworld. com/discussion/1106/i-shall-seal-the-heavens-what-if.

⑤ 详情请见 https://forum. wuxiaworld. com/discussion/2086/forum-event-3-03-3-31-issth-artwork-competition.

*Xianxia Novel Recommendation*①,表达自己对《我欲封天》的评价,截至 2022 年 2 月,播放量 2.6 万余次,人气甚至超过了 Deathblade 的视频。《我欲封天》如何跨越文化障碍,在目标语文化中掀起了“中国仙侠热”?

第三节 浅近直白——中国文化的别样传达

不同于中西合璧的《盘龙》,《我欲封天》的人名、地名、武器、招式、制度、习俗等均遵从中国文化传统,故被赖静平称为中国文化上的“升级版”。这些中国文化元素以器物维度为主,营造出鲜明的中国文化氛围。Deathblade 以“直译+副文本”为主要翻译模式,最大限度保留文化的原貌,同时补足海外青年大众读者“前结构”中的缺失,实现理解和接受。

一、器物维度营造氛围

(一)人名地名

《我欲封天》中,所有的角色命名都是根据中文习惯。音译姓名能够让读者直接产生“这是中国故事”这一定向期待,却难使读者从看似无意义的音节中品味到中国文化“人如其名”的传统。Deathblade 抓住了这个常被忽略的文化传播契机,在音译角色姓名后增补注释,解释角色姓名规则及其在中文里的含义:

> 他叫孟浩,是这大青山下云杰县一个普通书生,(《我欲封

① 详情请见 https://www.youtube.com/watch? v=2YXVINLijXQ.

天》第一章)[1]

His name was Meng Hao, an average student from Yunjie County, which lay at the foot of the mountain [4. Meng Hao's name in Chinese is 孟浩 (mèng hào) – Meng is a family name. Hao means 'great' or 'many']. (*I Shall Seal the Heavens*, Chapter 1)[2]

Deathblade 给出了"孟浩"的中文发音和书写方式,并解释中文姓名"先姓后名"的规则,同时补充解释了"浩"一字在中文的含义("大""多"),帮助读者构建对主角性格的想象。此后,但凡有新角色出现,Deathblade 都会采用"直译+副文本"模式解释角色姓名的写法和含义。这一翻译方式类似于"厚翻译"(thick translation),常用于学术翻译的场景,而非大众文学文本翻译。这是因为查阅副文本势必要打断阅读进程,增加阅读负担,与大众文学文本对顺畅阅读体验的追求相悖。然而,增补副文本又是符合大众文化"粉丝"身份的行为。Deathblade、赖静平这样的粉丝译者对于自己感兴趣的内容有着分享的冲动,在面对一群对中国文化有着朦胧兴趣但不甚了解的读者,会选择承担"非强迫式的文化教育"[3]这一任务,即使存在牺牲顺畅阅读体验的风险,也在英译中国网络小说中寻找介绍中国文化的空间。

对取材于中国历史的地名,Deathblade 也同样采用了"直译+副文本"模式:

赵国是一个小国,如这南赡大地的其他小国一样,向往东土,向往大唐,向往长安,这是国主的倾慕,也是赵国文生的理想,一

① 源文本链接:https://book.qidian.com/info/3106580/#Catalog.

② 译文本链接:https://www.wuxiaworld.com/novel/i-shall-seal-the-heavens/issth-book-1-chapter-1.

③ 孙艺风. 文化翻译[M]. 北京:北京大学出版社,2016:113.

如都城内的唐楼,与皇宫齐高,似可以遥望千山万水外的东土长安。(《我欲封天》第一章)

The State of Zhao was a very small nation [1. The State of Zhao is named after the historical State of Zhao]. Like other small nations in the lands of South Heaven, its people admired the Great Tang [2. The Great Tang is named after the historical Tang Dynasty] in the Eastern Lands, and they admired Chang'an [3. Chang'an is named after the historical Chinese city Chang´an]. Not only did the king carry this admiration, all scholars in the State of Zhao did. They could see it, almost as if they stood atop the Tower of Tang in the capital city, oh so far away. (*I Shall Seal the Heavens*, Chapter 1)

“赵国”“大唐”“长安”这三个在中国历史上确实存在的地理概念增加了故事的可信度,特别是“大唐”让海外青年大众读者树立了“先行把握”的预期:这个故事发生在中国。在此大背景下,作者耳根虚构的“云杰县”(Yunjie County)也可以被读者顺理成章地接受,中国文化氛围进一步加强。此时,Deathblade 以超文本(hypertext)作副文本,在 State of Zhao, Tang Dynasty, Chang'an 三个地名处附上 Wikipeida 的链接,介绍背景知识。然而,这些超文本并未起到补足“前结构”的作用,因为此时的“赵国”和“大唐”实为架空,并非 Wikipedia 中所介绍的史实。中国读者对网络小说中地名和历史的跨时空拼贴习以为常,但对中国文化了解不多的海外青年大众读者则容易被超链接的内容误导,进而将文本的架空世界误读为中国的真实历史。读者 wusikangcrsky 发现了这一点,在评论区内纠正道(如图 4.1):“请注意,译者所注链接指向的是战国时期的赵国,而本书中的赵国其实是虚构的,因为(中国历史上的)唐朝和赵国并不在同一时期。”Deathblade 因知识储备不足而误读误译,激发了读者主动探寻中国文化的兴趣,wusikangcrsky

这样具备细分领域知识的读者在交流中获得了进阶“爽感”。

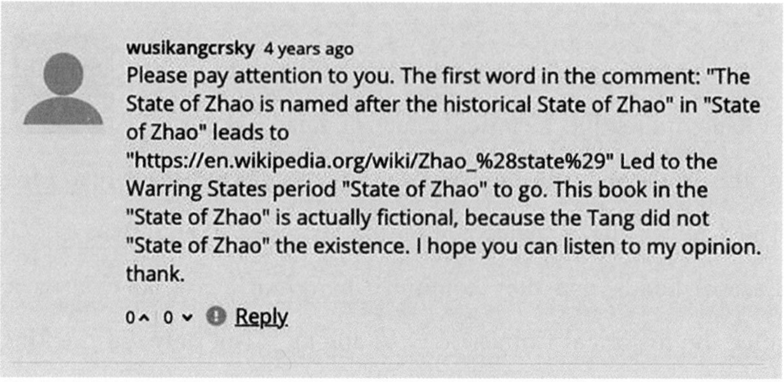

图 4.1　读者 wusikangcrsky 对地名的补充说明

对于完全虚构的架空世界——“南赡大地”，Deathblade 在中英两种语言文化之间寻求共性，以“Heaven”比附“赡”的“丰饶富庶”之意，译为 the lands of South Heaven，调动读者“先行看见”的西方文化概念，构建对架空世界的想象。

（二）神话意象

神话传说中的上古奇珍异兽、奇花异草、仙山洞府等神话意象及其隐喻意先行具有于中国文化之中，常引发文化猎奇心理。如《庄子·逍遥游》中出现的上古神兽“鲲鹏”在《我欲封天》中出现 57 次，而在这 57 次中，既有其作为上古神兽名字的本意，也有隐喻之意。第三十五章，“鲲鹏”第一次出现，是为隐喻义，用以形容孟浩的师兄王腾飞心高气傲的个性：

> 他是天之骄子，他的家族在整个南域声名赫赫，他自幼骄傲，心有鲲鹏之志……（《我欲封天》第三十五章）
>
> He was a Chosen. His Clan's reputation in the Southern Domain was indomitable. He had been insufferably proud since childhood, as if the world lay at his feet. (*I Shall Seal the Heavens*, Chapter 35)

“鲲鹏”的隐喻义对源语读者而言属于先行具有的文化常识,但对海外青年大众读者来说属于陌生概念,若直译,其隐喻义很难被读者理解。此处 Deathblade 以比喻的标志“as if”明示隐喻义,译作“似乎全世界都在他的脚下”,保证了海外青年大众读者能够顺利地接受其意旨。在同一章节,作为隐喻的“鲲鹏”以名词形式再次出现,Deathblade 直译为 roc,加以首字母大写,表示特指:

> “你是王家鲲鹏,用不了几年就可以筑基……”(《我欲封天》第三十五章)
>
> You are a Roc of the Wang Clan. In a few years, you will reach Foundation Establishment. (*I Shall Seal the Heavens*, Chapter 35)

作为神兽存在的鲲鹏出现于第一百零五章,此后的“鲲鹏”皆为此意。第一百零五章(英文版为 Chapter 104)的回目为“大风起兮鲲鹏展”,其英译文以“兮”为界分译作两分句,为“A Great Wind Arises, The Roc Spreads its Wings”,同样是以 Roc 直译,不同的是以超链接形式附加了维基百科关于中国神话中“鹏”(Peng)的介绍页面。本章内“鲲鹏”出现三次,Deathblade 均以“roc”译之。

> 也就是几个呼吸的时间,它的身体赫然变成了近乎十万丈,它不再是鱼,而是成为了一只飞鸟,仿佛化身成为了鲲鹏!(《我欲封天》第一百零五章)
>
> Within the space of a few breaths, it had grown to nearly three hundred thousand meters in length. It was now no longer a fish, but a bird. It appeared to be an enormous roc! (*I Shall Seal the Heavens*, Chapter 104)

以 roc 还原“鲲鹏”在源文本中的内涵和效果，是 Deathblade 比附中西文化的尝试。据《英汉大词典》的释义，roc 源自 16 世纪阿拉伯、波斯一带的传说，意为“大鹏、大鸟”，与源自中国神话传说中形如大鸟的“鹏”对等，且 roc 并非当代英语常用词汇，能够带给海外青年大众读者他者文化的陌生感。实际上，中国神话中的鲲鹏并不只是一种大鸟，而是从大鱼“鲲”变形而来，即传说中的“鲲化为鹏”。其中，上例为“roc”在第一百零五章正文中第一次出现时，正是描述与中国神话传说中“鲲化为鹏”类似的场景，以 roc 译“鲲鹏”仅仅翻译出“鹏”这一层含义。根据上下文来看，文本中出现的“鲲鹏”是已经化为鸟形的神兽，以“roc”表示该神兽的最终形态无可厚非，而标题中注释超链接所附维基百科中以“Peng”音译“鹏”，二者并不统一，但此时评论区没有读者就这一处理方式提出讨论或疑问。

随着出现次数增加，读者的反应发生变化，有读者开始对 Deathblade 的译法提出质疑。至第六百九十二章时，Deathblade 在文内注释中回应：耳根原文中的“鲲鹏”并非化成“鹏”的“鲲”，而是化为“鲲鹏”的“鱼”（fish/yu）[①]：

> A fish turning into a bird-like creature is a common part of Chinese mythology. I've seen a few comments that I should translate 'roc' as 'peng'. Sorry to say, that would only be partly correct. Er Gen consistently uses the full term“鲲鹏”, which combines the fish character 'kun' and the bird character 'peng'. If I were going transliterate it, the most accurate term would be 'kunpeng', not simply 'peng'. Also, in ISSTH, unlike the 'kunpung' mythology, it is never described as a 'kun' which transforms into a 'peng'. It's described as a fish 'yu'

① 详情请见 https://www.wuxiaworld.com/novel/i-shall-seal-the-heavens/issth-book-5-chapter-692.

that transforms into a‘kunpeng’.

Deathblade 对同一神话意象的不同翻译是基于自身对文本和中国文化的理解,其初衷是让海外青年大众读者尽可能轻松而准确地理解文本中“鲲鹏”的含义。海外青年大众读者对“roc”译“鲲鹏”从默认到质疑,反映出读者对中国文化元素的理解随着阅读的深入而变化,在思考和查证中逐渐接近中国文化的本真面貌。

(三)度量衡

中国古代常以烧香或饮茶的动作用时来表示时间,同样见诸以类似中国古代的架空世界为背景的玄幻、仙侠小说,如“一炷香”。赖静平曾在访谈中就这一概念向作者耳根提问,耳根表示“一炷香”所代表的时间概念很灵活,“在我这里是一刻钟到半小时”①,这让习惯了精确时间概念的海外读者难以理解。

《我欲封天》中,“一炷香”出现了 170 余次,第一次出现在第三章孟浩开始感悟灵气时:

> 一炷香后,他闭上眼,默默感受体内一丝丝温和的气息……(《我欲封天》第三章)
>
> He closed his eyes for the time it takes an incense stick to burn, sensing the delicate strand of Qi within his body. (*I Shall Seal the Heavens*, Chapter 3)

Deathblade 对“一炷香(的时间)”直译为 the time it takes an incense stick to burn,此时这一异化的时间概念并没有引发读者的关注,这一译法随后逐渐固定下来。在第七十四章,异化翻译的“一炷香”第

① 详情请见 https://www.bilibili.com/video/av11683838.

十次出现：

"孟浩，我只能坚持一炷香的时间！"小虎话语说完，喷出鲜血，立刻盘膝坐在那里。（《我欲封天》第七十四章）

"Meng Hao, I can only hold on for the time it takes an incense stick to burn!" Having said this, Little Tiger coughed up a mouthful of blood, then sat down cross-legged to meditate. (*I Shall Seal the Heavens*, Chapter 74)

这一次，部分读者开始好奇"一炷香"的时间到底是多久，在评论区展开了讨论（如图 4.2）。提出这一疑问的读者 vire70 认为一炷香是 5 分钟。另外两名读者对此有不同的看法，一位认为是"一炷香"的时间是 40 分钟而"一盏茶"等于 5 分钟；另一位则在查阅副文本后表示"可能是 5 分钟，也可能是半小时，一切取决于作者的风格"。这一次的讨论依然没得出定论。

和"鲲鹏"一样，"一炷香"的直译也是在多次出现后才在读者中引发讨论，说明读者对于中国文化的接受或排斥需要一个过程，并非即时反应。尽管仍有读者难以理解"一炷香"这种表示时间的方式，如读者 Shiro the Hero 在自己的视频中批评"一炷香"出现次数过多，是仙侠小说中"最令人讨厌的隐喻（annoying metaphor）之首"[①]，但绝大部分读者随着阅读的积累逐渐理解"一炷香"的概念，将这样的文化元素从一时刺激的奇观转化为自身"前结构"的积淀。

① 详情请见 https://www.youtube.com/watch?v=2YXVINLijXQ.

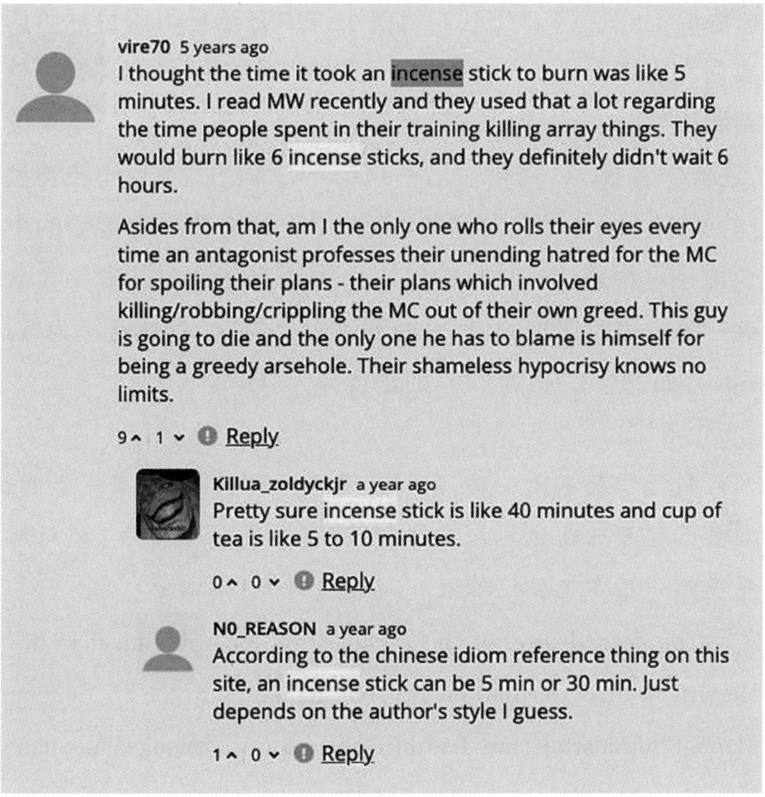

图 4.2 读者对"一炷香"代表的时间长短的讨论

(四)修炼术语

仙侠小说中的"修炼"(cultivation)的概念是佛道思想和武侠小说中的武功招式在互联网时代的衍生,修炼术语(cultivation terms)是"由小说作者们创造出来的具有中国文化背景的全新的知识术语"[①],是海外青年大众读者对英译中国网络小说"新鲜感"的主要来源。修炼术语一部分直接取材于佛道、武术等中国传统文化,另一部分则是作者基于中国文化想象而成。

① 张学谦. 叙事言语、文本内系统与文化接触——网络小说的"逆旅"现象[J]. 中国当代文学研究,2021(02):60.

修炼离不开“气”。“气”在武侠小说中曾经是阻碍目标语读者理解的典型文化障碍之一。在《雪山飞狐》英译本中，译者莫锦屏曾用源自古希腊语的“pneuma”（灵魂，精神，元气）来比附“气”，不仅读者不买账，还被学者批为“文化输出不自信”①。但在玄幻、仙侠类型的英译中国网络小说中，异化翻译的“气”（Qi）却是最广为接受的中国文化概念之一。译者 Deathblade 以简单的语言帮助海外青年大众读者理解这一源自道家思想的概念，如下例中，“灵气”整体意译为“spiritual energy”，而“凝气”中的“气”则是直译为“Qi”：

> 凝气二层不比一层，同样是灵气入体，但按照凝气卷的说法，二层已经开始改变凡人身体，使得身体更适应灵气，故而所需灵气要比一层多了数倍不止。（《我欲封天》第四章）
>
> The second level of Qi Condensation was different than the first. He still needed spiritual energy, but according to the Qi Condensation Manual, his mortal body had already begun to change. As such, reaching the second level of Qi Condensation would require many more times the amount of spiritual energy than the first level did. (*I Shall Seal the Heavens*, Chapter 4)

“Qi”被海外青年大众读者广泛接受，离不开资料库（Resource）的帮助。通用术语库（General Glossary of Terms）对“凝气”（Qi Condensation）给出的解释是“修炼的初始阶段，包括从自然世界中吸入‘气’并在体内提炼”（An initial stage of cultivation which involves absorbing Qi from the natural world and refining it inside the body.）。

对于作者独创的修炼术语，Deathblade 采取比附策略。“天骄”在

① 吴清月. 金庸作品英译读者评价语料库研究[J]. 绍兴文理学院学报（人文社会科学），2019，39(02)：87.

天蚕土豆的诸多作品中均有出现,指天资、修为、出身等占据先天优势,“集天地宠爱于一身”(blessed by heaven)的修炼者:

许师姐天骄之辈,陈师兄一心向道,都是王某尊敬的同门。(《我欲封天》第十章)

Elder Sister Xu is a Chosen, and Elder Brother Chen is wholeheartedly focused on the Dao. They are both fellow disciples whom I admire and respect. (*I Shall Seal the Heavens*, Chapter 10)

整个靠山宗外宗弟子,能有资格居住在这里的,只有一人,他就是靠山宗天骄王腾飞。(《我欲封天》第十六章)

Of course, among all the disciples of the Reliance Outer Sect, the only one qualified to occupy such a place was the blessed Wang Tengfei. (*I Shall Seal the Heavens*, Chapter 16)

尽管上述两例中“天骄”的译法并不统一,但是在策略一致:在基督教文化中寻找对等元素——the Chosen/blessed,意为“天选之子”“为天神眷顾的”,调动目标语读者“先行看见”的基督教文化概念去理解取材于源语文化的元素。

二、科举制度初涉历史

制度维度的中国文化元素包含概念以及概念背后的规范,与中国文化联系更紧密,异质性更明显,理解起来难度也更大。如主角孟浩落魄书生的出身就与中国古代的科举制度有关。Deathblade 以 Imperial exam 揭示科举的“官方”性质,并增补 Wikipedia 介绍科举的链接:

考了三年,这三年来整日看那些贤者书籍,已看得几欲作呕,莫非科举真的不是我孟浩未来的路。(《我欲封天》第一章)

> I've taken the Imperial exams three years in a row. In all that time, I read books written by the sages until I wanted to throw up. Maybe that isn't the path for me after all. (*I Shall Seal the Heavens*, Chapter 1)

在评论区中,困扰孟浩三年的"科举"成功地引起了读者的注意(如图 4.3)。读者 Daysleeper 提问"如果孟浩这么聪明为什么屡考屡

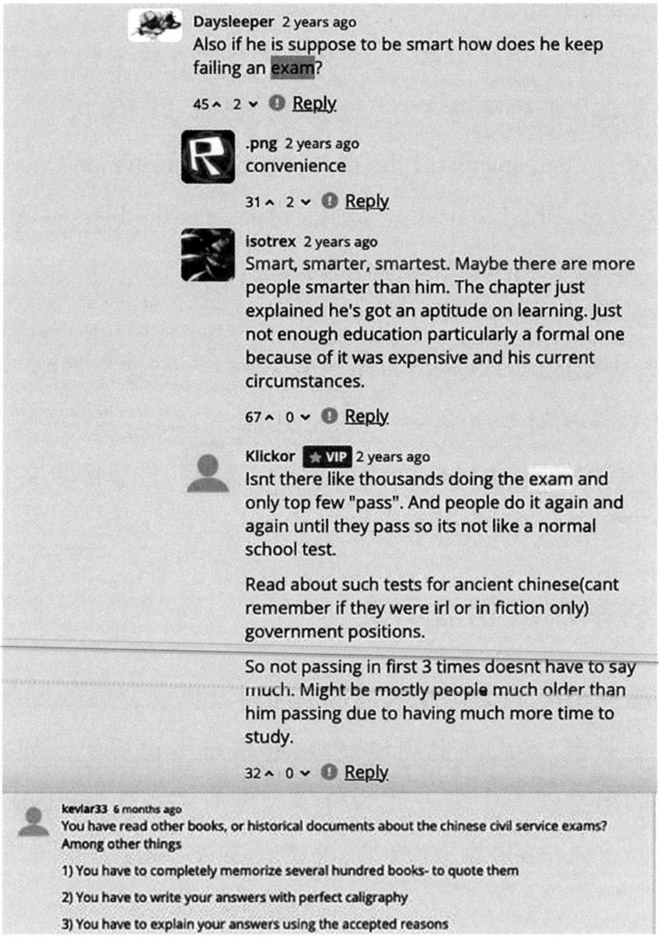

图 4.3 读者对《我欲封天》中"科举"的诸多讨论

败”,而另一名读者 Klickor 则以个人的阅读经验为他解释“科举”并非学校的考试而是官员入职考试,竞争激烈,孟浩仅考三年,未中也属正常;有读者建议在搜索引擎上了解一下唐宋时期的科举情况;还有读者给出了古代科举考试的标准,不一而足。科举制度引发读者对主角孟浩的人生经历以及中国古代制度文化的好奇,燃起阅读兴趣的同时,也激发了他们探索、查证、讨论的兴趣。

三、“小白”价值观的误读误译

《我欲封天》倡导的“小白”价值观,影响海外青年大众读者对中国文化在价值维度的认识,这是文本内容与翻译策略共同的结果。“小白”价值观与中国文化核心价值观既相通又冲突:孟浩是穷困书生,深受儒家思想熏陶,他的逆袭成功,根本上是由于他秉持着仁爱善良、积极有为的儒家思想。但作为靠山宗修士(Cultivator),孟浩为了生存而不得不接受弱肉强食的现实,行为又难免违背传统意义上正人君子的标准。另外,Deathblade 对中国文化有意或无意地误读误译,削弱或曲解了“小白”价值观中的积极一面。

在第九章“不忍与茫然”(*Impatience and Frustration*)中,对孟浩杀死欺凌自己的师兄赵武刚后内心的纠结进行了描写:

> “儒道礼乐仁义,寻讲理道,不可行凶,宗门讲弱肉强食,简单的四个字,我明白其道理,可真正出手时不一样……”(《我欲封天》第九章)
>
> “The etiquette, happiness, kindness and justice of Confucianism, and its search for truth, demands a refraining from killing. But the Sect says‘ the strong shall prey on the weak. ’Now I understand the truth of that saying, but to actually put it into practice is different...” (*I Shall Seal the Heavens*, Chapter 9)

此处表现孟浩心中的儒家思想根基与靠山宗的弱肉强食之间的冲突。作为儒家六艺的“礼”和“乐”分别译为 etiquette 和 happiness，“乐”在中文里是多音字，“礼乐仁义”中的“乐”读作“yuè”，指音乐和舞蹈，Deathblade 将其理解为“lè”字音的“快乐”而译为 happiness。不过，此时读者的注意力集中于故事情节，且对中国儒家文化了解较少，并未意识到此处儒家思想核心的误译。

Deathblade 对孟浩价值取向的误译影响了海外青年大众读者对孟浩乃至对中国文化的看法。儒家思想和“靠山哲学”在孟浩的心里形成冲突，既要生存又不违背礼乐仁义，孟浩开始动用商业头脑，找寻中庸之道。孟浩在低阶公开区（Public Zone）战场旁边开设了“养丹坊分店”（Pill Cultivation Workshop Outlet）赚取灵石，避免走上靠山宗惯常的杀戮掠夺之路：

> 入了宗门，踏入修行，已身不由己……以我修为可去抢夺，但我不愿伤人太多，故而想出生意之事……（《我欲封天》第十四章）
>
> After entering the sect and beginning my Cultivation practice, I had no choice... but to rob some people to improve my Cultivation base. But I don't want to hurt too many people. Thus, I came up with the idea of running a business... (*I Shall Seal the Heavens*, Chapter 14)

孟浩此举本是以非暴力的商业行为避免杀戮掠夺，尽管加价太高而被认为是黑店，在孟浩心中却是遵照规则行事，符合儒家思想。反观 Deathblade 的译文，传达出的逻辑则为“想要提升修为，除了抢夺别无选择”。这一误读与源文本中孟浩的价值取向背道而驰，也违背了人类的基本道德准则，引发负面反馈。部分读者表示无法理解孟浩的矛盾心态，也无法理解孟浩为何将开黑店欺诈视为正当的生存手段，而不是凭实力战胜对方求生。第十一章评论区中，读者 RiseOver 对孟浩抢夺以牟利的行为暗含讽刺，得到 247 名读者的认同。读者 MrVoid 认为孟浩是个"彻头彻尾的骗子"(a farce and a swindler through-and-through)。在 MrVoid 看来，孟浩最大的问题并不是欺诈，而是对他在困境中对过去所秉持的理想信念的背离(completely forgets about his ideals when they're inconvenient)。更有个别读者将孟浩的行为与中国挂钩，认为"扮猪吃虎"(Playing the Pig to Swindle the two Tigers)是中国传统(如图 4.4)。孟浩的价值观引发争议固然有文本内容自身的原因，而 Deathblade 的误译加深了中国文化的负面刻板印象，削弱了英译中国网络小说的文化价值。

《我欲封天》展示出一种不同于传统经典的、浅近直白的中国文化。浅近，是因为《我欲封天》中的中国文化元素以器物维度为主，仅作气氛营造之用，读者即使不完全理解其中内涵，也不会干扰对故事情节的欣赏。读者 marbleveins 表示：理解《我欲封天》并不需要理解所有的文化元素，这些奇异而神秘的文化元素反而给想象留下了空间，让我更喜爱这部小说(如图 4.5)。尽管"小白"价值观存在局限，但其主旨仍符合人类对真善美的共同追求，以普适的一面引发海外青年大众读者的共鸣，为进阶"爽感"的实现做准备。直白，是因为 Deathblade 采取以直译为主的翻译策略。尽管存在误读误译，Deathblade 还是较为忠实地展示了中国文化。出于对武侠文化的热爱，Deathblade 并未刻意消解文化异质性，而是在符合英语习惯的前提下力求忠实于源文本和中国文化，保留"气"等中国文化元素的原貌。其在翻译时主要采取的是"直译+副文本"模式，仅在中西文化的真正相通之处使用比附策略，在两种文化之间寻找共性，实现将目标语读者拉进源语文化的目标。

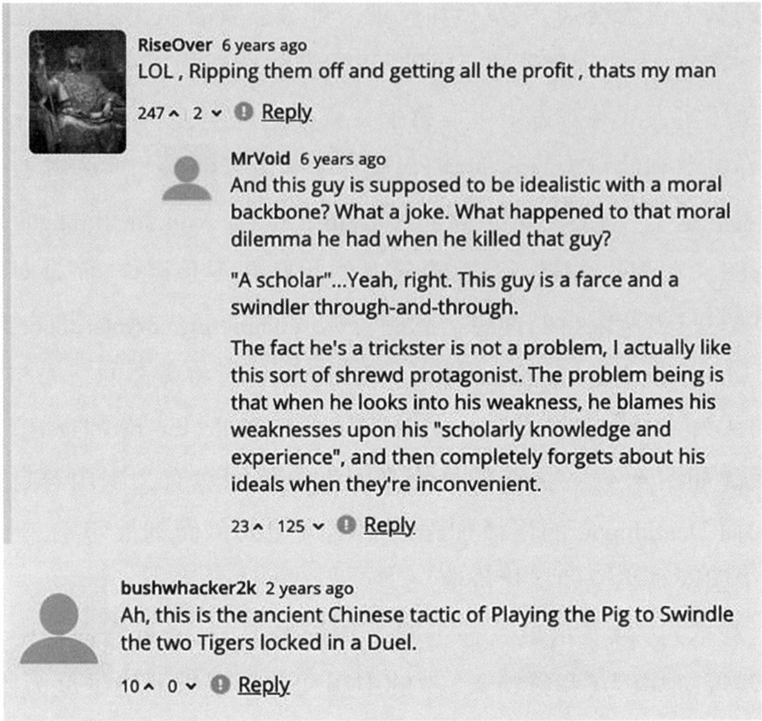

RiseOver 6 years ago
LOL , Ripping them off and getting all the profit , thats my man
247 ^ 2 v Reply

MrVoid 6 years ago
And this guy is supposed to be idealistic with a moral backbone? What a joke. What happened to that moral dilemma he had when he killed that guy?

"A scholar"...Yeah, right. This guy is a farce and a swindler through-and-through.

The fact he's a trickster is not a problem, I actually like this sort of shrewd protagonist. The problem being is that when he looks into his weakness, he blames his weaknesses upon his "scholarly knowledge and experience", and then completely forgets about his ideals when they're inconvenient.
23 ^ 125 v Reply

bushwhacker2k 2 years ago
Ah, this is the ancient Chinese tactic of Playing the Pig to Swindle the two Tigers locked in a Duel.
10 ^ 0 v Reply

图 4.4 部分读者对孟浩及其价值取向的评论

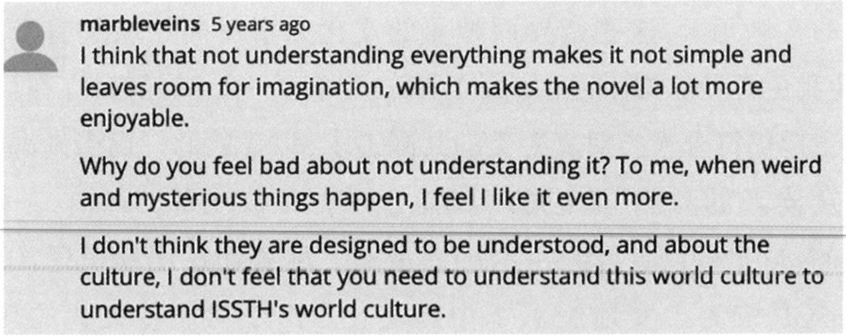

marbleveins 5 years ago
I think that not understanding everything makes it not simple and leaves room for imagination, which makes the novel a lot more enjoyable.

Why do you feel bad about not understanding it? To me, when weird and mysterious things happen, I feel I like it even more.

I don't think they are designed to be understood, and about the culture, I don't feel that you need to understand this world culture to understand ISSTH's world culture.

图 4.5 读者 marbleveins 关于文化元素作用的观点

第四节 草根逆袭激发“爽感”

能够承载多少中国文化,能否忠实地再现中国文化,始终是学术界对中国文化“走出去”翻译作品文化价值的衡量标准。这一标准从传播者的主观意愿来说无可厚非,却忽略了一个客观规律:文本的接受并不是源文本与译文本一致性决定的,文本只有与读者的水平和期待相匹配,才有被接受的可能。《白皮书》和《报告》的数据显示,海外青年大众读者是在兴趣驱动下阅读英译中国网络小说的。这意味着,他们需要“好看”的英译中国网络小说来满足他们基本的“爽感”需求,文化元素要在“好看”的故事中才能引起他们的兴趣。

一、语言简明浅白

“好看”的前提是“易懂”,即文本与读者的阅读水平相符。一般来说,在以娱乐作为阅读动机时,读者倾向于选取情节内容上与自身期待视野相一致,能够满足心理欲望的文本,而语言上尽可能地通俗易懂,无须过度纠结词句的文本,避免增加阅读负担,达到打发时间、缓解压力的娱乐阅读动机。

网络小说界流传着一个“开局黄金三章”定律,即读者在前三章内决定是否继续阅读。如果一部网络小说难以在一开篇时吸引读者,读者感到无聊或者费解,就会失去兴趣,兴趣一旦丧失很难被再次唤起。读者会放弃阅读,或通过评分和评论表达态度、发泄不满,差评积少成多,对其他读者的选择和判断造成影响,最终导致小说人气不足,作者无法获取足够收益而选择停更。

开局三章奠定了全篇的语言风格基调,同一作者在同一作品中,风格很少发生突变。除了通过主观感受之外,文本是否易读可通过数据表达。抽取《我欲封天》前三章的文本,除去标题和文内注释,正文共 7772 英文词,使用 Readability Analyzer 进行语篇可接受性测量①(如图 4.6),得出《我欲封天》前三章的福莱士易读指数(Flesch-Kincaid Reading Ease)达到 80.35,低于一般难度英语。福莱士难度级数(Flesch-Kincaid Grade Level)为 5.17,低于正常水平。迷雾指数(Gunning-Fog Index)为 7.88,即接受 7—8 年正规教育即可读懂该文本。这样的阅读难度即使对于"三低"的海外青年大众读者来说也不会造成阻碍。

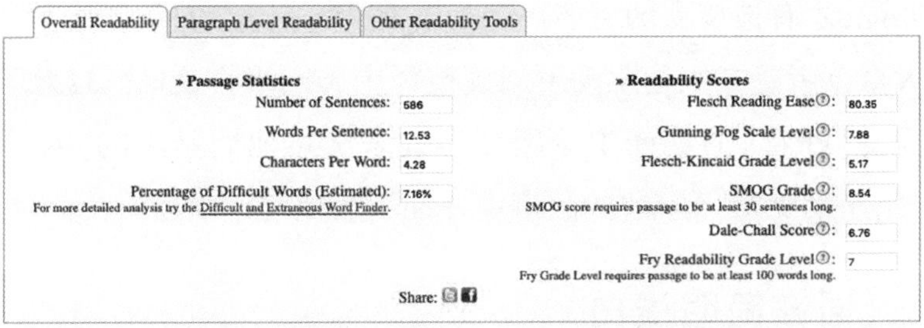

图 4.6《我欲封天》前三章的易读性数据

《我欲封天》在包含中国文化元素的情况下依然简明浅白,另一原因是其中的中国文化元素内涵有所简化。以"气"为例,中国文化中的"气"指"独立于主观意识之外的物质实体,是构成一切有形之物的原始物质材料,同时也是生命和精神得以发生和存在的基础",没有具体的形状,永远处于运动变化之中,其凝聚意味着事物的生成,消散意味

① 语篇可接受性是从综合词汇和语法角度衡量文本阅读难易程度的指标,一般包括福莱士易读指数、福莱士难度级数、迷雾指数等指标计算。福莱士易读指数满分为 100,分数越高,说明语篇在文本上越容易理解,一般难度英语的文本分值为 65。福莱士难度级数对应美国学校年级制度,正常水平为 7.0 至 8.0,即美国学校七年级至八年级学生的阅读能力水平。迷雾指数用来测算读懂文本所需正规教育年数,指数越高说明难度越高。

着事物的消亡[①],是一个具有道家哲学色彩的概念。被中国武侠小说借用时,“气”的内涵经过了一轮过滤,取原义中“聚则生成,散则消亡”的内涵,成为习武之人生命维系的关键因素。作为网络仙侠小说,《我欲封天》中的“气”是从中国武侠小说转借而来,已经脱离最初的语境,其作为“万物本原”的哲学思想内涵已经在两次转借的过程中消失殆尽,成为提升自身实力以战胜对手的力量,已接近于一种器物维度的武器。同理,英译中国网络小说的“道”抛弃了道家修身养性、顺应自然、以静制动、参“有”“无”以悟道等传统观念,而是以中国武侠小说中“道”的内涵为基础,派生出修炼修仙、斗气斗法、“永生的英雄”(Immortal Heroes)等概念。尽管 Wuxiaworld 网站在资料库中对“道”“气”给出的定义是其在中国文化中的完整内涵,但海外青年大众读者最先接触到的,是这些中国文化元素在玄幻、仙侠小说语境下的简化意义。经过简化、夸张的“气”再与故事情节相结合,容易留下深刻印象。简化的中国文化元素也留给海外青年大众读者阐释的空间,他们将这些中国文化元素与自身文化融合,生产出“道友”(Daoist)、“May the Dao be with you”等一系列“互联网迷因”,使中国文化无形中进入海外青年大众读者的日常生活。简化的中国文化元素也为中西文化打开接触、交流的空间。Deathblade 笔下的 Wu Bai 虽然有着中文姓名,修炼着中国式的功法,却生活在更具美国色彩的西部荒漠,其所属的部落名称“克劳”与现实中美国黄石河和大霍思河上游的苏族印第安人部落的拼写相同,形成了中西文化的杂糅。孟浩“换地图”来到西部荒漠延续修炼之路,形成中西文化的碰撞。中国文化在目标语文化中生发出新的形式和内涵,是中国文化干预目标语文化系统的体现。

① 详情请见 https://www.chinesethought.cn/shuyu_show.aspx?shuyu_id=2130.

二、"套路"保证基础"爽感"

"好看"的大众文学文本要洞察大众读者的社会心理结构和审美标准,把握和满足大众读者最直接的需求和欲望,而要让尽可能多的读者觉得"好看",就需要一定的"套路"。"套路"是经过作者针对读者的基础"爽感"需求,与读者长期协商而形成的"最优化地实现娱乐化功能的快感机制"①。现实中的生存压力和大众文化消费习惯合流,使海外青年大众读者渴望感官和情绪上的刺激,以宣泄情绪;而阶层固化使他们渴望在大众文学文本中看到主角以个人力量掌握命运的故事,以实现内心对于平等、自由的诉求。这些渴望转化成对文本的期待,催生了英译中国网络小说的主角中心、等级系统、情节曲折、结局完满等"套路"。由于"快感通道"的存在,"套路"对于面临类似生存困境的海外青年大众读者也可发挥作用。

(一)主角中心

典型的"升级流小白文"中,主角必须在黄金三章内登场,且出现频次远高于其他角色,这是主角中心地位的标志。《我欲封天》第一章便以"书生孟浩"(*Scholar Meng Hao*)为题,以大篇幅介绍孟浩作为落魄书生的背景以及心理活动,直接为读者描绘出男主角的身份和形象。

使用语料库工具 AntConc 的主题词表(Keyword)功能,以第三代布朗家族语料库之一的 CROWN 语料库中的小说类子库②作为参照,得出反映文本中具有显著主题性的高频词汇。在频次最高的前 10 位

---

① 邵燕君. 网络文学的"网络性"与"经典性"[J]. 北京大学学报(哲学社会科学版),2015,52(01):149.

② Crown 语料库小说类子库编码为 K-P(General Fiction/Mystery and Detective Fiction/Science Fiction/Adventure and Western Fiction/Romance and Love Story),共 117 个子库。

中(如图4.7),主角孟浩的姓名音译“Meng Hao”列于榜首,涉及其他角色的只有频次排名第五的“fat”(孟浩的兄弟“小胖子”),证明了主角的绝对中心地位。其他诸如“teenager”“servant”“sect”等词,围绕着孟浩被抓入靠山宗做杂役展开,勾勒出孟浩开局时的困境。海外青年大众读者通过阅读前三章,就可明确得知《我欲封天》是关于草根青年孟浩在某门派中修炼的故事。女主角许清在前三章中虽然已经登场,但在初期戏份不多,相关词汇并未进入十大主题词,体现出“男频”小说中的女性角色或是促使主角修炼升级的催化剂,或是主角“抱得美人归”的奋斗目标,只是主角成功之路上的辅佐和陪衬,男主角是唯一的中心。

Rank	Freq	Keyness	Effect	Keyword
1	90	+ 632.41	0.0239	meng
2	88	+ 618.34	0.0233	hao
3	46	+ 290.55	0.0123	teenager
4	37	+ 259.74	0.0099	sect
5	46	+ 243.21	0.0122	fat
6	23	+ 161.41	0.0062	qi
7	18	+ 118.54	0.0048	reliance
8	233	+ 101.17	0.0414	he
9	14	+ 98.24	0.0038	condensation
10	17	+ 96.01	0.0045	servants

图4.7 《我欲封天》前三章主题词表(前10位节选)

主角中心符合海外青年大众读者的期待。一方面,这是目标语文化的传统使然。正如学者张旭东所言:“西方读者也许更习惯一两个主要人物(的小说)。”[①]纵观《红楼梦》《水浒传》等古代小说到现当代经典文学文本,多着重描写人物群像,人物之众加上音译姓名,常导致目标语读者一头雾水,难以分辨谁是主角,也难以厘清角色间的人物关系。特别是在大众文学文本中,猜测主角和人物关系往往分散了读者对于故事本身的注意力,加大了阅读负担,影响大众文学文本娱乐功能的实现。另一方面,主角中心有助于满足当下海外青年大众读者

① 张旭东.莫言是通向当代中国文学的门户[C]//王德威等著.说莫言.上海:上海书店出版社,2013:28.

的心理需求。主角的中心地位意味着对自身命运走向的把控，这是海外青年大众读者可望不可即的理想。好莱坞“超级英雄”电影、日本动漫、电子游戏等大众文化之所以全球风靡，是因为其所宣扬的个人英雄主义弥补了青年大众无法脱离现实宰制、无法充分实现自我价值的遗憾。全球性大众文化的审美标准和改革开放后社会转型期的生存境遇合流，使中国网络小说作者倾向于塑造带有个人英雄主义色彩的草根少年，讲述其以一己之力扭转命运的逆袭故事，弥补青年大众无力改变现实的遗憾，带来内心满足的基础“爽感”。全球青年大众读者处于相似的现实境遇与人生阶段，因而拥有相似的心理需求，即“成为掌握自己命运的英雄”，“快感通道”因此打通。

主角中心与“代入感”相辅相成。“代入感”，即读者融入主角，感受主角的情感与行为，是读者接受文本的反应。中国网络小说，特别是“小白文”，以平民视角进行表达。主角出身的平凡与大众读者的身份产生接触点。在“升级流小白文”中，主角大多是“一朝天才降凡尘，天生废柴难自弃，同龄侮辱看不起，心中怒气难平息”①。平民出身的“小白”是玄幻、仙侠小说的标准主角形象：家境贫寒，天资平平，社会地位低下，或突遭变故沦为凡人。主角不仅自身条件不济，还往往身处整个大陆、宇宙的边缘地带，故乡占地狭小，地势险要，资源匮乏，时常受到强权的宰制，甚至可能遭受灭门灭国的危险，即使生在“罗马”，也是在衰落的家族或门派的底层，或在能力上处于劣势。《我欲封天》中，主角孟浩在修炼之前只是一个屡考不中的穷苦书生，天资平凡，饱受现实磨难和众人白眼。屡考不中，说明孟浩智力上的资质一般，也暗示其可能没有足够的物质能力“疏通关系”为自己谋求功名。孟浩的家乡——大青山脚下的云杰县，在南域偏安一隅，在整个南赡大地上更是微不足道，加上自身屡试不第的遭遇，进一步强化了主角孟浩开局的不利处境。孟浩被抓入靠山宗后只能一边做杂役一边修

① 李灵灵．新媒体与中国网络文学［M］．南京：东南大学出版社，2020：110.

炼,用了四个月才达到凝气一层,说明了孟浩的天资平凡,在以实力为尊的架空世界前路渺茫。恶劣的生存环境、暗淡的前途迫使主角产生鱼跃龙门的逆袭之梦。这样的“小白”主角孟浩区别于中国经典文学文本以及西方奇幻文学中的人物形象,使海外青年大众读者跨越文化,在孟浩的身上看到自己的影子,自外而内地产生“我像那个人”的共情心理①,形成“愿望——情感共同体”,由于人的自利倾向,读者在心理趋势上自然偏向主角,加固了这一共同体②,海外青年大众读者将主角孟浩视作情感投射对象,期待他代替自己以个人力量跨越等级,战胜对手,走向巅峰。源于草根,终于英雄,主角的胜利,即象征着草根反抗命运、反抗不公的胜利。

(二)等级系统

“升级流小白文”以主角在架空世界的修炼升级为主线,遵循着一定“套路”:主角开局处于弱势,因为某种原因开始修炼,历经磨难最终成为强者,抱得美人归。《我欲封天》即是如此:孟浩从屡考不中的书生到山海星空之主的逆袭历程。孟浩生活在南赡大地的偏远小国——赵国,屡次落榜使孟浩深感升官发财梦破,自叹“百无一用是书生”(How useless to be a student)。此时,靠山宗师姐许清以招杂役为名,将孟浩等人掠入靠山宗。为了生存,孟浩无奈之下开始了“我命如妖欲封天”(My fate is to seal the heavens like a demon)的修炼之路。在神秘铜镜等“金手指”的助力下,孟浩从凝气境开始,经历七大境界一路不断进阶,战胜从师兄弟到罗天的各路强敌,超脱成为山海星空之主,与师姐许清终成眷属。《我欲封天》总体上呈现出波动上升的逆袭走向,这样的逆袭故事,以等级系统为基础。

等级系统是逆袭的游戏规则,在故事开篇即给出。由主题词表可

① 周兴杰. 第九章 网络文学的阅读与接受[A]. 网络文学教程[M]. 周志雄 主编. 北京:高等教育出版社,2020:146-147.

② 王祥. 网络文学创作原理[M]. 北京:中国人民大学出版社,2015:24.

见，前三章已经出现了关于“凝气”层（qi condensation）的介绍：“许师姐已经到了凝气第七层……凝气一层可以成为外宗弟子……凝气九层，仙灵之路……四个月成为凝气一层，算不上天资出众，但也不算愚笨。”凝气仅是《我欲封天》等级系统中最低的一层，在此之上，还有筑基、结丹、炼婴、斩灵、问道、仙境六大境，各大境进一步细分为九层（level），严密而复杂，每升一级都需要大量的时间和精力，对于天资平庸的孟浩来说，在这样的等级系统内升级如同“逆天”。然而，孟浩凭借个人的努力和智慧，一路修炼升级，战胜上官修、严子国、丁信等各种对手，最终击败罗天，成为等级系统内的巅峰——山海星空之主，逆袭“封天”。等级系统贯穿于孟浩的逆袭之路。

等级系统之所以受到全球青年大众的欢迎，根源在于社会现实。社会阶层固化、资源不均、竞争压力巨大，是全球青年大众面临的共同现实。经济发展创造的巨大的物质财富，并没有从根本上改变处于社会金字塔底层的大众的境遇，社会分化为不同阶层，不同阶层间在物质财富和发展空间上的差距进一步扩大，阶层越迁越发困难。面对来自同辈、家庭、社会的压力，青年大众无可奈何又无法施为，产生愤怒、恐惧、焦虑、不安等负面情绪，期待着找到宣泄的突破口。在这样的社会背景下，玄幻、仙侠小说作为“英国作家 J. R. R. 托尔金、20 世纪 90 年代末国内主流媒体倡导的‘国学热’，与在游戏中成长起来的一代人的思维方式形成的合奏”①，将现实中的社会阶层转化为小说中繁复的等级设定，等级之间实力相差悬殊且难以逾越，如同现实中青年大众阶层跃迁的困难。等级系统所在的架空世界是现实世界的镜像，在采纳现实中存在共识的伦理、规则、模式以及大众读者的现实欲望的同时，也描绘了理想的“另类现实”，让海外青年大众读者暂时脱离先行具有的社会现实和文化格局宰制，肆意发挥想象，让主角孟浩的力量无限放大，实现各种超现实、超自然的目标。想象与现实相互渗透，在

① 马季. 中国网络文学叙事探究[J]. 中国文学批评，2021(02)：75.

读者与文本之间形成了接触点,在代入感的作用下,主角的升级就有了阶层跃迁的意味,对海外青年大众读者形成心理补偿。

孟浩升级的方式,一是常规的刻苦修炼,二是自下而上的越级挑战。前者意味着青年大众凭借日复一日的个人努力有所收获的可能性;后者是对现实中的竞争和霸凌的回应。在代入感的作用下,对手对孟浩的嘲笑、挑衅、侵犯,使海外青年大众读者感到焦虑不安的"抑",而对于圆满结局的定向期待促使他们持续阅读。孟浩战胜对手,升级成功或获得宝物,"抑"逆转为"扬",对于"扬"的故事走向验证成功使读者产生"一切尽在我掌握"的控制感,补偿读者的焦虑不安,基础"爽感"得以满足。海外青年沉迷于验证这样螺旋上升的故事走向,"追更"上瘾,忘记时间的流逝,从而实现打发时间之目的。

随着等级提升,孟浩升级的难度增加,甚至会出现暂时性的失败,此时,"金手指"成为升级的加速器。"金手指"包括宝物、秘籍、神兽、丹药等的物质实体,功法、内力等非物质力量,前辈、高人、神仙等人物角色,是帮助主角化解危机的超自然、超现实力量,与现实之间形成审美距离,成为吸引海外青年大众读者的神秘力量。帮助孟浩短时间进入凝气三层的妖丹、打败赵武刚时所用的神秘铜镜、突然觉醒的上古应龙血脉,都发挥着这样的作用。架空世界并非自由无限,即使是有着主角光环的孟浩,也不能单凭个人能力屡战屡胜。"金手指"在恰当时机出现,以超自然的力量成倍提升孟浩的实力,加速升级,以更为直接和强大的方式弥补现实中的遗憾。

在孟浩在等级系统中的成长中,《我欲封天》展现了"升级流小白文"的永恒主旨——"逆天"。据统计,"逆天"二字在《我欲封天》中出现了 112 次,一些器物也以"逆天"为名,如"破海逆天丹"。"天"在中国古代哲学体系中决定人的命运,而"逆天"意味着"改命",凸显出"人定胜天"的内涵,是海外青年大众读者所期待的,也是当下包括西方奇幻文学在内的全球性大众文化所欠缺的。在西方文学的传统中,包括神在内的一切都要接受命运的安排,这也就解释了为何西方奇幻文学总也逃不开神权、血统、复仇的“套路”。而孟浩以修炼增强实力,突破限制,逆天改命,不仅打破了西方奇幻文学的窠臼也符合读者所处文化中的主流价值观。对于成长和成功的共同渴望使《我欲封天》这样的“升级流小白文”跨越时间与空间的隔阂,为美国等地的海外青年大众读者所青睐。孔雪松曾坦言:“除了在中国网络小说中,我从来没有见过这类能迅速获得力量,并且可以实现自己一切愿望的主角,这对读者的吸引力太大了。”①

《我欲封天》这样的“升级流小白文”结合了主角中心与等级系统,以精绝奇幻的故事展示出草根少年自掌命运,在阶层固化的世界中实现自我的可能性。这一“套路”保证《我欲封天》最大限度实现基础“爽感”,为进阶“爽感”和深层“爽感”做好铺垫。

三、“小白”价值观的双刃剑

读者对大众文学文本接受与否,关键在于是否认同主角价值观海外青年大众读者接受《我欲封天》,也是在不同程度上对主角孟浩及其所秉持的“小白”价值观的认可。

所谓“小白”价值观,简而言之,是“适应丛林法则的好人”②,是在弱肉强食的架空世界中坚守跨文化共通的基本价值观。“小白”价值观符合普适性的道德准则。成功的大众文学,皆拥护主流意识形态,并捍卫世俗通行的价值观。起点中文网创始人吴文辉曾指出,符合“忠、孝、义”的中国传统价值观,强化传统的家庭观念、道德观念的网

① Goodguyperson,吉云飞. 中国网络小说西行录:18 岁开始网络小说翻译[N]. 文艺报,2017-08-14(002).

② 邵燕君主编. 破壁书——网络文化关键词[M]. 北京:生活书店出版有限公司,2018:284.

络小说往往受到欢迎,而“违反基本道德的内容是天然被用户所排斥的”[①]。孟浩身上的乐观、善良、积极、向上、友爱等品质展现出中国文化核心价值观的普适一面,与海外青年大众读者的价值观相通,能够唤起共鸣,“求同”先于“求异”。其次,“小白”价值观是中国文化核心价值观与现代思潮碰撞的产物。经典文学文本乃至中国传统武侠小说中,主角秉持着的“温良恭俭让”价值观,使其在面对敌手时采取怀柔、包容、以德报怨的态度,与西方文化崇尚刚直、主动、好斗、独立的阳刚性格差异过大,难以被海外青年大众读者所理解,也难以适应当下阶层固化、竞争激烈的社会文化环境。相比之下,孟浩在盛行丛林法则的修行等级系统中践行儒家思想,减少不必要的杀戮,在道德允许的范围内打破成规,提升实力,改变命运,以“与天斗、与地斗、与人斗”的实践理性突破了西方奇幻文学所崇尚的血统决定命运,呼应“美国梦”对个人奋斗的倡导,更符合海外青年大众读者的普遍心态,是《我欲封天》这样的“升级流小白文”吸引海外青年大众读者的便利条件。小白“价值观”以浅近直白的方式展现出中国文化的独特价值,使海外青年大众读者对中国文化核心价值观逐渐熟悉,进而认同。在代入感的作用下,海外青年大众读者对主角孟浩产生“那个人像我”的移情心理[②],使自己的人性得以延伸。换言之,海外青年大众读者从主角孟浩的内心深处发现了共通的人性,获得了中国文化核心价值观的精神力量,用以面对现实中的压力。

然而产生于丛林法则的“小白”价值观,展示出一些与中国文化核心价值观不符的成分。在现实生存危机的笼罩下,书写于中国社会转型期的《我欲封天》描绘的架空世界以等级制度反映出当下社会阶层

---

① 邵燕君,肖映萱. 创始者说:网络文学网站创始人访谈录[M]. 北京: 北京大学出版社,2020:138.

② 周兴杰. 第九章 网络文学的阅读与接受[A]. 网络文学教程[M]. 周志雄 主编. 北京:高等教育出版社,2020:146-147.

分化的现实,以实力至上反映出社会达尔文主义的生存法则。孟浩所处的修行世界奉行弱肉强食、胜者为王。主角孟浩开始修炼之路,是因为升官发财梦碎而想寻求捷径:"做人要寻找靠山,找到靠山后一生富贵无忧(when they find the Reliance Sect, then they will be rich, powerful and free from worry)。"修炼之初孟浩因实力弱而屡遭挫折,再次强调实力的决定性地位,如第三十四章:"身为修士本就是逆天而行,你若不强,就没有生存的资格,你若不强,就没有修行的资格,你若不强,也就没有活下去的资格,只能任人宰割。"对实力的高度崇拜导致部分情节偏离了中国文化核心价值观甚至人类共同的良知,不符合大众文学的向善主张。在读到孟浩用铜镜击杀欺负自己的靠山宗师兄赵武刚后,读者 Blaize1411(如图 4.8)的评论"仙侠(小说)里,和平人士太少了"(It is rare to find a pacifist in xianxia)。读者 Azunai92(如图 4.9)也表示不喜欢无底线的实力崇拜和不给别人留活口的肆意杀戮,质疑此类小说中基本道德的价值缺失。《我欲封天》等"升级流小白文"对战斗、杀戮场面的夸张描绘让一些处于叛逆期的海外青年大众读者感到兴奋,如读者 Shiro the Hero 在视频中谈及《我欲封天》吸引他持续阅读的原因:就算故事情节很老套,完全在意料之中,我也想继续读下去,因为我想看到主角孟浩如何毁灭一切①。更有甚者将孟浩的杀戮行为与中国和中国文化挂钩,印证自己的刻板印象。读者 Darkanlan 把孟浩的杀戮行为上升到中国人(如图 4.10),认为这是中国人的惯常思维。甚至连译者 Deathblade 也在自己的视频和著作中提到修仙世界中的血腥杀戮(ruthlessness and brutality of the cultivation world)②与中国的历史和政治因素有关。

---

① 详情请见 https://www.YouTube.com/watch? v=2YXVINLijXQ.

② BAI J. *Understanding Chinese Fantasy Genres: A primer for Wuxia, Xianxia, and Xuanhuan*[M/OL]. 2020: 70. [2021-08-02] https://b-ok.global/book/13081456/db194c.

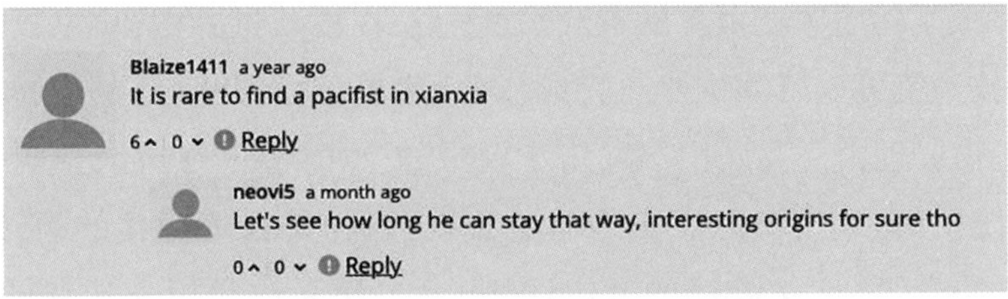

Blaize1411 a year ago
It is rare to find a pacifist in xianxia
6 0 Reply

neovi5 a month ago
Let's see how long he can stay that way, interesting origins for sure tho
0 0 Reply

图 4.8 读者 Blaize1411 对《我欲封天》的评论

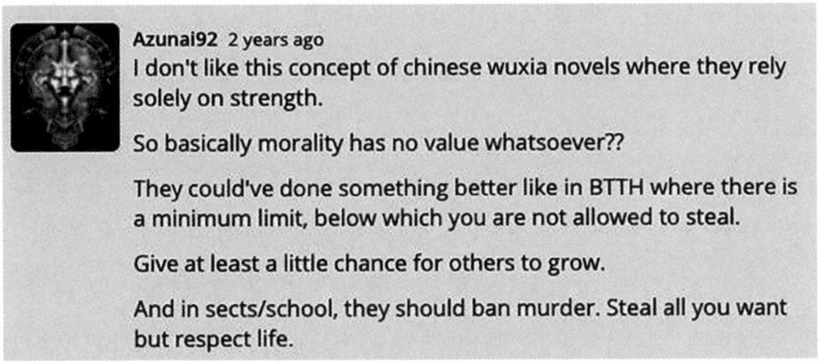

Azunai92 2 years ago
I don't like this concept of chinese wuxia novels where they rely solely on strength.

So basically morality has no value whatsoever??

They could've done something better like in BTTH where there is a minimum limit, below which you are not allowed to steal.

Give at least a little chance for others to grow.

And in sects/school, they should ban murder. Steal all you want but respect life.

图 4.9 读者 Azunai92 对《我欲封天》的评论

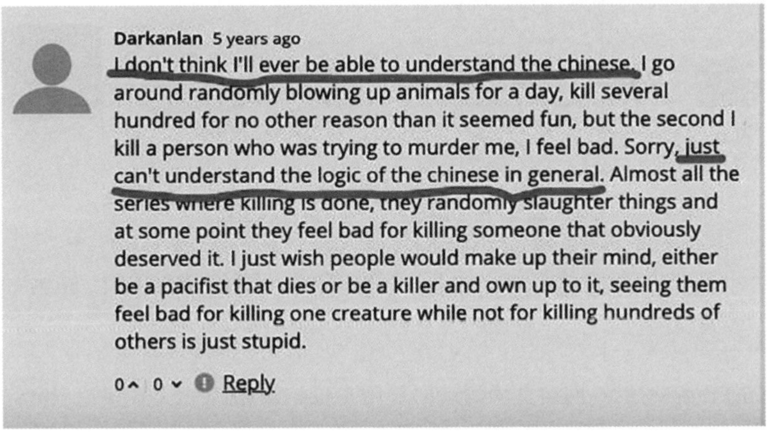

Darkanlan 5 years ago
I don't think I'll ever be able to understand the chinese. I go around randomly blowing up animals for a day, kill several hundred for no other reason than it seemed fun, but the second I kill a person who was trying to murder me, I feel bad. Sorry, just can't understand the logic of the chinese in general. Almost all the series where killing is done, they randomly slaughter things and at some point they feel bad for killing someone that obviously deserved it. I just wish people would make up their mind, either be a pacifist that dies or be a killer and own up to it, seeing them feel bad for killing one creature while not for killing hundreds of others is just stupid.
0 0 Reply

图 4.10 读者 Darkanlan 对《我欲封天》的评论

“小白”价值观离不开“游戏逻辑”。架空世界、等级系统、金手指,都是《我欲封天》中的“游戏逻辑”的体现,表现出网络时代的大众

“以低成本幻想改变世界的游戏态度”[1]。在游戏世界中，玩家只需要精进技术就可以持续进步。完成任务、达成目标，升级是一切的驱动力，不需要理由。英译中国网络小说中的主角同理，在层级分明的等级系统中，力量是支配宇宙的绝对法则，人物是去道德化的，必须变强，必须升级，这是游戏的基本法则[2]。主角无论是屌丝逆袭的“废柴”还是坚持不懈的“凡人”，修炼升级是主角最重要的人生目标。在 Wuxiaworld 网站上，读者 qwertyabc 评论道：“(《我欲封天》的)主角(MC)[3]某种程度上让我想起了游戏里的角色。他在任务中不多言，无论发生什么，他都保持镇定，只在场景切换时发声，他处境十分艰难，只关注财富和经验值(XP)[4]的积累”(如图 4.11)。孟浩这样游戏逻辑下的“升级流小白文”主角或多或少呈现出游戏中“元素英雄”的倾向，“无须成长的经过，无须思想、情感、道义等支配，仅靠力量取胜”[5]。这样的“小白”价值观虽能够赢得海外青年大众读者的认同，却不能充分展现中华民族刚健有为、崇德向善、以和为贵、天人合一的精神价值。

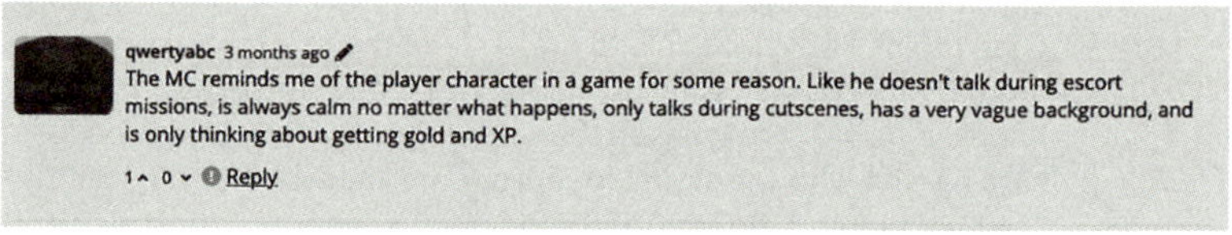

图 4.11　读者 qwertyabc 的评论

“小白”价值观传达的“中国风格”和“中国价值”有限，导致《我欲

---

① 许苗苗. 游戏逻辑：网络文学的认同规则与抵抗策略[J]. 文学评论，2018(01)：37.

② 肖映萱. 不止言情：女频仙侠网络小说的多元叙事[J]. 扬子江文学评论，2022(02)：88.

③ MC，main character(主角)的缩写，常见于英译中国网络小说网站评论区。

④ XP，experience point(经验值)的缩写，电子游戏术语，后引申到网络小说中。

⑤ 葛娟. 网络小说的幻想范式及价值取向[C]//. 张邦卫等著. 网络时代的文学书写. 北京：中国社会科学出版社，2016：105.

封天》这样的英译中国网络小说"走出去"时备受争议。然而，网络小说的"思想标准"并非简单等同于经典文学中的"思想深度"，而是体现在传统文化价值观与现代精神的嫁接，以及作品价值导向的社会效应上①。《我欲封天》的"小白"价值观使海外青年大众读者产生共鸣，使他们获取了能够作用于现实的积极的精神力量，同时展示出中国文化的普适一面，以文化"求同"先于强调自身独特性的"求异"，符合文化传播的一般规律。

第五节　小结

仙侠小说《我欲封天》的接受现象，证明英译中国网络小说是社会、读者、文本三个维度相互交织的结果。海外青年大众读者面临着阶层跃迁的现实焦虑，渴望自我价值的充分实现，《我欲封天》带给他们在阶层固化的社会中向上发展的可能。在看到同样等级严密的架空世界和同样平凡的主角孟浩时，海外青年大众读者产生代入感，将孟浩这样凭借自身努力改变命运的平民英雄视为情感投射对象，期待孟浩代替自己实现逆袭。这一过程跌宕起伏，激发读者持续阅读的兴趣。在对主角孟浩圆满结局的期待和不断阅读验证中，海外青年大众读者"追更"上瘾，基础"爽感"得以实现。以此为前提，《我欲封天》引发海外青年大众读者对于进阶"爽感"和深层"爽感"的期待，催生了"互联网迷因"、同人文和原创网络小说，完整地实现"接受三层级"。

《我欲封天》以浅近直白的方式展示中国文化，满足了海外青年大众读者对他者文化的好奇。以器物维度为主的中国文化元素既营造出中国文化的氛围，又不干扰读者对故事情节的理解。"气""道"等中国文化元素内涵有所简化，以近似动漫的夸张变形得以呈现，契合

① 周志雄. 网络文学经典化与评价体系建构[J]. 中国文学批评，2021(03)：126.

了海外青年大众读者对武侠文化的偏好，易于理解，且易于与目标语文化相结合，生产出各类融合中西文化的“互联网迷因”和原创小说。而主角孟浩秉持的“小白”价值观将中国文化核心价值观中与目标语文化主流价值观和人类共通价值观相通的一面带给海外青年大众读者，使他们在对主角的认同中放下对他者文化的抗拒，乐于接触进而了解中国文化。

《盘龙》《我欲封天》等作品的接受成功，使玄幻、仙侠“升级流小白文”成为海外青年大众读者心目中英译中国网络小说的代名词，Wuxiaworld 模式下 Deathblade 等粉丝译者采用“直译+副文本”模式的译文奠定了他们对英译中国网络小说的审美标准，这些观念转化为“先行把握”的规范，影响着他们对其他英译中国网络小说的接受。

第五章 《将夜》:“文青”玄幻海外遇冷

《我欲封天》等“升级流小白文”尽管广受目标语读者欢迎,但其自身的局限性导致其“走出去”的文化价值饱受争议。与“小白文”相对的“文青文”,“具有某种情怀、表现出某种创新性诉求、文学性与思想性俱佳”[①],似乎在文化价值上更胜一筹,而这类小说在海外青年大众读者中是否一样受欢迎?

第一节 源文本叫好叫座

《将夜》是“文青流作家”代表人物、起点中文网白金作家猫腻(本名晓峰)的东方玄幻小说(eastern fantasy),讲述主角宁缺在文明冲突大背景下的成长历程,创作于 2011—2014 年,共 374.51 万字,比《我欲封天》少 100 万字。

“文青文”广受以文化层次高、阅读经验丰富的“老白”读者欢迎。自 2011 年开始连载的 10 年内,《将夜》在起点中文网上获得 458.62

① 邵燕君主编. 破壁书:网络文化关键词[M]. 北京:生活书店出版有限公司,2018:261.

万总推荐①,累计阅读人数达 3758.09 万②,人气不亚于“小白文”。2017 年,IP 改编电视剧《将夜》《将夜 2》上线,《将夜》位列 2017 年“猫片·胡润原创文学 IP 价值榜”第四位③,并在 2018 年跃至榜首④。源语文化系统中大众读者与专业读者的双重认可使猫腻登上各类中国网络文学作家影响力榜单,2020 年中国网络作家影响力榜单男频作家影响力 50 强中,猫腻再登榜首⑤。

“文青文”承载着中国传统的哲学思想和文学传统,更接近经典文学文本,因而备受学者、批评家等专业读者欢迎。学者邵燕君对猫腻的“文青文”十分推崇,曾在其研究中多次以《将夜》为例,或概括其“以启蒙价值为核心对儒家思想进行改造”“反拨西风东渐以来国人因无神而自卑的文化心理”以及“重建中国人的文明信仰”的“情怀”⑥,或点明其“对文明道路的思考,对中国人生活信念的肯定”⑦的内涵。网络文学评论家“EVA 深蓝”同样认为《将夜》是富有现代性的儒家寓言故事,是“用《论语》的碎片构建了书院、大唐和小人物宁缺

① 详情请见 https://book.qidian.com/info/2083259/.(查询时间 2023 年 6 月)

② 详情请见 https://read.qidian.com/chapter/BtjGevONQfg1/eSlFKP1Chzg1/.(查询时间 2023 年 6 月)

③ 刘秀娟. 2017 猫片·胡润原创文学 IP 价值榜发布,《斗破苍穹》位居榜首[EB/OL].(2017-07-13)[2021-08-12]http://www.chinawriter.com.cn/n1/2017/0713/c403994-29402750.html.

④ 李菁.《2018 猫片·胡润原创文学 IP 价值榜》发布,《将夜》居榜首[EB/OL].(2018-12-22)[2021-08-12]http://www.chinawriter.com.cn/n1/2018/1222/c404023-30482018.html.

⑤ 山蓝. 2020 年中国网络文学作家影响力 50 强榜单分析[EB/OL].(2021-01-13)[2021-08-12]https://www.iimedia.cn/c1020/76431.html.

⑥ 邵燕君. 以“爽文”写“情怀”——著名网络作家猫腻专访[A]. 网络时代的文学引渡[M]. 桂林:广西师范大学出版社. 2015: 300-301.

⑦ 邵燕君. 以“爽文”写“情怀”——著名网络作家猫腻专访[A]. 网络时代的文学引渡[M]. 桂林:广西师范大学出版社. 2015: 325.

与天奋斗的世界"[1]。猫腻的另一位"学者粉丝"当属庄庸,他在《蚂蚁哲学:中国网络文学阅读潮流研究(第5季)》《猫腻与〈将夜〉》等专著和论文中将猫腻在《将夜》中的情怀定义为"蚂蚁哲学"——大时代下大众书写历史的哲学。学者何平则是从文学史的角度予以肯定,认为猫腻的作品"依然和现代文学有很深的近缘关系,他们的经典性也可以在现代文学的传统谱系上被识别和确认"[2]。专业读者的评介使《将夜》受到文学权威的认可而经典化。2015年,《将夜》获得"首届网络文学双年奖"金奖。2020年,《将夜》作为"百部网文佳作"之一入藏国家图书馆[3],成为网络文学经典化、主流化的里程碑。

种种迹象表明,在源语文化中,《将夜》不仅受到大众读者欢迎,其文化价值也备受认可,叫好也叫座,这样的英译中国网络小说似乎更符合中国文化"走出去"的初衷。然而在目标语文化中,《将夜》的接受效果并不尽如人意。

第二节 译文本毁誉参半

《将夜》(*Nightfall*)的英译工作由起点国际委托中国著名语言服务提供商传神(Transn)公司旗下Larbre Studio团队完成,翻译于2017年9月启动[4],2018年2月起[5]发布。起点国际开放前77章为免费阅

① EVA深蓝. 猫腻《将夜》:"论语世纪"生活哲学小说[A]. 中国本身就是一部正在形成而尚未完成的"网络"小说:中国网络文学阅读核心书目(第1季)[M]. 庄庸等编. 北京:中国青年出版社,2018:292-293.

② 何平. 再论"网络文学就是网络文学"[J]. 文艺争鸣,2018(10):2.

③ 国家图书馆. 国家图书馆携手阅文集团共建互联网信息战略保存基地 百部网文佳作典藏入馆[EB/OL]. (2020-08-31)[2021-08-12]http://www.nlc.cn/dsb_zx/gtxw/202008/t20200831_194509.htm.

④ 详情请见https://forum.webnovel.com/d/125-jiang-ye.

⑤ 详情请见https://forum.webnovel.com/d/4411-nightfall-jiangye-by-maoni.

读,其后需付费解锁。由于版权归属,起点国际的译本可被称为“官方译本”。这并不是《将夜》第一次被译为英语早在2012年,一名叫Lanny Lin的海外华人武侠文化爱好者就曾翻译了《将夜》的前两章[①],发布于Lanny的个人网站lannyland. com。这一时间甚至比赖静平翻译《盘龙》还要早两年。Lanny也是一名爱好武侠文化的华裔,从2012年至今陆续翻译了《将夜》《间客》《庆余年》等多部猫腻作品的节选,采取的是粉丝翻译中常见的“直译+副文本”模式,不过Lanny的翻译更像是自娱自乐,少有宣传分享,故少有人注意。2015年,一位匿名粉丝译者在一家名为Mecha Mushroom Translation[②]的小型网络小说翻译网站也曾翻译了《将夜》的前75章(1—50章译文已被译者删除),随后分别在Dark Translation(第76章)[③]和Proud Novelist(第77—83章)[④]更新译文,在读者中引发小范围“追更”热。由于发布平台影响力较小,且译本尚未完结,这两个译本的热度并未持续很久。在起点国际发布了官方译本后,这两个非正式的粉丝译本就鲜少出现在读者的讨论中。

漫画进入目标语文化的时间也比官方译本要早。起点国际论坛中2017年12月的一篇帖子显示,读者Eternal_peace在偶然读到mangafox网站刊载的漫画版《将夜》(*Jiang Ye* in manga)后,对原著产生了好奇,于是发帖建议(Novel Pickup Request)起点国际翻译《将夜》。在回帖中,多位同样喜爱漫画版《将夜》的读者表示支持[⑤]。不过,这个漫画版《将夜》与原著差异较大,而音译名 *Jiang Ye*,直观上也难以与官方译本 *Nightfall* 画等号。因此,漫画版《将夜》的粉丝并未意识到他

① 详情请见 https://www. lannyland. com/night/vol1chap000. shtml.

② 详情请见 https://mechamushroomtranslations. wordpress. com/jiang - ye - informationindex/.

③ 详情请见 https://darktranslations. wordpress. com/2016/08/08/chapter-76-jy/.

④ 详情请见 https://noveltoread. wordpress. com/2017/06/29/first-blog-post/.

⑤ 详情请见 https://forum. webnovel. com/d/1269-jiang-ye-by-mao-ni.

们期待的原著英译本已经发布。[①] 直到读者 Klepar[②] 在 Eternal_peace 的帖子里号召读者为 *Nightfall* 投票,不断在论坛中宣传官方译本[③],才使读者逐渐将二者联系起来。尽管改编和改名影响了漫画发挥“名片”作用,不少海外青年大众读者还是通过漫画了解到《将夜》的故事主旨和作者猫腻(Mao Ni)的其他作品。

如同《哈利·波特》等西方大众文学文本进入中国的路径,影视与文本几乎同时进入目标语文化。电视剧《将夜》(*Ever Night*)第一部于 2018 年 10 月 31 日在中国开播,同年 11 月即以“原声+英语、阿拉伯语、西班牙语(拉丁美洲)、土耳其语多语种字幕”的模式上线海外主流视频网站 YouTube,每集平均播放量上百万。2019 年 9 月,《将夜》获得第四届中加国际电影节“最佳电视剧奖”(“BEST TV SERIES” Award at Canada – China International Film Festival)[④]。在播出之前,起点国际在论坛中对该剧进行宣传预热[⑤],突出其网络小说 IP 的影视改编身份。尽管电视剧《将夜》有自己的英译名,但海外青年大众读者仍可凭拼音搜索到剧集,实现文本与影视相互引流。YouTube 评论区中不少观众是因小说而追剧,而起点国际、Novel Updates、Goodreads 的评论区里也有很多读者因电视剧而开始读原著,《将夜》IP 影响力因此扩大。

然而,漫画、影视的“出海”却没有帮助《将夜》的官方译本在海外创造奇迹。《将夜》在起点国际上的阅读量仅为 920 万,评论仅 453

① 详情请见 https://www.webnovel.com/book/nightfall_8324018606000005/rain-in-city-of-wei-and-a-lad-with-a-servant_23203216497896132.

② 详情请见 https://forum.webnovel.com/d/125-jiang-ye.

③ 详情请见 https://forum.webnovel.com/d/3147-the-scholars-rebirth-or-jiang-ye.

④ 中国青年网. 阅文集团亮相第四届中加国际电影节:好内容,无国界[EB/OL]. (2020-09-20)[2021-09-06] http://news.youth.cn/jsxw/201909/t20190920_12073596.htm.

⑤ 详情请见 https://forum.webnovel.com/d/16320-when-there-is-nothing-to-read-3.

条，难以与《盘龙》《我欲封天》《斗破苍穹》等“小白文”在海外的千万级阅读量相比，也不及其在源语文化中的受欢迎程度。海外青年大众读者对《将夜》的态度差异明显。尽管 4.53 的评分并不算低，但口碑上呈现出两极分化的局面[①]，争论焦点集中于猫腻的写作风格。持正面观点的读者欣赏《将夜》对“套路”的突破。读者 Fuhrer 喜欢《将夜》的理由是“没有廉价的惊险和打斗场面”（cheap thrills and instant fight）（如图 5.1）。读者 Shaiole 认为《将夜》没有陈词滥调的套路，情节构思精妙，充满诗词和典故（poems and quotes）、场景描写等文学性内容，需要仔细品读，因此不是所有人都能接受（如图 5.2）。读者 kdiz 称赞《将夜》是“一部真正的文学作品”（real literature）（如图 5.3）。持负面观点的读者则认为《将夜》不符合他们对英译中国网络小说的认知。读者 raptorfalcon 批评其开头铺垫过多，进度缓慢（drunk - snail slow）（如图 5.4）；读者 ilsunny 批评《将夜》“第一章就让人摸不着头脑”（Just the first chapter and I'm already god damn confused）（如图 5.5），读者 AB12 甚至直接表示“讨厌作者的风格。没意思！”（I hate the author's style. IT IS NOT INTERESTING.），浪费了自己的投票（如图 5.6）。

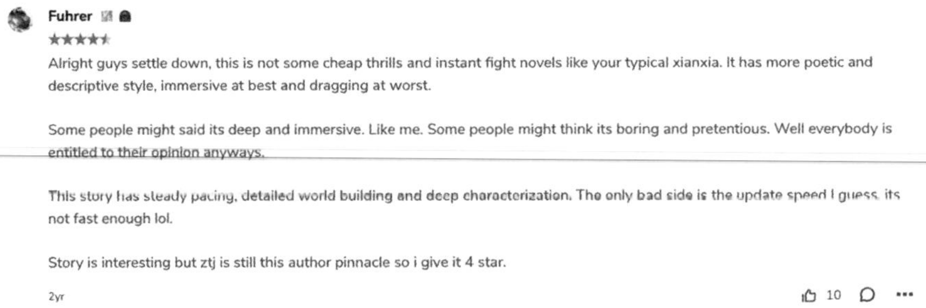

图 5.1　读者 Fuhrer 对《将夜》的评论

---

① 详情请见 https://www.webnovel.com/book/nightfall_8324018606000005.（查询时间 2023 年 6 月）

Shaiole

★★★★★

Mao ni novels are different from regular cn novels that are full of cliche, repeatative tropes and fluff.

Mao ni novels have well thought of plots, full of literature (like poems and qoutes), descriptive paragraphs.

For sure, not everyone prefers this. Writing style is a bit heavier compare to shallow and easy to understand novels. It might take a while for thing to get interesting. But it is worth taking note of, mao ni novels are different from others of it genre

2yr 20

VIEW 8 REPLIES

图 5.2 读者 Shaiole 对《将夜》的评论

kdiz

★★★★★

I was expecting a webnovel but found real literature instead.

If the rest of the book lives up to the first 30 chapters then it'll be the best webnovel on this site, hands down.

2yr 18

VIEW 3 REPLIES

图 5.3 读者 kdiz 对《将夜》的评论

raptorfalcon

★★★

Some people may enjoy reading chapters with 80-90% world and miscellaneous descriptions while only 10% is character action/dialogue. However, my patience is not at that level. The whole 50+ chapters I've read so far could have been easily shrunk to about 10. With that said, this author's writing style definitely depicts every situation well enough for your imagination to fill in a full picture. Unfortunately, that makes story progression drunk-snail slow. Chapters go on and on about side characters and information only relevant for the next 3-5 chapters. Perhaps this sort of super-detailed story telling is your thing...but I'm tired of skimming text looking for important details to avoid growing a beard while reading.

2yr 10

VIEW 1 REPLIES

图 5.4 读者 raptorfalcon 对《将夜》的评论

ilsunny

★

Just the first chapter and im already god damn confused. Stories written in riddles from chinese context has lost a lot of the content's meaning after translation. I dont see any point wrecking my brain just to enjoy a novel.

2yr 19

VIEW 33 REPLIES

图 5.5 读者 ilsunny 对《将夜》的评论

AB12

★★½

It's not bad, but I hate the author's style. IT IS NOT INTERESTING. What a wasted 200 thousand votes!!......................:........:..:.::::::::

2yr 10

VIEW 3 REPLIES

图 5.6 读者 AB12 对《将夜》的评论

Novel Updates 网站上，37 名作出文字评论的读者均对《将夜》的评价较高①。有读者仅仅读了 6 章就被完全吸引，认为《将夜》的“故事线堪称当代最佳，即使丹·布朗也难以实现”（The storyline is on par with the greatest works of our generation. I bet even Dan Brown would not have done that much research as this author had.），还有一些读者是被猫腻的《择天记》等其他作品吸引而来。与“小白文”的评论以读者主观感受为主不同，这些评论中大部分都是读者经过研读作出的，篇幅较长，涉及审美价值等多方面，接近专业读者的批评。得到最多读者赞同的评论来自读者 Nanohana，该评价将近一千词，覆盖了情节概括、哲学思想、标题内涵等内容，获得了一百多名读者的点赞。Nanohana 认为《将夜》表面上讲述“草根逆袭”，背后蕴藏的是儒道中国哲学思想和人文主义精神，“通过一群被不同动力驱使的具体人物来反映人与人、国与国、宗教与宗教之间冲突的巨大世界”（immense world of individual vs individual conflict, kingdom vs kingdom, and religion vs religion, highlighted by a detailed and individually motivated group of characters）。Nanohana 通过“将”的一语双关（“即将”和作为象棋术语“check”的含义），以及“永夜”的隐喻与《权力的游戏：凛冬将至》（*Winter is Coming* from *Game of Thrones*）的相似性，解读出《将夜》的隐喻内涵，与国内的邵燕君等学者的观点不谋而合。然而，数据依然显示出《将夜》的叫好不叫座，319 名读者打出的平均分仅为 4，仅有 55%的读者给出五星好评。Goodreads 网站上的情况相同。读者对《将夜》官方译本 *Nightfall* 的文字评论同样以正面为主，但平均分仅为 3.99②。以拼音“*Jiang Ye*”为关键词再次检索，则得出 3 个评价页面：其一与前文所述 *Night-*

① 详情请见 https://www.novelupdates.com/series/nightfall/.（查询时间 2023 年 6 月）

② 详情请见 https://www.goodreads.com/book/show/43562581-nightfall?from_search=true&from_srp=true&qid=rNfAzcPaxJ&rank=155.（查询时间 2023 年 6 月）

fall 的评分页面内容相同,为关联页面;其二为源文本的评分页面,11 人评分,平均分 3.73①;其三为漫友文化改编《将夜》中文漫画的评分页面,9 人评分,平均分 4.44②。文字评论少,篇幅长且内容正面,评分却不高,说明《将夜》能够得到少部分“老白”读者的由衷喜爱,而绝大多数“小白”读者对《将夜》并不买账。

由于持支持态度的读者群体数量有限,《将夜》未在目标语文化中引发接受的第三层级“反响”。在 YouTube 上检索“*Nightfall*”,和小说《将夜》相关的仅有一条,为第一章的自动朗读音频,上传于 2021 年 8 月 27 日,是为一家名为 AudioNovels247 的有声书网站的推广视频。以“将夜”或“*Ever Night*”检索,除了得出原版影视剧和主题曲 MV 之外,还有一些粉丝剪辑影视剧片段并配以英文歌曲的短片。网络上也很难找到由《将夜》衍生的同人文,也几乎没有海外网络小说作者明确表示以《将夜》为灵感进行创作。

在源语文化中叫好又叫座的《将夜》,在目标语文化中却没有收获同样的欢迎,从评论来看,“翻译质量差”成为读者对《将夜》的批评焦点之一。

第三节 流畅翻译适得其反

《将夜》打破以往玄幻小说“以升级为体,以中国文化元素为用”或披着西化外衣的混搭状态,将中国文化内涵落实于故事的世界设定

① 详情请见 https://www.goodreads.com/book/show/28270865-jiang-ye?from_search=true&from_srp=true&qid=qtcAid3vAW&rank=1.(查询时间 2023 年 6 月)

② 详情请见 https://www.goodreads.com/book/show/41491022-jiang-ye?from_search=true&from_srp=true&qid=qtcAid3vAW&rank=2.(查询时间 2023 年 6 月)

和价值体系中,形成了“中国气派”和“中国风格”①,使玄幻小说“终于具有了中国文化的肉身”②,故称为“东方玄幻小说”。《将夜》在器物维度保留玄幻色彩,而在制度维度和价值维度呈现中国“情怀”,展现出玄幻中国、历史中国、文化中国三个侧面。Larbre Studio 团队采取了与 Wuxiaworld 网站不同的翻译策略,以“忠实性再创造”③(faithful recreation)实现目标语文化取向,即在忠实传达原文意义、保证语言整体准确性的基础上,使译文符合目标语文化的表达习惯,尽量减少使用加注,将补充的文化信息尽可能自然地融入译文之中。

一、器物维度呈现“玄幻中国”

(一)修炼术语

作为东方玄幻小说,修炼依然是《将夜》故事的核心。在《将夜》世界中,“雪山气海”是修行之人感知元气,进入修炼之道的穴位,是贯穿宁缺命运的关键点。在故事的前半程,宁缺由于雪山气海十七窍中有十一处天生不通,无论念力达到何种境界,都无法与天地自然接触因而无法修行,直至朱雀和陈皮皮帮助重塑雪山气海。与《我欲封天》等“升级流小白文”开篇便设定修炼系统不同,直至第二十一章,猫腻才对“雪山气海”在修炼中的作用给出解释:

> 所谓修行,乃是将意念容于胸前之雪山,腰后之气海,雪山气海周缘有十七气窍,就如钟离山底之千繁洞,洞穴迎风纳水,呜咽

① 邵燕君主编. 破壁书:网络文化关键词[M]. 北京:生活书店出版有限公司,2018:251.

② 邵燕君. 媒介融合背景下的“主流化”与“多样化”——近五年网络文学主要发展潮流趋向[J]. 网文新观察,2016(05):22.

③ LU X. *The Real Story of Ah-Q and Other Tales of China*[M]. LOVELL, J. trans. London: Penguin, 2009: xiiv.

作响奏一妙曲,上有呼者下有应者,如此方能令天地通晓你我之意,从而互相呼应。(《将夜》第二十一章)①

Cultivation is about gathering your psyche at your chest like the snow in the mountain, and at your back like the Ocean of Qi. Surrounding the Snow Mountain and the Ocean of Qi are 17 Qi orifices, which act like the thousands of holes found beneath the mountain. As the wind and water pass through the holes, the sound that each hole creates gathers to form a unique melody played by a duet. As such, this allows both of them to interweave and interconnect with each another. (*Nightfall*, Chapter 21) ②

在官方译本中,“雪山”“气海”均直译为“Snow Mountain”和“Ocean of Qi”,增补 like 明示比喻,帮助读者构建形象。“气海”中的“气”音译为“Qi”,这是由于在 Wuxiaworld 网站的推动下,“气”的音译 Qi 已经广为人知,无需副文本补充说明。而“气窍”中的“窍”是中国文化的特色表达,在英语文化中并无完全对应概念,Larbre Studio 团队以英文中用特指身体上的孔口的“orifices”比附“窍”,以便读者理解。

对于可能分散读者对情节注意力的文化元素,即便与修炼相关,若不影响故事主干,Larbre Studio 团队也选择删减。如本例中用来形容修炼状态的“钟离山”“千繁洞”等意象,山和洞的名字并非主体信息,故被简化为“the mountain”“thousands of holes”。对于极具文言色彩的“上有呼者下有应者”“令天地通晓你我之意”,Larbre Studio 团队将其浓缩在“相互呼应”之中,避免冗余。

《将夜》中另一重要概念“天下行走”,指魔宗、道宗、佛宗三大宗派中年轻但已达到知命境界的大修行者,代表各宗派现世调解纠纷,

---

① 源文本链接:https://book. qidian. com/info/2083259/

② 译文本链接:https://www. webnovel. com/book/nightfall_8324018606000005.

协调利益，在第一章登场：

> 大唐天启元年，荒原天降异象，各宗天下行走汇聚于此，不得道理。(《将夜》第一章)
>
> In the first year of the Great Tang's Tianqi era, the most extraordinary phenomenon had befallen the Wilderness, gathering World Wayfarers from all of the sects, to no avail. (*Nightfall*, Chapter 1)

除了名词，"天下行走"也以动词形式出现，用以表示天下行走的职责：

> 树下三个年轻人来自这个世界上最神秘的三个地方，奉师门之命在天下行走……(《将夜》第一章)
>
> These three young men came from the three most mystical places of the universe, wayfaring this world under the order of their respective sects. (*Nightfall*, Chapter 1)

Larbre Studio 团队将"天下行走"的动词译作 wayfare，名词译作 Wayfarer，同样是比附的策略。"天下行走"是《将夜》的独有概念，在英语中不存在现成可用的对等词，只能根据内涵寻找接近的词汇，又因为"行走"一词在中文里多用作动词，而在此处化用为名词，故动词、名词性质兼具的单词是最佳选择。wayfare 特指徒步旅行，wayfarer 指徒步旅行者，与源文本中"行走"含义相近。wayfare(r)在英语中使用频率较低，稍显生僻，但根据上下文能够推断出含义，重现了"天下行走"以动词作名词带给读者的陌生感，吸引读者注意力。

Larbre Studio 团队在翻译"气"这样常见的修炼术语时首选直译，而在翻译"窍""天下行走"等特殊的修炼术语时选择比附，而对于一些不影响故事情节的意象，Larbre Studio 团队选择删减，这一方面使译文本更加流畅易读，另一方面也在一定程度上冲淡了《将夜》的中国文化色彩。

(二)暗示"穿越"的现代文化元素

在《将夜》的源语读者中曾流传着一个说法：宁缺是从现代穿越而来的。这一说法并未得到猫腻本人的正面回应，但文中一些线索显示宁缺是"生而知之"之人：知道当时尚未出现的月亮（夫子登天化月之前），掌握数学、书法等技能。宁缺的自白中出现了一些属于当代中国的元素，也暗示了其穿越身份：

> 要学书法要学奥数要学钢琴画画，每个周末都要坐在妈妈的自行车后座上面跑来跑去，到最后少年宫比家还要熟，你说我累不累？（《将夜》第九十二章）
>
> "Who is not tired of living?" Ning Que looked down on the hollows, which were made by the impact of the rain upon the ground, and whispered, "I had to learn calligraphy, Mathematical Olympiad, piano, and drawing. And I had to run around on the backseat of mother's bike every weekend and finally get more familiar with the children's palace than my own home. Am I not tired?" (*Nightfall*, Chapter 92)

源语读者之所以判断宁缺是穿越而来，是因为这段自白中的书法、奥数、钢琴、画画、自行车、少年宫。这些元素存在于几乎所有 80 后、90 后的童年记忆里，源语读者很容易由此联想到自己的童年，从而证明宁缺同样来自现代社会。然而海外青年大众读者却并没有相似的经历，在看到直译且未加补充解释的"少年宫"（children's palace）时，并不能像源语读者一样产生穿越的联想。真正让海外青年大众读者意识到《将夜》的穿越色彩的，却是宁缺自白中出现的两位文学家：

……发现自己写不出能够藏诸深山流传千世的新四大名著之青楼梦便把自己关进山村三十载天天喝点稀饭披着头发拿左手当红袖添想便以为自己是曹雪芹？宁缺从来不是这样的人，做不成曹雪芹他就去做金庸，做不了皇帝他就去做书法大家，做不了将军就做大学士，做不了修行者那又如何？（《将夜》第二十五章）

Some people found themselves lacking the talents necessary to write a new masterpiece, the Dream in the Green Mansion. They hid in a small village for thirty years, trying very hard to write something and bore a miserable life. However, this did not mean that they were as talented as the author of Dream in the Red Mansion, Cao Xueqin. Ning Que was never such a person. If he could not become as talented as Cao Xueqin, he would try to become as good as Jin Yong, a famous author of swordsman stories. If he could not become an emperor, he would try to become a great calligrapher. If not a general, then a scholar. Therefore, even if he could not be a cultivator, it was not the end of the world. (*Nightfall*, Chapter 25)

Larbre Studio 团队增补了"the author of Dream in the Red Mansion"，一是向读者解释曹雪芹作为《红楼梦》作者的身份，二是与《青楼梦》(*Dream in the Green Mansion*)对《红楼梦》的戏仿相呼应[①]，重现源文本的戏谑效果。同理，"Jin Yong"后增补"a famous author of swordsman stories"解释金庸先生作为武侠小说大家的身份。金庸为爱好武侠的海外青年大众读者熟知，看到宁缺要成为金庸，读者 Patri-

① 详情请见 https://www.webnovel.com/book/nightfall_8324018606000005/a-stubborn-man_23536048562818803.

archMecha 在本章评论区中提问:主角是不是从我们的世界穿越而来(Is MC actually migrated from our world)?不过,这一假设被其他两名读者否定,他们认为这是猫腻在写作时擅长运用现实和中国历史元素所致。

即便生存在全球化的世界,人们依然从自身文化中获得独特的文化经验。这种文化经验若仅直译而不加解释,即便字面上准确,也难以重现其在自身文化中的效果。

(三)化用源语文学经典

对经典文学文本的运用和改编,是中国网络小说对中国文化的吸纳和表达。经典文学文本存在于作者的“前结构”,影响着作者的创作,这就是为何中国网络小说,特别是“文青文”,常带有经典文学文本的影子。这种运用能够被“前结构”相似的读者识别和欣赏。

第一章的末尾,在讲述了“同一时间,同一条街,宣威将军府被满门抄斩,通议大夫府喜得爱女”的故事之后,猫腻模仿鲁迅在《而已集·小杂感》中的名句“人类的悲欢并不相通”作为总结,为《将夜》整个故事埋下伏笔:

> 两个世界的悲欢离合从来都不相通。若能相通,便是圣贤。(《将夜》第一章)
>
> There was never any connection between the joys and sorrows of the two worlds. It would take the power of a saint if a connection was ever to take place. (*Nightfall*, Chapter 2)

鲁迅是猫腻最为崇敬的作家之一,猫腻常模仿鲁迅的写作风格。尽管《小杂感》并不是鲁迅的名篇,但这句“人类的悲欢并不相通”在源语文化中流传甚广,甚至衍生成“互联网迷因”。但对鲁迅并不熟悉的海外青年大众读者很难通过直译看出猫腻对鲁迅的致敬,无法获得和源语读者一样的审美体验。

流传已久的传统戏曲唱段和民间小调,虽不属于传统意义上的经典文学文本,但在中国文化系统中脍炙人口,历时流传。猫腻就曾将山东吕剧《下陈州》中的经典台词"东宫娘娘烙大饼,西宫娘娘剥大葱"用于民间笑话:

> 正如河西道那个著名的笑话:在田里干活儿的农妇闲唠,总想着东宫娘娘在烙肉饼,西宫娘娘在剥大葱,肉饼似海,大葱似山。(《将夜》第六章)
>
> As the famous joke went, in the countrywomen's imagination, the empress is always baking meat pies as big as an ocean and the imperial concubines peel onions as high as mountain. (*Nightfall*, Chapter 6)

此处隐含着中国传统文化中的"以东为上"的规则,"东宫娘娘"指皇后,而"西宫娘娘"指贵妃。Larbre Studio 团队以"empress"与"imperial concubine"区分,删减了"东/西"的意象,明示源文本隐含的文化信息。这一台词语气带有戏谑之意,人物身份与行为的错配形成了幽默的效果,民间大众无法接触真实的宫廷生活,只能在自身认知的极限内想象宫中皇后妃子们的奢华生活,同时也只能通过调侃和夸张来表达对统治者的不满。但对于并不了解这一唱段的海外青年大众读者来说,源文本的幽默效果则依赖于"as the famous joke goes"的暗示以及"闲唠"隐含的"想象"(imagination)来实现。

此处戏文的翻译较为成功,文学经典根植于一国文化,对于缺乏相关文化积淀的目标语读者来说,阅读直译的文本难以获得与源语读者相同的审美体验。若要获得相同的审美体验,除补充文化信息外,还可以通过明示和引导的方式。

(四)文字游戏

文字游戏形成召唤结构,吸引读者进行生产者式的解读,读者解密成功,获得更大的“爽感”。第六十二章中,出现了一个由四道巷子和雨水组成的“井字符”(a Well Talisman)。为了让海外青年大众读者构建画面感,在“井字符”的译名出现之前,Larbre Studio 团队以汉字“井”的零翻译来描述神符形态,并增补了“the character for a water well”加以说明。同理,宁缺在书院答卷上书写的“二壶酒”,是为后文宁缺习得神符技能的情节做铺垫。中文的口语一般用“两”表示二,因此教习提出疑问“为什么要答二壶酒却不是两壶酒”,但这一区别无法直接在英文中再现。Larbre Studio 团队增补信息,将“二”译作“the written form of two”,“两”为“the oral form of two”,加以区分。在无法完全还原文字游戏效果之时,只能采取权宜之计。

二、制度维度呈现“历史中国”

(一)重现史实的政治制度

《将夜》中的“唐国”虽然是架空世界,但是在政权、货币等概念上比《我欲封天》的“大唐”更贴近史实。第一章指出,故事开始于大唐天启元年,“天启”这个年号在中国历史上曾经存在,魏晋南北朝的南梁皇帝萧庄、明熹宗等都以“天启”为年号。对于海外青年大众读者来说,中国古代的皇帝年号的概念是刺激创新期待的新概念。

> 大唐天启元年,荒原天降异象……(《将夜》第一章)
>
> In the first year of the Great Tang's Tianqi era, the most extraordinary phenomenon had befallen the Wilderness... (*Nightfall*, Chapter 1)

基督教传入后,“天启”一词常与《圣经》中的“apocalypse”对应,但此“天启”并非彼“天启”。Larbre Studio 团队在此处并将“天启”音译为“Tianqi”,区别于基督教概念,在开篇为读者树立类似中国古代的架空世界的概念。

除了年号,庙号也是中国历史上用以表达年份的方式,如第一章中多次出现"(唐)太祖",即开国立朝的首位皇帝:

> 最著名的一个例子发生在太祖晚年。(《将夜》第一章)
>
> One of the most famous examples happened during the old age of Taizu, the founder of the Tang Dynasty. (*Nightfall*, Chapter 1)

在第一段中,"太祖"第一次出现时是以意译"the founder of Tang Dynasty"的形式,介绍"太祖"作为开国皇帝的含义。上例为第二次出现,音译"太祖"并将意译作为文内注释增补于音译之后,使读者将二者联系起来,此后"太祖"出现均以"Taizu"音译,相当于角色的姓名。

与核心概念"天启""太祖"保留源语文化色彩不同,《将夜》中的官职、军衔,多以英语文化中业已存在的概念比附。如宣威将军译作"Xuanwei General",通议大夫译作"Counsel Official",校尉译作"lieutenant"等,增加架空世界的现实色彩,便于读者构建概念。Larbre Studio 团队对历史元素的翻译基本尊重史实和内涵。

(二)依托于现实宗教的修行系统

《将夜》的修行派系包括佛门悬空寺、道门知守观、书院、西陵神殿等,虽为虚构,但均与现实有所关联。悬空寺取材于佛家,知守观取材于道家,书院取材于儒家。在第二十四章吕清臣具体阐释各宗派时,Larbre Studio 团队以比附进一步拉近《将夜》世界与海外青年大众读者的距离。悬空寺所代表的佛宗,知守观所代表的道宗,均以现实中佛教(Buddhism)、道教(Taoism)指代,将宗教隐喻明示出来。魔宗和书院的译名采取比附策略,"魔宗"以西方文化中的"魔鬼"比附,译为"Devil's Doctrine","书院"以古希腊的学园比附,译为"the Academy"。

在翻译西陵神殿相关的概念时,Larbre Studio 团队注意到文化冲突隐患。西陵神殿以欧洲罗马教廷为蓝本,奉行政教合一,与书院对立,是东西方文明冲突的隐喻。Larbre Studio 团队将“西陵神殿”直译为 West-Hill temple/West-Hill Divine Palace,避免与目标语文化产生冲突。对于西陵神殿的首脑掌教,译者使用“Hierarch Lord”比附,巧妙表达掌教的政教合一的身份。《将夜》故事的后半程,前任知守观天下行走叶苏创立新教,与西陵神殿发生冲突,最终自缚于十字架以死殉教的情节,与《圣经》中耶稣创立基督教的故事相似,“叶苏”也因此被源语读者认为是以“耶稣”为原型。在官方译本中,Larbre Studio 团队将其音译为“Ye Su”,也是避免文化和宗教上的冲突。对于“西陵神殿”相关概念的翻译反映出翻译策略上目标语文化取向的另一个侧面:调适源语文化与目标语文化之间的冲突,避免目标语读者的反感。

(三)映射现实的书院制度

作为唐国精神核心的书院,其设定依托于现实中的儒家,因而借鉴了现实中儒家的学说和制度。书院的入学考试(Academy Entrance Exam)和大唐科举(Imperial Exam of the Tang)内容均分为六科:礼科、乐科、射科、御科、书科、数科(Etiquette、Music、Toxophily、Driving、Calligraphy、Mathematics),与现实中儒家“六艺”一致,故直接借用现成的术语。书院二层楼的考试,题目“君子不器”(A gentleman is not a vessel)源自《论语 · 为政篇》,意为君子不能像器皿一般只有特定的用途,Larbre Studio 团队此处采用了在目标语文化系统中有一定影响力的刘殿爵译本中的译法,明示书院的儒家色彩。书院考试的成绩等级,按照中国传统的“甲乙丙丁”列定。Larbre Studio 团队将“甲乙丙丁”的等级与目标语文化系统中的“ABCD”等级比附,便于读者理解。

“书院”的种种设定隐喻着中国的科举和官场。书院的职责之一就是为大唐帝国挑选人才,考入书院成为在唐国做官的唯一渠道,有些考生甚至备考多年,不惜放弃家产和差事来考试,通过各种关系后门,求得一个书院的名额。第五章宁缺与马士襄的对话中,反映出被书院录取的难度:“拿了军部回执,只代表你能参加书院入院试,但想要真的踏进书院那扇红门,你至少要跑三个部堂去盖章……”(The confirmation from the Military Ministry only means you can take the entrance exam for the Academy. But,you have to collect stamps from at least three departments before you can join the Academy.),“任何走朝堂推荐路子的考生,都要花大价钱去疏通门路,不知多少殷富之家,就为了那场考试落了个倾家荡产”(any student recommended by the imperial departments has to buy their way into the Academy and this would cost all of their families resources.)。Larbre Studio 团队弱化了“殷富之家”和“倾家荡产”之间的对比,仅以“cost all of their families resources”表示代价之大,冲淡了源文本的夸张语气,避免海外青年大众读者产生负面印象。

和先前几例一样,书院对现实的映射也难以仅凭翻译而被海外青年大众读者所理解。“盖章”(collect stamps)、“疏通门路”(buy their way into)等现象至今仍见诸源语社会,这些现实现象能使源语读者与宁缺产生共鸣,却难被海外青年大众读者所理解和接受。书院考试的激烈竞争,与现实里中国的考研考公如出一辙,当宁缺以平平之姿成功考入书院时,源语读者会感受到逆袭成功的基础“爽感”。而海外青年大众读者没有“学而优则仕”的观念,也不用面对考研考公的巨大压力,对他们来说,宁缺考入书院仅仅是故事的一部分,很难与自身现实相关联,获得的基础“爽感”也有所折扣。

(四)反制度元素——粗俗俚语

粗俗俚语源自文化,同时违背社会公德,是一种特殊的制度维度文化元素。“男频”网络小说作者大多是出身草根的青年男性,文化水平有限,在创作时经常使用粗俗俚语,以丰满人物形象或增加戏剧冲突,即使是曾就读于四川大学的猫腻(后因成绩不佳退学),在作品中也常常使用不甚文雅的语言。粗俗俚语的翻译既涉及两种文化的意识形态和诗学观念,又涉及两种语言的表达习惯,尤其要正确把握情感表达的分寸,这是译好粗俗俚语的关键①。

第七章"此去长安混人样"(*Off to be Outstanding in Chang'an*)中,宁缺在下定决心去长安出人头地时的场景:

说完这句话,他在雨中张开双臂,握紧双拳向上分开,展露自己并不强悍的胸肌和手臂,摆出一个特傻逼的姿势,大声喊道:"此去长安,要是混不出个人样儿,我就不回来了!"(《将夜》第七章)

After saying this,he opened his arms wide and clenched his fists in the rain,showing his chest muscles and his arms which were not very strong. He posed stupidly like this and shouted,"This time I will go to Chang'an Ctiy and if I don't become someone,I will never come back!"(*Nightfall*,Chapter 7)

"傻逼"是中文里的常用粗俗俚语,常作名词或形容词使用。这个词的意义根据语境有所区别,有时仅仅是"傻里傻气"之意,如本例。Larbre Studio 团队将其弱化成"stupidly",在传达了原文含义的同时有效地降低了粗俗色彩。

第四十七章中,宁缺目睹了齐四爷与顾小穷之间的冲突,飞扬跋扈的齐四爷对顾小穷进行言语侮辱:

呸!顾小穷你丫给我闭嘴!如果不是因为临四十七巷是我家哥哥的产业,你们这群杂碎会他妈的装书生?(《将夜》第四十七章)

Bah! Gu Xiaoqiong,you shut up! But for the fact that Lin 47th

① 包惠南. 文化语境与语言翻译[M]. 北京:中国对外翻译出版公司,2001:176.

Street belongs to our elder brother, how can you bastards pretend to be so decent here? (*Nightfall*, Chapter 47)

源文本中的粗俗俚语共有四处:“呸”“丫”“杂碎”“他妈的”,在译文中缩减为两处。Larbre Studio团队在英语中找到了“呸”的对应项——语气词“Bah”,并将“杂碎”对应为“bastard”(混蛋),削弱了“杂碎”居高临下的意味。侮辱性较强的“丫”“他妈的”被Larbre Studio团队省略,虽然使译文本的语气不及源文本那般强烈,但在不影响情节完整性的基础上有效地控制了译文本呈现出的负面信息。

无论是中国文化还是目标语文化都存在丰富的粗俗俚语,且有不少共通之处,常出现于文学作品的人物对话中,描述人物的情感和性格。粗俗俚语是一把双刃剑,一方面是主角宁缺生于草莽、逍遥自在的性格特征的传神再现,使得文本内容妙趣横生,另一方面也降低了文本的文学格调和文化价值。Larbre Studio团队并没有回避这类粗俗俚语,而是在再现源文本风格的基础上对部分禁忌语进行弱化、雅化,既保证了人物形象的丰满和情节的完整,又尽可能避免海外青年大众读者对文本和文化产生负面印象,遵守了文学共同的美德。

三、价值维度呈现“文化中国”

猫腻在“爽文”的情节中渗透着对信仰、权力、自由、反抗等深刻命题的讨论与思考,将中国传统哲学思想凝聚在主角宁缺的人格和大唐的国格,使《将夜》具备更深的中国文化根基。

作为玄幻小说,主角宁缺同样以草根少年形象登场:“满脑子全是修行美梦,手无缚鸡之力只能提烧鸡”(a lazy, weak, and useless lad who is immersed in his cultivation dreams! Is he even capable of tying up a chicken?);雪山气海不通;被“庸俗阴谋论洗过脑袋”(brainwashed by many about the power of its presence),靠着甜言蜜语讨好了所有人,遇

事精于盘算得失利益;在战场上不够勇敢,没有“置之死地而后生”的剽悍劲儿(not brave enough to fight to the death on the battlefield),也没有“把自家房子烧了图一乐”(humorous enough to set fire to his own house just for fun)的豁达,被认为不可能实现“从乞儿成长为将军的人生大戏”(rise to a general from a beggar)。被大唐公主假扮的婢女轻视,天资平平又充满梦想,利己却不损人的特质,与孟浩等“小白文”主角并无二致。

但和“小白文”主角一味强调进取不同的是,宁缺将生命和自由视作至高无上,而非所谓的“尊严”。第二十五章的结尾道出了宁缺的处世哲学:“在一条路上走到黑走到死的人并不能算错,虽然他们身边的人会受苦,但他们最后甚至可能获得成功,可是有意志决心马上选择一条新路的人或许更值得尊敬。生命这个好家伙,让他猛回头比让他一直走其实更需要勇气。”(Continuing to walk on one road was not wrong. Although the people accompanying them might be hard and bitter, it might also lead to success. But, maybe, those who had the determination to give up and turn to a new road were more honorable. Life is a stubborn man—it would take more courage to persuade him to give up than to convince him to hold on.) Larbre Studio 团队将结尾这几段对宁缺处世哲学的评价以英文的表达习惯进行重述,删减了源文本中的“走到黑走到死”“猛回头”等充满猫腻个人风格和中国特色的表达,将“好家伙”的意译明示为“倔强的人”(a stubborn man),提炼出精髓:宁缺的“放弃”也是一种勇气。这种乐观豁达反而成了海外青年大众读者共鸣点。获得赞同较多的评论都是由这段内容引发的感叹:读者 RedTortoise 评价“最后几段太酷了”(The last few paragraphs were cool),获得 19 名读者赞同;读者 Charme 赞叹“前无古人不代表不可能”(That nobody has before, doesn´t mean it′s impossible!),获得 8 人赞同,3 人文字评论回应亦表示有同感。另有其他几名读者对宁缺的“一切皆有可能”(nothing impossible)和“保持梦想”(keep on dreaming)表示赞同。

宁缺的价值观还通过猫腻对经典的颠覆来表现出来。《赵氏孤儿》被誉为元杂剧四大悲剧之一:春秋时晋国上卿赵盾遭奸人屠岸贾陷害灭门,独留孤儿赵武,为门客程婴所救,程婴牺牲自己亲生骨肉换得赵氏孤儿幸存,并将其抚养成人,赵武长大后向屠岸贾复仇。《赵氏孤儿》的故事不仅在中国文化系统中脍炙人口,而且在西方也产生了深远的影响,从18世纪法国思想家伏尔泰的《中国孤儿》,到2010年全球上映的同名电影,都是以《赵氏孤儿》为蓝本。莎士比亚四大悲剧之一的《哈姆雷特》,在中国曾被译作《王子复仇记》,同样被奉为传世经典。这两部经典文学文本成为先行具有的共同文化记忆。《将夜》对这两部经典文学文本的故事进行了颠覆。在第四百六十九章里,猫腻以“这不是书上写的故事”(*A Different Story*)为题,揭示了宁缺的身世之谜。第一章后半部分曾讲述:十五年前,宣威将军之子与同岁的门房之子情同伙伴。宣威将军遭陷害灭门,老管家在危亡之际,决定杀死门房之子,以保全将军遗孤。但猫腻只写道官兵只找到一老一少两具尸体,并未点明死去的是门房之子还是将军之子。十五年后,已成为夫子门徒的宁缺向当年的始作俑者夏侯将军复仇。这一桥段与《赵氏孤儿》如出一辙,故事中所有证据都指向宁缺便是宣威将军林光远的遗孤,《赵氏孤儿》和《哈姆雷特》的故事在中西读者中的脍炙人口也无形中强化了这一预期。但宁缺的自白打破了这一猜想:“被夺走皇位的王子远走他乡,然后回国复仇,被奸臣陷害的大臣家逃出了一位少爷,多年之后他考中状元,得到陛下恩宠,然后重新翻案。”(The prince will always come back for revenge after his throne is taken away, and a young master survived from his framed family, reversing the verdict after he passed the exam and gets the emperor′s favor.)“书”虽未明示,但从宁缺的自白中可以看到《哈姆雷特》和《赵氏孤儿》的影子。随后,宁缺平静地提出了一个振聋发聩的问题:“可为什么每个复仇故事的主角都必须是王子？难道门房和婢女生的儿子就没资格复仇?”(Why does the protagonist in every revenge story has to be a prince? Doesn't a son of a gatekeeper and a maidservant qualify to seek revenge?)原来,宁缺并非将军遗孤,而是门房之子。当老管家带着愧疚而矛盾的心理举起柴刀之时,宁缺抢先反杀,换得活下去的机会。Larbre Studio 团队淡化了“状元”“陛下恩宠”等中国文化元素,突出关键词“复仇”,调动读者对经典故事的记忆,再以宁缺揭示的真相冲击读者创新期待。这一事件的结束标志着宁缺历程的第一阶段“复仇”的完成,也揭示了宁缺价值观的关键:凡人也有把握自己命运的自由。

与主角宁缺的“人格”共生的是家国视角的“国格”,这是“升级流小白文”所缺失的,也是后者常被诟病的原因之一。《将夜》中的大唐帝国(Great Tang Empire),以长安(Chang'an)为首都,以“李”为国姓,与中国历史上的唐朝一致。与《我欲封天》仅挪用“大唐”之名设置架空的故事背景不同的是,《将夜》抓住了唐代国风强盛与开放的精髓,塑造了一个真实立体的大唐帝国形象。大唐的立国之基在于“简单而有力量的东西”,即实力,“以武立国,首重军功”(holds military honor in high esteem),尚武的目的是提升实力,赢得尊严。大唐的“尊严”意味着“谁欺负我,我就打谁”,这句话诠释了大唐帝国的立国之本和强国之路。Larbre Studio 团队以出自《圣经》故事的谚语“An eye for an eye”比附,让海外青年大众读者形成对大唐国格的认识。猫腻对宁缺“不是典型的唐人”(not a typical Tang)这一评价,就将宁缺的人格与大唐的国格对比起来。宁缺不认同“荣耀即吾命”(honor as important as life),而是生命重于一切,具有积极入世的人文主义色彩,与唐国“最重尊严”的大环境格格不入,预示着宁缺的不同寻常。

大唐“国格”的核心——书院精神,是儒家思想在架空世界的变形。书院受万民敬仰,这与中国历史上儒家地位类似。大唐之所以可以成为唯一一个不给昊天道门颜面的世俗王室,除了自身的实力之外，还有对书院精神的信仰。现实中儒家精神的核心“礼”（etiquette）也是书院精神的精髓。书院同样崇尚以礼服人，而此时的“礼”是“谁的拳头大谁定规矩，服从规矩便是礼”（Whoever has the strongest fist makes the rules. It is etiquette to follow the rules.），保留了儒家思想中“礼”作为规矩的概念，与中国网络小说流行的“实力为王”价值观相结合，塑造出的具有现实色彩的大唐帝国形象。

然而，Larbre Studio 团队在翻译时为了追求流畅可读而进行的归化处理，使唐国的形象出现了一定程度的变异。第四章“唐人的朴素是非观”（*The Simple View of Right and Wrong of the Tang*）中，猫腻介绍了唐人的价值观：“大唐以武立国，民风朴素而争勇好狠，堪称天下最强之国，最是在意尊严。”然而在翻译时，Larbre Studio 团队不仅将“民风”泛化为“文化”（culture），褒义的“淳朴”弱化为中性的“simple”，还漏译了“尊严”：“The Tang was established with the foundation of military force. The culture here is simple while aggressive, being known as the most powerful country in the world.”这就使唐国的形象发生了微妙的变化，人民形象从率直淳朴的勇士变成了头脑简单的刁民，战斗从维护家国尊严变成了单纯的逞凶斗狠，大唐的“国格”受到一定程度的扭曲。

总体而言，“文青文”的翻译难度高于“小白文”，赖静平曾尝试翻译猫腻的《择天记》，但因为猫腻的“文笔太好了”，重现原文的美感对译者的要求太高[①]，不得不放弃翻译猫腻系列作品的念头。另外，随着阅读经验和文化基础的累积，“老白”读者对翻译质量和文化元素的期待也随之提升。从评论中可见，与只关心主角和情节的“小白”读者不同，“老白”读者开始从文化元素内涵上批评官方译本的翻译。在第二

① 邵燕君，肖映萱. 创始者说：网络文学网站创始人访谈录[M]. 北京：北京大学出版社，2020：429.

十二章的评论区[①],读者 BadMal 建议以“Great Sky”或“Clear Sky”来翻译“昊天”,而不是音译为“Haotian”。另一位读者 kdiz 持不同意见:为了揭示“昊天”作为一种存在背后复杂的含义,音译更为适当。在这两方面压力之下,官方译本仍能够吸引相当一部分海外青年大众读者,已是成功。

然而,仅仅靠字面上的忠实流畅不能实现翻译接受上的成功,Larbre Studio 团队的“忠实性再创造”仅仅实现了字面上的忠实流畅,而在文化上多有损耗和扭曲,未能充分再现猫腻在《将夜》中塑造的“玄幻中国”“历史中国”“文化中国”,影响了海外青年大众读者对故事情节的理解。

第四节 中国“情怀”超出读者接受水平

即便有影视和动漫的助攻,《将夜》的接受效果仍不尽如人意,更大的症结在于文本内容偏离了海外青年大众读者的期待。

一、不按套路的“黄金三章”

网络小说开头“黄金三章”通常能在读者中引发首次评论高潮。一般来说,第一章的评论数可能略高于此后的章节,此后呈平稳下降,到一定水平后维持稳定,随着情节的变化有所波动。如《我欲封天》前三章在起点国际的评论数量分别为 300 条、103 条、92 条[②],符合这一

---

① 详情请见 https://www.webnovel.com/book/nightfall_8324018606000005/cultivation-in-limitlessness-state_23536037288529648.(查询时间 2023 年 6 月)

② 详情请见 https://www.webnovel.com/book/i-shall-seal-the-heavens_8058316805003405/promotion-to-the-outer-sect_21727714053787676. 查询时间 2023 年 6 月(为保证评论内容的质量和完整性,此处数据仅统计章节结尾处的评论数量,各段的评论并未计算在内,下同)。

规律。然而,《将夜》的前三章评论数量波动较大,第一章的评论数达到了 3405 条,而第二章就锐减到 205 条,第三章仅 95 条①。评论数的锐减反映出以下可能:第一章内容引发争议,部分读者失去兴趣而放弃阅读,留下来的读者评论兴趣降低。

第一章的评论中呈现出激烈的争论,读者分为了两派:一派读者熟悉猫腻的写作风格,对《将夜》表示认可和赞赏;另一派读者则表示《将夜》难以理解(hard to understand)、混乱(confusing)、“看得犯困”(fall to a deep sleep)。持负面观点的读者占比较高,持正面观点的读者予以反驳或建议大家耐心读下去,两方读者在评论区激烈争论,以至于读者 Norton_Avp 表示“评论比第一章还有意思”(Its just funny reading the comments rather than reading the chapter 1)。《将夜》的前三章为何在海外青年大众读者中引发如此争议。

开头三章的阅读难度基本奠定了全篇的阅读难度,后续的阅读难度有可能随着情节的进展基本呈波动上升趋势,如果阅读开头三章就困难重重,读者便会放弃阅读。使用 Readability Analyzer 工具对《将夜》前三章译文本(正文共 7456 词)进行检测(如图 5.7),得出福莱士易读指数为 66.41,尽管这一数值接近一般难度英语文本的平均水平,但与《我欲封天》前三章相比低了 13.94,福莱士难度级数 8.62,迷雾指数 11.62,即读懂《将夜》前三章需要接受 11 年正规教育,相当于在美国学校就读于八年级以上的阅读水平。这一数据对比说明在近似的文本容量下(三章,7500 词左右),《将夜》的阅读难度要高于《我欲封天》,这在无形中提高了阅读的门槛,限制了读者的数量。细读文本发现,《将夜》官方译本中时常出现生僻词汇,除了上文举例的“行走”(warfare),在第一章的评论中,读者 XPlosion 发现译文“In this worldly kingdom of ants, <u>wherefore</u> is the Grand Tao”(俗世蚁国,大道何如?)中出现了莎士比亚时代的生僻疑问词“wherefore”(如图 5.8)。以

① 查询时间 2023 年 6 月。

“wherefore”还原“何如”的文言文风格无可厚非,但对于以打发时间为目的的“三低”读者来说,这一生僻词超出了他们的“前结构”水平。

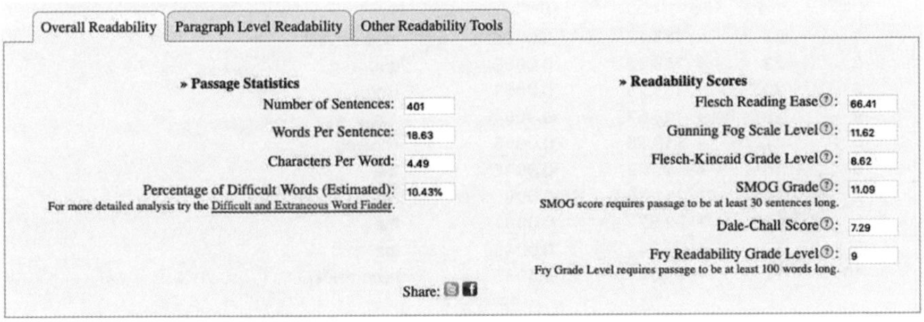

图 5.7 《将夜》前三章的易读性数据

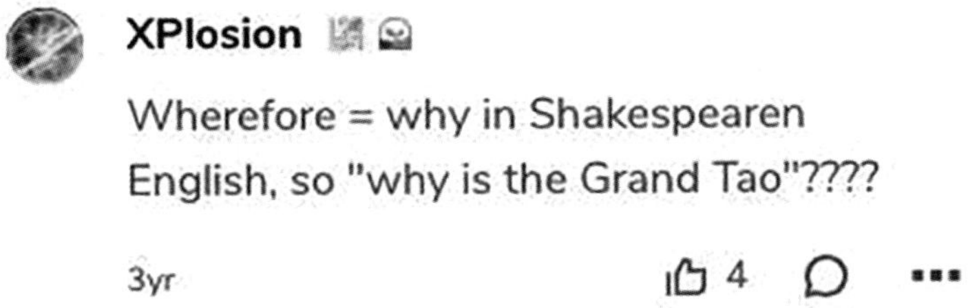

图 5.8 读者 XPlosion 发现生僻词

主角宁缺失去了绝对中心地位,是《将夜》不按“套路”的表现之一。在《将夜》前三章的主题词表前十位(如图 5.9)中,主角宁缺的名“缺”(que)与 maidservant(侍女)的频次并列第一,这与《我欲封天》前三章高频词前十位中几乎都是孟浩及其相关描写的情况不同,可见宁缺并不是前三章的绝对中心。高频词第十位的“handmaiden”与“maidservant”是近义词,返回文本发现,“maidservant”“handmaiden”并不指向同一个人,“maidservant”指的是大唐公主假扮的婢女,而“handmaiden”指《将夜》的女主角——宁缺的侍女桑桑。除此之外,高频词中还出现了大唐边将马士襄(Ma Shixiang),“贵人”(the noble),木剑少年(lad),仅前三章合计出现了六个人物,这也就是为何有不少读者看完第一章后在评论中表示“不知道主角是谁”(don′t know who′s the

MC)。除此之外,主题词表中没有关于事件的词汇,仅有事件的发生地“渭城”(Wei),也超出了读者对于英译中国网络小说的定向期待。

Rank	Freq	Keyness	Effect	Keyword
1	22	+ 153.73	0.0058	maidservant
2	22	+ 153.73	0.0058	que
3	20	+ 139.75	0.0053	ning
4	19	+ 119.67	0.005	noble
5	17	+ 118.78	0.0045	shixiang
6	16	+ 111.79	0.0042	wei
7	19	+ 111.75	0.005	lad
8	618	+ 92.82	0.0581	the
9	17	+ 90.24	0.0045	ma
10	12	+ 83.84	0.0032	handmaiden

图 5.9 《将夜》前三章主题词表(前十位节选)

不够开门见山,是《将夜》不按“套路”的表现之二。第一章并没有直接切入主角宁缺的登场,而是讲述了三个看似不相关的场景:不可知之地上佛宗、道宗、魔宗三位天下行走(僧人七念、木剑少年叶苏、兽皮少年唐)关于蚂蚁和黑壑的对话,这一切被黑壑另一边草鞋破袄的书生(书院大师兄李慢慢)看在眼里。随即视角转向都城长安,宣威将军被满门抄斩,同时通议大夫府喜得爱女。以“两个世界的悲欢离合从来都不相同”为过渡,紧接着是高大黑衣老人(夫子)持箸问天的场景。主角宁缺直至第二章中期才登场,而且是通过众军士划拳的情节侧面引出。三个场景中只有第二个场景与主角宁缺有关,且直到第二十九章时宁缺路过宣威将军府时眼中的黯然才逐渐揭开宁缺与宣威将军府的关联,这种草蛇灰线的写作手法在中国的经典文学文本中很常见,但并不符合英译中国网络小说的“主角中心”的“套路”。评论区中大多数读者都对这一章的内容表示不解,而读过猫腻其他作品的读者选择为《将夜》辩护。获得最高赞同的两条评论分别代表了这两种不同的观点(如图 5.10):读者 Ancient_God 认为《将夜》令人生厌:“第一章看了一半,都要睡着了,这小说治疗失眠很有效……”获得 146 人赞同;紧随其后的读者 thestatsguy 则表达了不同的观点,thestatsguy 出于自己对猫腻写作风格的熟悉,建议读者少安毋躁继续阅读,获得 95 人赞同。部分读者在持续阅读了上百章后明白了第一章的寓意,特地返回第一章进行评论。在二者评论下方都发生了读者间的争论,读者 SmilingReader 认为这不是读者耐心与否的问题,如果这一章没能揭示主角的背景,而需要读者随着阅读深入而解密,那么它作为第一章来说是失败的,只能说明作者组织信息的能力不足(如图 5.11)。尽管在海外赢得了一定拥趸,《将夜》不同于海外青年大众读者以往接触的“升级流小白文”,超出了海外青年大众读者普遍接受水平,不少读者因此放弃阅读,造成后续评论数量锐减。

《将夜》的影视和漫画在海外并未引发类似争议,除了视觉、听觉文本更易于理解这一客观因素之外,很大限度上是由于影视和漫画对开篇的改写。电视剧《将夜》第一集省略了宣威将军府和夫子问天的场景,仅用 1 分 43 秒(一集 43 分钟)还原了第一个场景,用特效渲染出不可知之地的神秘,抓住了观众的注意力,配以旁白讲述了蚂蚁与苍鹰的寓言,以“总会有那么几只特立独行,不甘于此,逆境求生,这个世界便不一样了”,随后直接引出大唐天启十五年时主角宁缺在大漠登场,寓言的悬念和宁缺的登场相结合,符合逆袭的“套路”,评论区中来自不同国家的观众纷纷表示被吸引了(hooked)。漫画删掉了小说前六章对唐国、唐人、宁缺的介绍,将小说第七章“此去长安混人样”的内容作为第一章[①],直接切入故事主线——宁缺历险逆袭的旅程,符合海外青年大众读者的偏好。

对于玄幻、仙侠小说而言,等级系统就是游戏规则,需要在开篇时给出,统摄此后的一切情节,这一“套路”留在了海外青年大众读者的“前结构”中,成为他们评判英译中国网络小说的标准之一。然而,《将夜》直至第二十二章“问道无矩”(*Cultivation in Limitlessness State*)才介绍《将夜》世界中的五大境界以及第六境中的西陵天启(*Tianqi*)和书院无距(No Rules),其余的等级到了全书三分之一处的第五百七

---

① 详情请见 https://www.u17.com/comic/71560.html.

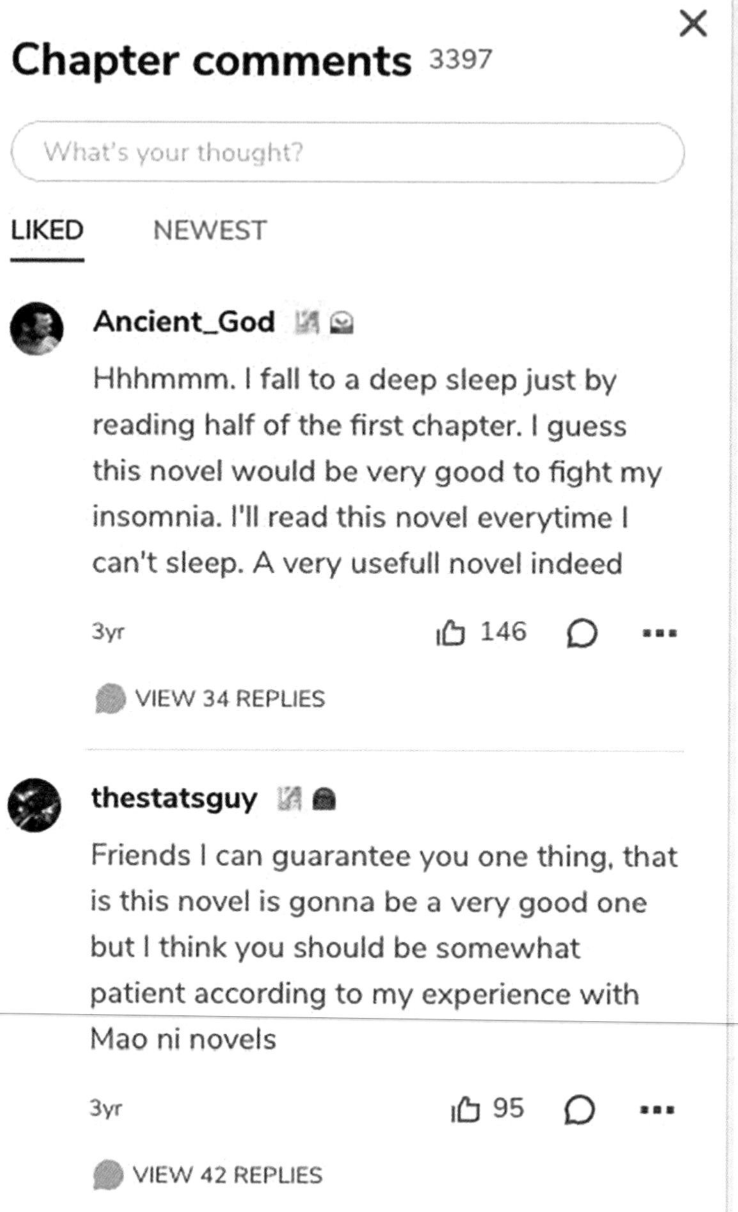

图 5.10　读者关于第一章的争论

十三章才进行介绍,使得习惯于开篇就得知等级系统的海外青年大众读者感到无所适从。在源语文化中,“老白”读者和学者粉丝们对猫腻

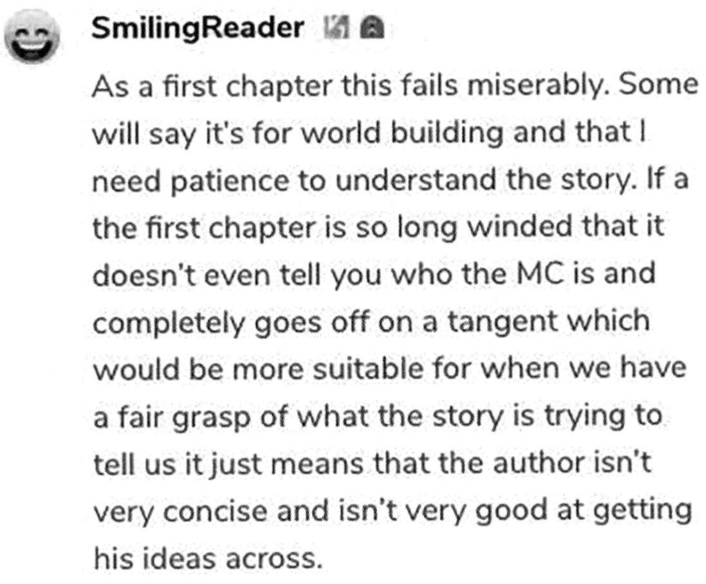
SmilingReader

As a first chapter this fails miserably. Some will say it's for world building and that I need patience to understand the story. If a the first chapter is so long winded that it doesn't even tell you who the MC is and completely goes off on a tangent which would be more suitable for when we have a fair grasp of what the story is trying to tell us it just means that the author isn't very concise and isn't very good at getting his ideas across.

图 5.11 读者 SmilingReader 关于第一章的观点

不遵守网络小说“套路”的风格习以为常,并引以为傲。如学者庄庸所言:“前五十万字,只能读个毛胚(毛胚里挖了好多地坑);八十万字,格局始观;一百五十万字以后,渐入佳境……”[①]但《将夜》的“不走寻常路”不仅与海外青年大众读者心目中的英译中国网络小说相去甚远,也不符合目标语文化中普遍的阅读心理。早在 2003 年,纽约时报上一篇名为《美国厌倦外国小说》(*America Yawns at Foreign Fiction*)的文章曾分析美国读者对翻译文学缺乏兴趣的原因。除了中心文化的优越心理作祟、翻译文学出版量下滑等整体环境原因之外,主观原因在于:美国读者倾向于即时满足(immediate gratification)和直截了当的信息(accessible information),喜欢直接切入故事,而不是故事中套着故事(the story within the story),喜欢直接阅读文字,而不是从字里行

① 庄庸. 猫腻作品:解读“中国我”[C]//广东省作家协会,广东网络文学院编. 网络文学评论(第二辑). 广州:花城出版社,2012:133.

间寻找言外之意(read between the lines)[①]。这种直截了当的审美偏好源于崇尚务实、高效的美国文化,并随着美国式大众文化走向全世界,成为目标语青年大众的普遍观念。“升级流小白文”之所以能够成功地打开海外的接受局面,正是因为契合了这一审美偏好。而《将夜》前三章的寓言、伏笔、人物群像与这样的审美偏好相矛盾,自然难被海外青年大众读者所理解。

主角不够“小白”,是《将夜》“不按套路”的表现之三。宁缺虽属草根,但与“升级流小白文”男主角有所不同。第三章讲述了大唐公主假扮婢女与宁缺的上级马士襄交涉,选拔宁缺作为向导带公主回长安,却被宁缺拒绝的情节,以“婢女”的视角突出宁缺精明自利、贪生怕死、巧言善辩的一面,塑造出负面形象,随着情节的深入,宁缺的形象才逐渐转向正面。可见,与一登场就高喊“莫欺少年穷”的“小白”男主角相比,宁缺要更为复杂。此外,对于“小白”的另一特性——修炼上的天资愚钝,《将夜》开篇时只用“抓不住元气”来一笔带过,并没有像“小白文”一样着重描写。而且,宁缺作为士兵,身体和境遇显然不如落魄书生孟浩那般“弱”,难让读者快速代入,日后逆袭的冲击力就有所降低,基础“爽感”大打折扣。

为了吸引海外青年大众读者,起点国际将《将夜》的简介由源文本的“与天斗,其乐无穷”[②]改写为直白的“始于草莽的奇异少年崛起史”[③](The epic and legendary tale of an extraordinary young man rising up from the masses),以“动作”(action)、“冒险”(adventure)、逆袭(weak to strong)、“复仇”(revenge)等标签,试图把《将夜》拉回“草根逆袭”的“套路”中来,但此举并不能化解潜在的接受障碍,猫腻不按套路出牌

① KINZER S. America Yawns at Foreign Fiction[EB/OL].(2021-09-07)[2003-07-26]https://www.nytimes.com/2003/07/26/books/america-yawns-at-foreign-fiction.html.

② 详情请见 https://book.qidian.com/info/2083259/.

③ 详情请见 https://www.webnovel.com/book/nightfall_8324018606000005.

的前三章仍超出了海外青年大众读者的认知水平,阻碍了接受,导致大量读者放弃阅读。

二、有“爽点”,非“爽文”

即便海外青年大众读者接受了“黄金三章”,也会发现《将夜》并不是典型的“爽文”。《将夜》虽有“爽点”,但并不符合“爽文”的标准,不足以满足海外青年大众读者的基础“爽感”需求。

《将夜》的故事以主角宁缺在架空世界逆袭的成长历程为主题,低开高走,和“升级流小白文”并无二致。“非典型唐人”宁缺同样命运不济:开篇被怀疑是冥王之子,天生雪山气海堵塞无法修行,一直企图自学《太上感应篇》打通雪山气海,却一直不得成功,后在“金手指”通天丸和朱雀、陈皮皮的帮助下恢复修炼能力。宁缺本无改造世界的意愿,却在形势的推动进入书院,在大黑伞、元十三箭、夫子等各路“金手指”的助力下,达成向夏侯复仇的目标,最终知行合一,以“人字符”集人间之力,打破昊天统治,开辟新纪元。开局低迷,情节曲折,结局完满,总体保持逆袭的基调。

作为玄幻小说,《将夜》的“爽点”依然来源于战斗。《将夜》始终存在着与主角对抗的力量,小到马贼,大到昊天或冥王,使宁缺保持着战斗的状态,战胜对手同样能够带来“爽”的体验。春风亭之战、复仇夏侯、长安之战等惊险刺激的打斗场面对于海外青年大众读者来说依然是“爽点”。但《将夜》中的“爽点”远不及“升级流小白文”密集,还常有“延迟满足”的现象,例如宁缺谋划复仇夏侯大将军,从第一章的宣威将军府命案到第一百一十章左右打开雪山气海具备修炼能力,再到第四百九十章与夏侯决斗手刃仇人,长达十六年的历程用了近500章的篇幅。对于习惯了即时满足的海外青年大众读者来说“爽感”不足。

等级系统的形态和功能限制《将夜》的基础“爽感”。与“升级流小白文”阶梯状的等级系统不同,《将夜》的等级系统呈现出复杂的网状结构:世间的修行者被分为道宗、魔宗、佛宗、书院四派势力。修行之路分为初境(Initial Awareness State)、感知(Perception State)、不惑(No Doubts State)、洞玄(Seethrough State)、知命(Knowing Destiny State)五境,五境之上还有无矩、天启、无量、清净,以及传说中的魔宗之不朽、佛门之涅槃、道门之羽化和书院之超凡等玄妙境界。不惑境界之上按属性分为剑师、念师、符师、武者等,同一境界又以符师最强、念师和剑师次之。《将夜》的等级命名取材于儒道思想,区别于“升级流小白文”的量化段位,内涵更为抽象:“不惑”和“知命”源自《论语·为政篇》中的“四十而不惑,五十而知天命”,“无距”源自“七十而从心所欲,不蕲矩”,“感知”和“洞玄”则来源于道家。如无一定的中国文化基础,海外青年大众读者仅从字面难以充分理解其中内涵。在如此抽象的等级系统中,《将夜》仅在故事的前半部分有五次明显的升级,缓慢而不显著。有学者将《将夜》分为三部分:门房之子(伪王子)复仇记——传统“爽文”,草根少年崛起史——文脉和道统的传承,择天问道创世纪——国民精神的现状与形象以及未来[1]。换言之,等级系统只在第一部分发挥作用,等级系统的巅峰不是主角宁缺的终极目标,突破了“升级流小白文”以战斗升级统摄全局的定向期待。“升级流小白文”以草根主角一步步登上等级系统的巅峰隐喻青年大众凭借自身努力实现阶级跃迁的可能,单一线索串联到底,节奏随着故事的发展而逐渐加快,匹配海外青年大众读者的现实心理需求。而《将夜》抽象而复杂的等级系统难被识别和理解,更难让他们产生同样的联想,基础“爽感”需求难被满足。战斗与升级不直接挂钩,更削弱了胜利带来的基础“爽感”。

在模糊抽象的等级系统中,宁缺不再是推动情节发展的“元素英

① 庄庸主编.爽点宇宙:中国网络文学阅读潮流研究(第2季)[M].北京:中国青年出版社,2020:161.

雄”,而更像现实中的人。“升级流小白文”中的架空世界使一切超自然的现象逻辑自恰,为了制造“爽点”,主角可以在短时间获得无限强大的力量。Goodreads 上的读者 Gundega(Rouzmary)评价《将夜》为“所读过最好的小说之一”,原因之一在于宁缺不是“不是自动变强的主角,而是经过努力达成的”(A hero that does not automatically just gets strong but works for it.)[①]。宁缺并非凭空获得神力而天下无敌,是付出了艰苦的努力而一步步强大起来的。宁缺的突破不仅需要战斗,还要经过在儒家思想熏陶下长时间的苦修,量变引发质变。宁缺的“生而知之”并没有成为常规的穿越小说一样的“金手指”,反而使他被误解为冥王之子,助力变为阻力,转而需要朝向内部,转而挖掘人的意志、精神和行为中的“蛮拼”“死扛”的力量[②]。主角与其他角色的交集不只战斗,在每次事件中,朋友、敌人、过客、师长与主角宁缺接触碰撞,每经一役,宁缺不仅得到了实力的提升,还包括心性品格的转变,其进步更符合人类成长的现实逻辑。宁缺的人生目标从生存逐渐升华到个人价值实现,再到建立新秩序,从一心为己到为国为民,这样的价值观比“小白”价值观更具深度,却也导致“爽感”下降。

《将夜》存在战斗、逆袭的“爽点”,但《将夜》中抽象而复杂的等级系统和主角宁缺人性的丰富,超越甚至对抗传统意义上的“爽文”。超出期待视野的文本会让读者感到失落、焦虑、不适。正如读者 Daoist_Wakanda 所言[③]:当人们想要脱离规则作出尝试时,总会产生一些奇怪的作品,在阅读了大量升级路径明显的轻小说后再读《将夜》就会产生这样的感觉(when people experiment and try to deviate from the norm, its

---

① 详情请见 https://www.goodreads.com/book/show/43562581-nightfall? from_search=true&from_srp=true&qid=rNfAzcPaxJ&rank=155.

② 庄庸等主编. 蚂蚁哲学:中国网络文学阅读潮流研究(第5季)[M]. 北京: 中国青年出版社,2020: 312.

③ 详情请见 https://www.webnovel.com/book/nightfall_8324018606000005/the-beginning_23202766331636418.

refreshing to find quirky works like this after being jaded from reading multiple light novels that follow well tread paths)。海外青年大众读者若没有从《将夜》中获得足够的基础“爽感”,也就无心品读背后的中国文化以获得进阶“爽感”,亦无心探寻深层“爽感”。

三、“情怀”提高了读者门槛

尽管作品常常违背“爽文”的标准,“以爽文写情怀”是猫腻一直以来的创作原则。他认为“爽”和“情怀”是不同层次的阅读快感,“爽文”是网络小说作者向读者提供基本的阅读快感,让读者“有效率地、喜悦地、情绪起伏尽量大地把业余时间杀掉”,而“情怀”是价值层面的阅读快感,在“爽文”的基础上发挥作用①。猫腻小说中的“情怀”植根于中国的社会与文化,需要一定的积淀才能理解和接受。

猫腻的“情怀”关乎中国的宏观语境。《我欲封天》等“升级流小白文”将现实社会抽象成等级系统,主角在其中所秉持的“小白”价值观以中国文化核心价值观中的普适一面呼应人类对真善美的朴素追求,不以政治和文化为转移,而《将夜》的“情怀”离不开与中国发展的宏观语境。《将夜》创作于 2011—2014 年,适逢全球发展引擎由西向东转移的进程中,一方面,中国的综合国力显著提升,中国梦、“一带一路”等概念先后提出;另一方面,金融危机席卷全球,西方中心的旧秩序面临崩溃。“先行具有”的国内外形势使猫腻基于中国崛起、新秩序建立的大背景思考家国命运和人生价值,宁缺探寻生存、信仰与自由的成长历程也被认为是“大国成长和成熟中寻找自我意识、身份和位置的隐喻”②,这使《将夜》在思想深度上超出了“爽文”的范畴。

① 邵燕君. 以“爽文”写“情怀”——著名网络作家猫腻专访[A]. 网络时代的文学引渡[M]. 桂林:广西师范大学出版社,2015:302-305.

② 庄庸. 从新武侠到后玄幻时代:网络文学的三次“世界大战”[J]. 博览群书,2015(11):44.

“情怀”的底层逻辑是中国文化。出于文化自信,猫腻常将中国文化融入作品,特别强调中国的儒家、道家文化在价值维度上的独特性。《将夜》世界中的“气”,脱胎于中国文化中“天地元气”作为万物本原的概念,对于“气”的来源,道门认为气是昊天的恩赐,书院认为气是自然存在,都是基于中国文化中“气”的哲学内涵。唐国,猫腻心目中的理想国度,从制度和价值都脱胎于中国历史。书院是大唐军民心中神圣崇高不可触犯之所在,甚至“隐隐超过了皇室的影响力”,以人为根本的“书院精神”成为唐国的立国之本,与现实中儒家思想的作用一致。夫子、小师叔轲浩然及其书院各弟子,是孔子以及包括王阳明在内的“孔子精神影响下那帮很牛的儒家哥们”经过审美加工后的集合体①。深得夫子真传的宁缺知行合一,以一道“人”字符打破昊天规则,重建世界,寓意人的胜利,是在儒家思想的基础上融入了“破旧立新、追求自由”的五四精神和启蒙思想中人本主义精神的色彩②。这使理解这些“情怀”有了进阶“爽感”的性质。

猫腻一再强调“爽”与“情怀”不冲突,但对于大多数读者来说,“情怀”是接受的门槛,阻碍他们获得基础“爽感”。“情怀”深厚了,对于读者“前结构”里中国文化积淀和文学鉴赏能力的要求就更高了,大多数不具备此能力的读者自然无法接受而放弃阅读,而少部分有能力、感兴趣的“老白”读者会乐于投入大量时间精力品读“情怀”,并撰写长篇评论。各大平台上,《将夜》的长篇评论比例较高,内容也从单纯地表达对情节、人物的好恶上升到对猫腻写作风格分析或中西文化比较上。例如起点国际上的读者 Daoist_Wakanda 评论中提到的③:因

① 邵燕君.以“爽文”写“情怀”——著名网络作家猫腻专访[A].网络时代的文学引渡[M].桂林:广西师范大学出版社,2015:330.

② 孟德才.“情怀”“世俗意”“文青范儿”——“最文青网络作家”猫腻论[A].网络文学经典解读[M].邵燕君编.北京:北京大学出版社,2016:306.

③ 详情请见 https://www.webnovel.com/book/nightfall_8324018606000005/rain-in-city-of-wei-and-a-lad-with-a-servant_23203216497896132.

为猫腻的写作深受道、儒思想影响，读懂猫腻的书需要跨域语言文化障碍，理解隐喻还需要对中国诗词有所了解（His work seems to he heavily influenced by Taoism, confucianism and chinese poetry which require an understanding of metaphors to be understood.）。然而，能够意识到这一点的海外青年大众读者十分有限，造成《将夜》不仅读者数量不及"小白文"，口碑也毁誉参半。

第五节　小结

尽管影视、动漫为《将夜》的出海做了铺垫，但依然未能抵消被"情怀"抬高的接受门槛。《将夜》在海外人气不高，且口碑两极分化，一是因为《将夜》承载的中国文化无论从深度还是广度上都超过了"升级流小白文"，而 Labre Studio 团队的"忠实性再创造"未能准确而充分地再现猫腻的"情怀"；二是因为《将夜》对"套路"的反叛不符合大多数读者对于英译中国网络小说的"爽文"印象。《将夜》虽然具备更深厚的文化价值，但超出了现阶段海外青年大众读者的普遍接受水平，只有少量有中国文化积淀的"老白"读者能够接受，"走出去"的收效自然不及预期。文化似乎仍是接受效果的制约因素。

第六章 《扶摇皇后》:
“女频”佳作腹背受敌

英译中国网络小说在发展之初呈现出“重男轻女”的局面,不仅译者和读者以男性为主,翻译的作品也都是玄幻、仙侠等“男频”小说。早期的粉丝译者多为热爱武侠文化的男性,青睐风格与武侠小说相近,以逆袭升级为主题的玄幻、仙侠小说,而大多数女性读者对此类小说并不感冒。而对于“女频”言情、穿越小说,赖静平等男性“大神”译者不愿译介,理由是目标语文化缺乏接受这些小说的语境,即便女性“大神”译者艾飞尔根据读者推荐而翻译了几部“女频”小说,也难以扭转局面。“女频”小说供给不足,女性读者需求不明,两者互为因果,导致早期海外青年大众读者的阳盛阴衰。

起点国际上线后,“走出去”的英译中国网络小说类型日趋丰富,在玄幻、仙侠小说维持着“男女通吃”的地位同时,言情、穿越等类型的“女频”小说的译出,拉动海外青年大众读者特别是女性读者的数量提升。然而,“女频”英译中国网络小说的接受依然少有人研究。本研究以古风言情小说《扶摇皇后》和现代言情小说《许你万丈光芒好》为例,考察“女频”小说翻译和接受。

第一节　风行十年的“女频”佳作

《扶摇皇后》是潇湘书院“当家花旦”天下归元(本名卢菁)所著古风言情小说,2010 年 4 月至 10 月连载于潇湘书院,问世时间略早于前两部作品,共 142.4 万字,相较于前两部作品篇幅略短。《扶摇皇后》集合了穿越、逆袭、升级、感情等诸多网络小说“爽点”,讲述了现代女性考古学家孟扶摇穿越到五洲大陆后的奋斗史:女主角孟扶摇为了给母亲治病走上盗墓之路,却因坍塌事故而穿越到五洲大陆,隐藏实力潜伏在玄元门,历经 21 年练成“破九霄”神功,建立大成王朝,获封“神瑛皇后”。在此过程中,她与五洲大陆之上的七国王室之间发生种种因缘际会,和长孙无极、战北野、宗越、燕惊尘等男性角色展开一系列感情纠葛,最终与长孙无极成就美满姻缘。

《扶摇皇后》是天下归元的转型之作,彼时天下归元在创作《燕倾天下》和《帝凰》两部作品时以出版为目标,着力于文学性,虽受到专业读者和文学权威的肯定,却因不够“爽”而在大众读者中反响不佳,陷入“有口碑没市场”的境地,出版亦受阻。《扶摇皇后》是天下归元第一部“放弃出版执念,直接将目光定位在纯网络文学基准上的书”①,以“玄幻架构,言情实质”②的“大女主爽文”。在网络上广受大众读者好评后,2011 年,《扶摇皇后》三卷本纸质版图书由江苏文艺出版社出版,天下归元的出版执念得以实现,同年,《扶摇皇后》获评“年度优秀女性文学”③是当年获此称号的作品中唯一一部网络小说作品。

① 天下归元,李玮. 在文学与市场之间:天下归元访谈[J]. 青春,2021(08):128.

② 天下归元,李玮. 在文学与市场之间:天下归元访谈[J]. 青春,2021(08):128.

③ 朱侠. 2011 年度优秀女性文学奖揭晓[EB/OL](2012-03-28)[2023-12-22]http://www.cnpubg.com/publish/2012/0328/9490.shtml.

2017 年,由小说 IP 改编的电视剧《扶摇》上映,即便因改编幅度过大和抄袭风波而饱受争议,人气仍不减。2018 年,《扶摇皇后》入选“中国网络文学 20 年江苏 20 部优秀代表作品”①。2020 年,《扶摇皇后》和《将夜》一道,作为百部典藏网文佳作入藏国家图书馆②,天下归元也名列 2020 年中国网络文学作家影响力榜单“女频”小说作者第一位③。纸质书的出版、IP 改编影视的火爆、大众读者和文学权威双重认可都是《扶摇皇后》源文本上乘质量的证明。在源语文化中,《扶摇皇后》的口碑不亚于《我欲封天》《将夜》。

第二节 官方译本饱受批评

在源语文化中风行十年的《扶摇皇后》,在目标语文化中的人气却十分惨淡。2018 年 7 月,起点国际网站开始连载由 Atlas Studios④ 团队翻译的《扶摇皇后》(*The Legend of Fuyao*)。Atlas Studios 团队专攻网络小说翻译,为起点国际翻译了多部网络小说,代表作包括玄幻小说《诡秘之主》(*Lord of Mysteries*)、科幻小说《超神机械师》(*The Legendary Mechanic*)、言情小说《美女与野兽》(*Beauty and the Beast*)和《林澈顾靖泽》(*The Beautiful Wife of the Whirlwind Marriage*)等,评分均在 4.6 分以上,《诡秘之主》达到 4.82 分,而《扶摇皇后》是其中评分和

① 蔡震. 中国网络文学 20 年江苏 20 部优秀代表发布[EB/OL]. (2018-11-16)[2021-10-18] http://www.chinawriter.com.cn/n1/2018/1116/c403994-30405104.html.

② 国家图书馆. 国家图书馆携手阅文集团共建互联网信息战略保存基地 百部网文佳作典藏入馆[EB/OL]. (2020-08-31)[2021-08-12] http://www.nlc.cn/dsb_zx/gtxw/202008/t20200831_194509.htm.

③ 山蓝. 2020 年中国网络文学作家影响力 50 强榜单分析[EB/OL]. (2021-01-13)[2021-10-12] https://www.iimedia.cn/c1020/76431.html.

④ 详情请见 http://atlas-studios.com.

人气最低的一部。截至 2023 年 6 月,《扶摇皇后》在起点国际网站的阅读量仅为 180 万,平均评分仅为 4. 4 分,针对全书的评论数仅 186 条①。Novel Updates 网站上参与评分的 113 名读者中,有 14 人仅给《扶摇皇后》打出了 1 分,平均分仅为 3. 8②。Goodreads 网站上,46 名读者给《扶摇皇后》打出的平均分为 4. 3③。

能从《扶摇皇后》中获得深层"爽感"的海外青年大众读者数量寥寥。粉丝译者 trackest 不仅翻译了《扶摇皇后》的部分章节,还将源语读者制作的五洲大陆地图翻译成英文并配上图例,作为多模态副文本附在译本开头(如图 6. 1)。此外,trackest 在个人网站专门开辟了一个图片栏目(Pictures: D),贴出了几张源语读者创作的主角漫画图以及电视剧《扶摇》的剧照,并选择了反映小说中人物形象和关系的 Q 版漫画(如图 6. 2)作为网页的封面图,trackest 保留了原图中的中文姓名,并配上文字向读者提问"猜猜封面图中的角色分别是谁"(can you guess the characters on the header image?)。《扶摇皇后》也激励着海外网络小说作者的创作,读者 Steven1717894(如图 6. 3)称自己是一名以写作为志向的年轻作者(a young writer with a great determination to write),是《扶摇皇后》启发自己在起点国际发表自己的原创作品。然而,这些基于《扶摇皇后》的再创作对目标语文化造成的影响微乎其微,难以达到"反响"的程度。

海外青年大众读者将批评的矛头直指翻译质量。在起点国际的评论区,读者 coolmochi 直言《扶摇皇后》"(官方)译本令人费解,质量

---

① 详情请见 https://www. webnovel. com/book/legend-of-fuyao_11410939405364905(查询时间 2023 年 6 月)

② 详情请见 https://www. novelupdates. com/series/legend-of-fu-yao/(查询时间 2023 年 6 月)

③ 详情请见 https://www. goodreads. com/book/show/37847199-the-legend-of-fuyao?from_search=true&from_srp=true&qid=B7rPOKYe0O&rank=1(查询时间 2023 年 6 月)

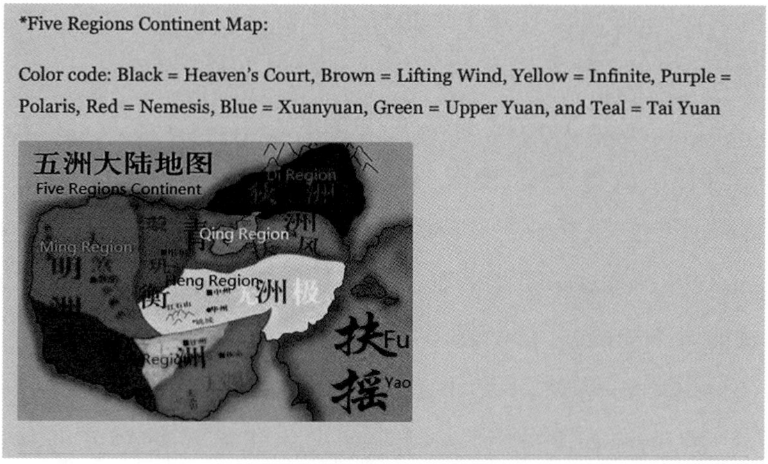

图 6.1　trackest 翻译中国读者制作的五洲大陆地图

图 6.2　trackest 个人主页图片栏目的封面图

Steven1717894

★★★★★

Hello, Author may I have the honor of re posting your article on my web novel. I think your writing skills are amazing and the way you inspire people if you weren't aware. I am a young writer with a great determination to write. I've been writing for years and now I'm showing the world my work through web novel. I haven't ever added someone else's work to my account but I'd like to have that experience with your book. I started web novel early this month and I already have thousands of views with my original work.

2yr

图 6.3　读者 Steven1717894 的评论

差得和《将夜》不相上下”(如图 6.4),只能靠对电视剧的喜爱支撑着自己阅读。与对官方译本翻译质量的批评同时出现的,是一个名为

trackest 的粉丝译者及其译本。2017 年 7 月，trackest 在 Wuxiaworld 网站的论坛中发布了“*Legend of Fu Yao*（扶摇皇后）（*Empress Fu Yao*）*by* 天下归元（*Tian Xia Gui Yuan*）”为题的帖子，在 1 个月之内贴出了《扶摇皇后》的故事概要、楔子（Preface）、前言和前三章译文[①]。据其他读者的评论信息反映，trackest 是粉丝译者，本职是一名医学生（in med school）。trackest 同样采取“直译+副文本”模式，在注释不仅增补了传统的文本和链接，还有图片、视频等多模态文本。每一章译文尾部的注释少则 2—3 条，多则十余条。为了方便读者查阅注释，同年 8 月 17 日起，trackest 转移到 wordpress 个人主页上继续发布译文[②]。2018 年 7 月 20 日，trackest 发布第二卷第 19 章译文后，其 wordpress 站点和 Wuxiaworld 网站账号至今再无更新。对于停更原因，trackest 并未作出解释，但从停更时间和读者的评论中推断，停更原因疑似为版权争议。这个并不完整的粉丝译本却赢得了一定量读者的拥护。读者 Julie_E 是粉丝译本最强烈的拥护者，在评论中多次推荐。Julie_E 将官方译本和粉丝译本分别比作“用水冲的热巧克力”和“用奶油冲的热巧克力”，称 trackest 详细地解释了源文本中作者使用的各种俗语（vernacular）、习语（phrase）、常见的“套路”和类比（common cliche/analog），激发了自己学习中文以“解锁中国五千年文学”（unlock 5000 years of literature）的决心（如图 6.5）。在 Julie_E 等读者的推荐下，不少读者阅读了 trackest 的粉丝译本并表示“比起点国际的译本更好”（your translation is way better than the one in Web novel）。另一个粉丝译本来自读者 mari_lab（如图 6.6）。mari_lab 表示自己出于兴趣而把《扶摇皇后》译成西班牙语，免费分享给有兴趣的读者，并希望自己的西译本能为 Atlas Studio 团队的英译提供帮助，因为“西译英更轻松一

① 详情请见 https://forum.wuxiaworld.com/discussion/comment/118867/#Comment_118867.

② 详情请见 https://trackest.wordpress.com.

些"(It's easy to translate to English from spanish)。这一方面表现出 mari_lab 对《扶摇皇后》故事的喜爱,也暗含着提升官方译本翻译质量的期待。粉丝译本为何能在与官方译本的正面竞争中胜出,没有在版权、资本的压迫下败下阵来?

coolmochi

★★★★☆

Honestly the translation of this novel makes it so confusing. I cant decide if the translator for Nightfall or this novel is worse. Or maybe the original novel didn't make sense either since the drama is pretty different in terms of plot.

I wanted to read this and get a more detailed version of the story since I did enjoy the drama. But wow I didn't expect it to deviate so much. However, that's probably good too since I wouldn't be as bored since the plot is kinda fresh. The drama was more sad and angsty but the novel is more comedy, gotta love good ol' Lord Yuanbao's antics. So I guess it's ok if not everything makes sense? Since so many things are just over the top and ridiculous but is somehow passable because of the farcical nature of the novel

2yr

图 6.4 读者 coolmochi 对《扶摇皇后》官方译本的负面评价

Julie_E

★★★★☆

I rated the translation low only because there is a far superior English translation online although it ends at Vol 2 Ch 19. This other translation is EPIC and does not exclude parts of dialogue and action as this one does.

This [trackfest's] translation is so beautiful. In some places, the beauty of the language and the translator's gift of poetry, knowledge of Chinese literature, language, and culture makes for a most profound, emotional, and unforgettable read. She included footnotes that demystified the Chinese language. She explained references re words, phrases, the vernacular, and even common cliches/analogies used by the original author. Trackfest is/was in med school and I suppose the translation project became overwhelming. I DO HOPE that one day that she will return.

This translation is like instant hot chocolate made w/water that can satisfy a craving. Trackfest's translation is like instant hot chocolate made w/cream. Rich, memorable and almost indigestable. Such a confident and moving translation speaks to her superb fluency in English AND Chinese.

Poetry, poetry, more poetry. I did contact Trackfest about her translation b/c I could not believe what I was reading. She said that most Chinese books in this genre were written in this image-rich, colorful way.

My resolution since then is to become fluent in Chinese so I can unlock 5,000 years of literature.

2yr 18

图 6.5 读者 Julie_E 在起点国际网站推荐粉丝译本

mari_lab

★★★★☆

I really love this story. I'd like to comunicate to the translator that I read the rest of the chapters and editated them in spanish. Its easy to translate to eenglish from spanish. If the person who post here have interest I can give all that chapters for her/him, freely. My only interest is to let the readers read this wonderful novel by complete.

4mth

图 6.6 读者 mari_lab 称自己翻译了西班牙语版《扶摇皇后》

第三节　译本之争的导火索——文化元素翻译

《扶摇皇后》融合了穿越、玄幻、言情诸多类型，这意味着《扶摇皇后》除了玄幻小说中常见的传统文化之外，还包含现当代文化元素，呈现出更为丰富多元的形象。

一、传统与现代的碰撞

(一)修炼术语

《扶摇皇后》的“玄幻架构”离不开修炼术语。女主角孟扶摇在架空世界——五洲大陆的成长路径之一是围绕着“破九霄”功法的修炼升级。

> 十年中，共分九层的“破九霄”功法，才练到第三层的巅峰状态，此时上行真气，凝气成碧，主攻一切阴柔技法。(《扶摇皇后》第二章 贵宾名犬)[①]
>
> 官方译本：The Cleaving Nine Heavens technique was divided into a total of nine levels. During those 10 years, she had only reached the pinnacle of the third level of this technique. Currently, the ascending True Qi was being gathered and formed a bluish-green light, mainly attacking all the gentle Yin techniques. (*Legend of Fuyao* by Atlas Studio, Chapter 3 *Distinguished guest, famous dog*)[②]

① 本部分译例的章节划分以潇湘书院版为准，源文本链接：https://www.xxsy.net/info/244402.html.

② 官方译本链接：https://www.webnovel.com/book/legend-of-fuyao_11410939405364905.

粉丝译本:In those ten years, of the nine total layers of the "Breaking Nine Heavens" technique, she had only cultivated up to the peak of the third layer. At this step in her cultivation, she needed to improve her true qi[4] by condensing it into solid jade form, concentrating and specializing on techniques with soft yin [5] characteristics. (*Legend of Fuyao* by trackest, Chapter 2 *Luxury Bitch*)①

本例中出现了“破九霄”“真气”“阴柔”三处修炼术语,其中“破九霄”为《扶摇皇后》中的专有概念,二者均采用直译,并大写首字母表示专有。对于动词“破”,官方译本译为“Cleaving”(劈开),粉丝译本为“Breaking”(突破),一实一虚,但均能被读者顺利理解,并无本质差异。对于“霄”,两个译本均比附为 Heaven,“霄”即为“天”,受《斗破苍穹》(*Break through the Heavens*)、《我欲封天》(*I Shall Seal the Heavens*)等早期英译中国网络小说的影响,以 Heaven 比附“天”已经成为约定俗成的规范,此处也可被接受。

“真气”“阴柔”都是常见的中国文化元素。“气”在两个译本中均音译为“Qi/qi”。官方译本预设目标语读者已经对“气”有所了解,为保证阅读体验流畅,故直接音译并无加注。粉丝译本虽早于官方译本,但发布在武侠文化爱好者聚集的 Wuxiaworld 网站论坛,这里的读者大多对“qi”的内涵并不陌生,即便如此,trackest 仍增加注释,帮助刚刚接触英译中国网络小说的新读者构建概念,同时表达自己对于“气”的理解:“‘气’是小说里中国武术修炼者从周围汇集的能量,他们将‘气’修炼成内力,可以用来产生奇特的东西,增强功夫的威力。”

4. Most Xianxia readers will be familiar with this term but if not, basically Chinese martial artists in these stories gather energy called

① 粉丝译本链接:https://trackest.wordpress.com/.

qi from their surroundings and cultivate it into inner power that they can then use to activate magic items and empower their kung fu.

对于“阴柔”，官方译本译为“gentle Yin”而粉丝译本为“soft yin”，对于“阴”则不约而同地采取音译。官方译本此处音译同样是预设读者对“yin”这一概念已经熟悉，且判断这一术语并不会影响整体理解。而在粉丝译本中，trackest 给出了“阴”的中文写法，并解释“阴”在中国文化中的实际含义：

5. Yin = “阴” which is soft，lunar，female，dark，etc（柔、月亮的、雌性的、阴暗的，等等）.

官方译本发布于 2018 年，此时英译中国网络小说进入目标语文化已将近 4 年，Altas Studio 团队预设“气”“霄”“阴”等中国文化元素已被海外青年大众读者掌握，故直译未加副文本。粉丝译本比官方译本早一年，而当时英译中国网络小说的影响力正处于快速上升期，海外青年大众读者正在迅速增长，新读者对中国文化的掌握程度不一。trackest 不遗余力地寻找介绍中国文化的空间，以吸引更多新读者，是客观条件使然，也是其对中国文化的兴趣使然。

（二）源自传统文学的意象

“女频”小说在文笔上普遍比“男频”小说更为细腻精致，特别是古风小说，往往承载了更丰富的中国传统文学意象。

“碧”在中国传统文化中具有丰富内涵，含义抽象多样，不能像“气”“道”一样直接对应翻译，需根据上下文判断。trackest 将“碧”一律对应为名词“玉”（jade），而官方译本大多以“绿”（green）颜色译“碧”。如上例中“凝气成碧”中的“碧”，官方译本将“碧”作“蓝绿色”并补充“光”（bluish-green light）使之呈现出动漫般的夸张形态。而

trackest 将“碧”作“玉”解而形成“凝气成玉”(solid jade form)译,描绘出了完全不同的场景。不过,玄幻小说的接受必然依靠读者自身的想象力补足,只要符合海外青年大众读者的偏好,能帮助读者想象出画面,理解情节,即为合理。

然而,后文出现的一招名为“碧落闪电”的剑法在两个译本中存在较大分歧,官方译本为“Green Void Falling Electricity”,粉丝译本为“Falling Jade,Flowing Lightning”。此处“碧落”是中国传统文学意象,代指天空,trackest 将“碧”和“落”割裂是误译,相比之下,官方译本的“Void”(空)更为恰当。被认为更具中国文化色彩的粉丝译本,也存在着对中国文化理解不足之处。

《扶摇皇后》对中国文化元素不止于词汇的直接借用,还扩大到对文体的戏仿。如“杀机一线”一章中出现的“兵法璇玑图”:

> 那是一幅璇玑图,横三十六字竖三十六字,正读、反读、起头读、逐步退一字读、倒数逐步退一字读、横读、斜读都可以成句,内容却并不是诗词,而是兵法概略。(《扶摇皇后》第 37 章 杀机一线)
>
> 官方译本:It was a diagram belonging to Xuanji Nation, with 36 rows and columns of Chinese characters. Reading them forward, backward, diagonally and vertically created different sentences, but what the sentences formed weren't poetry but military strategies. (*Legend of Fuyao* by Atlas Studio, Chapter 32 *The Perfect Moment*)
>
> 粉丝译本:It was a Xuanji Diagram[2], thirty-six by thirty-six characters. Reading forwards, backwards, from the beginning, word by word reversed, going backwards word by word reversed, horizontally, diagonally, all could form a complete phrase. The content was actually not poems, but an outline on military strategy. (*Legend of Fuyao* by

trackest, Chapter 37 *A Thread of Killing Intent*)

历史上的《璇玑图》相传是前秦时期才女苏蕙所作的回文诗章,总计八百四十一字,纵横各二十九字,其解读规则如《扶摇皇后》中所述,“正读、反读、起头读、逐步退一字读、倒数逐步退一字读、横读、斜读都可以成句”。此例中的“璇玑图”正是对历史上真实存在的《璇玑图》形态上的戏仿,只是在内容上将诗文改为兵法,和《扶摇皇后》中“五洲七国”之一的璇玑国并无关系,官方译本系误译。trackest 不仅在注释处为“璇玑图”补充了 240 余字的介绍,还将原版《璇玑图》附在注释中[①],将“璇玑图”具象化。读者看到注释中的介绍和图示,不禁表示赞叹(when I read the footnote about the Xuanji diagram, I couldn't but sigh)。

“碧落”和“璇玑图”深植于中国文化,对于译者“前结构”里中国文化积淀要求更高,稍有不足便造成误译。海外青年大众读者无力鉴别、指正此类误译,只能将其作为新奇的他者文化混囵吞下,虽一时不会影响欣赏故事情节,但长此以往会形成错误概念。

(三)现代文化元素

与《将夜》的暗示不同,《扶摇皇后》从开篇就指明了孟扶摇的穿越者身份。主角带着现代的记忆进入类似古代、儒家文化色彩强烈的架空世界,种种现代观念与拟古架空世界相碰撞,形成“大杂烩”,是穿越小说的独特魅力。

孟扶摇自现代穿越到五洲大陆,其头脑心智保留了现代时的记忆,行为和言谈中夹杂着现代社会的文化元素。如“惊艳之破”一章中,孟扶摇被化名为元昭诩的男主角长孙无极所救而心生波澜,天下归元在描写其心理时不仅使用了诸如“老鸟”“纠结”等流行语,还将

① 详情请见 https://trackest.wordpress.com/2017/09/02/legend-of-fu-yao-book-1-chapter-37/.

当代言情小说家琼瑶自比:

> 心底呸的一声,孟扶摇暗骂自己琼瑶,搞什么,自己一个心理年龄都快四十的老鸟,还玩纠结么?(《扶摇皇后》第十三章 惊艳之破)
>
> 官方译本:“Bah! What are you doing? You're almost 40 for goodness sake! Why are you still getting tangled in such affairs?” (*Legend of Fuyao* by Atlas Studio, Chapter 11 *That Magical Moment*)
>
> 粉丝译本:Then with a “pei” sound in her heart, Meng Fuyao silently cursed herself for being such a Qiong Yao[1]. What was she doing! She was an old woman whose mental age was almost 40, what was she doing playing around with the struggles of affection? (*Legend of Fuyao* by trackest, Chapter 13 *Stunning Breakout*)

粉丝译本依然采用“直译+副文本”模式,但此举并没有达成拉近文化距离的目的。琼瑶是源语文化中人尽皆知的著名言情作家,其写作风格以浪漫缠绵见长,但在此处语境下用作贬义,形容人的敏感矫情。Atlas Studio 团队省略了“琼瑶”,明示了隐喻的含义,而 trackest 则直译为“being such a Qiong Yao”,并加注解释道:琼瑶是“20 世纪中国著名爱情小说家”(Qiong Yao “琼瑶” was a very famous Chinese romance novelist in the 20th century)。副文本应用来补足海外青年大众读者接受时所需的文化知识,这一注释虽然介绍了琼瑶在源语文化中的角色和地位,却并不能让读者产生与源语读者一样的联想,不足以让他们理解此处隐喻。

对于“老鸟”,两个译本不约而同地省略了“鸟”的形象,官方译本以“for goodness sake”重现源文本的语气,粉丝译本直译为“an old woman”,与“whose mental age was almost 40”略显矛盾。对于“纠结”,

官方译本译为“getting tangled in such affairs”，粉丝译本译为“doing playing around with the struggles of affection”，均为直译。在传递信息的效率和可读性上，官方译本反而更胜一筹。

孟扶摇在现代时的考古学家的身份意味着受教育的程度较高，言谈中出现英文合情合理，当英文出现在五洲大陆上，会产生奇特的文化碰撞。但这一情节翻译成英文时，文化碰撞会散失，甚至可能影响目标语读者对情节的理解。例如：

> 孟扶摇等皇帝一走，立即招手呼唤宫人，“waiter！”
>
> Waiter茫然不知应对，孟扶摇顶着一头厌弃和愕然的眼光，义正词严地要求，“给我来份鲞鱼！”（《扶摇皇后》第二十六章 金蝉脱壳）
>
> 官方译本：When the emperor returned to get some rest，Meng Fuyao immediately waved to get the attention of a palace maid. “Waiter！”
>
> At a loss，the waiter was unable to respond.
>
> “Get me one dried fish！” Meng Fuyao demanded，throwing her a scornful glance.（*Legend of Fuyao* by Atlas Studio，Chapter 24 *A Crafty Little Plan*）
>
> 粉丝译本：The moment the emperor left，Meng Fuyao immediately used her hand to beckon at a palace maid. “*Waiter*！”［2］
>
> “*Waiter*” was at a loss as to how she should approach this problem. Against the disgusted and shocked stares，Meng Fuyao righteously gave an order. “Bring me cut Xiang fish！”（*Legend of Fuyao* by Atlas Studio，Chapter 26 *Cicada Escapes Its Shell*）

官方译本中，“waiter”保持零翻译且未加解释，不仅导致源文本的文化碰撞散失,还影响到情节内容的合理性:如果不存在语言障碍,“Waiter”不能回应(unable to respond)难以自圆其说。此外,从官方译本的字面上很难看出 waiter 和“宫人”(palace maid)实为一人,存在歧义。trackest 在零翻译处理“Waiter”的同时,以斜体和引号做标记,并加注“源文本中此句即为英文,而非中文”(This was said in English, not Chinese),向海外青年大众读者解释源文本的文化碰撞,但阅读体验也因此打折扣。

海外青年大众读者难以理解现代文化元素,一定程度上与官方译本类型的翻译有关。官方译本将类型“古风言情”翻译成“Historical Romance”,其中的“historical”产生歧义,导致部分读者将《扶摇皇后》定位为历史小说,故不能理解小说中的现代文化元素,如读者 Moon_Child_3461 在表示历史小说中不应有如此之多的现代用语(It's a historical novel after all... the usage of modern day slangs should be controlled)。

二、深度借鉴中国文学

(一)语言上的“古风”

《扶摇皇后》属于古风言情小说(Historical Romance),古风之“古”一是指架空世界的“古”,二是指文风的“古”。

《扶摇皇后》的架空世界——五洲大陆同样脱胎于中国历史上真实存在的朝代。“五洲”(the Five Regions)——青(Qing)、夷(Yi)、衡(Heng)、明(Ming)、狄(Di),官方译本和粉丝译本均为音译。“五洲”上分布“七国”(the seven Nations/States)[①]——天煞(Heaven Demon/Nemesis)、无极(Wuji/Infinite)、扶风(Fufeng/Lifting Wind)、穹苍(Qiongcang/Heaven's Court)、太渊(Taiyuan/Tai Yuan)、璇玑(Xuanji/

① 本段中“七国”译例按先官方译本后粉丝译本排列,下同。

Polaris)、轩辕(Xuanyuan/Xuanyuan)。七国之名,虽是架空,但均得名于中国传统文化。官方译本除了"天煞"为意译外均为音译,这些原本蕴含着深厚中国文化内涵的国名在音译后简化成为几个看似并无特别含义的音节,令海外读者感到费解,影响读者对故事的接受。trackest 仅对原作穴位名的"太渊"(Taiyuan)和中国神话元素"轩辕"(Xuanyuan)作音译,其余采用比附或阐释策略。"Nemesis"(复仇女神)比附"天煞","Infinite"(无限,首字母大写时可代指上帝)比附"无极","Polaris"(北斗星)比附"璇玑"(北斗前四星),另以意译"扶风"(Lifting Wind)和"穹苍"(Heaven's Court),既避免了国名与人名、道具名读音相近(如璇玑国与"璇玑图"、无极国与长孙无极)带来的混淆,也使国名的内涵在译文本重现。

文风的"古"并不限于一词一句的中国色彩,而是向中国传统诗学观念的靠拢,营造一种与当代语言习惯有所区别的古典美感,形成古与今的审美距离。依然以上文中"十年中……阴柔技法"一句为例,本句展现出更为明显的中国风格:流水长句,用词精练,有动态美,颇有传统武侠之风,但逻辑与时态并未明示,需要读者根据上下文理解判断。官方译本描绘的是此刻(currently)破九霄第三层出招的动态场景,粉丝译本描绘的是破九霄第三层的状态介绍,根据源文本的上下文推断,粉丝译本对时态的判断更为准确。在句式上,官方译本将源文本的流水长句切分为三个句子,分别以"破九霄"(The Cleaving Nine Heavens technique)、"她"(she,指孟扶摇)、"上行真气"(the ascending True Qi)为主语,虽然表义准确,但未能重现源文本行云流水的风格。粉丝译本则以"she"为中心组织信息,实现了"把源文本中的语言和文化特质以最小的改动引进译本中"①的理想状态,故赢得了"重现中文之美"的评价。

---

① 吴术驰,李超.文化转向后翻译概念的嬗变研究[M].成都:四川大学出版社,2018:133.

然而,重现其他“古风”表征就不如句式那般容易。《扶摇皇后》以四字格章节回目致敬中国古典章回体小说,由于中英两种语言在形态上不可调和的差异,官方译本与粉丝译本均无法完全重现这一古风特质,在个别回目的翻译上,官方译本试图兼顾形式与内容,却弄巧成拙。如第三章“贵宾名犬”,主要情节为孟扶摇对燕惊尘抛弃自己并迎娶名门之女裴瑗的趋炎附势行为表达讽刺。官方译本比附英语中惯用的正式场合开场白“distinguished guest, ladies and gentlemen”,翻译成“Distinguished guest, famous dog”,将“贵宾”和“名犬”割开,对源文本中语带讽刺的“狗”进行直译。由于中西文化系统对于“狗”这一意象的解释不同,仅有少数海外青年大众读者猜测到 dog 在源文本中的含义,绝大多数读者无法理解这一译法,在评论区提出质疑(如图 6.7)。粉丝译本仅用两个单词——Luxury Bitch,虽未遵循源文本的形式,反而还原了源文本的情感色彩。

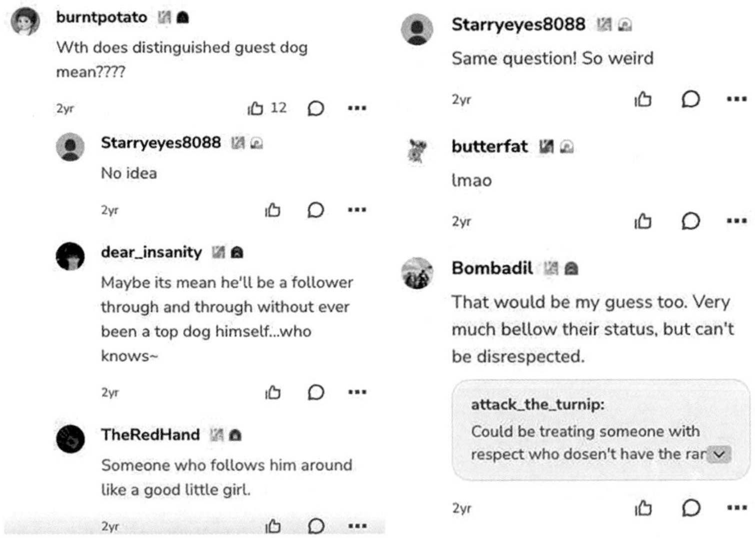

图 6.7 读者对于官方译本第三章标题的质疑

神话意象的隐喻同样难以通过翻译传达。“扶摇”取自于《逍遥游·北冥有鱼》中的“抟扶摇而上者九万里”,隐含了其逐步攀升的命运走向。官方译本和粉丝译本都是音译,“Fuyao”仅是音节,并不能向海外青年大众读者展示“人如其名”的内涵。由此可见,文风之“古”译介之难。

多场景和心理描写,是“古风”在写作风格上的不可译之处。“升级流小白文”是情节驱动,多动态战斗,而“古风”小说更贴近中国传统小说,长于场景、人物细节和心理描写。对此,官方译本和粉丝译本都忠实于源文本,极少进行删减、改写,使习惯了以情节推动故事的海外青年大众读者感到不适应。Novel Updates 上的读者 Liyu 批评[①]《扶摇皇后》虽然塑造了立体的人物形象(a good way to make characters more 3D),但“该描写的没有描写,不该描写的却描写了”(What he needed to describe, he didn´t and what he didn´t need to describe, he did.),人物的反应(reactions)关注不足。描写引发的接受障碍不能完全归咎于翻译,却再度暴露文本上的忠实与“走出去”的接受效果之间的矛盾。

网络小说的“古风”在原理上与“气”“道”无异,都是中国文化的大众化表现。然而,和“情怀”一样,“古风”根植于中国传统文化,突出中国文化异于目标语文化的特质,造成潜在的接受障碍。源语读者之所以能够欣赏“古风”,是因为其“前结构”中的积淀在阅读时能够被激活,不具备这样积淀的海外青年大众读者只能从译文本中识别出异于自身文化的部分并将其视为“中国文化”,并不能完全理解和欣赏“古风”。

(二)戏仿政治话语

政治话语是社会文化语境的外化表现,对文化系统内部的成员产生影响,读者阅读此类文本是一个将潜藏在深处的历史记忆重新挖掘

① 详情请见 https://www.novelupdates.com/series/legend-of-fu-yao/

出来的过程。常见的政治话语可以分为西方舶来词和中国特色词两类①,翻译时,前者在英语中可找到对应的概念而直接替换,后者则需要译者结合中国的社会历史语境,权衡目标语和源语各方因素进行处理。网络小说作者戏仿政治话语,以获得特殊的幽默效果,其中最典型的是盗墓小说里程碑式作品——《鬼吹灯》。作者天下霸唱(本名张牧野)对政治话语老练而精准的戏仿堪称亮点。例如开篇对盗墓的介绍,就是以“盗墓不是游览观光”戏仿《毛主席语录》中的“革命不是请客吃饭”。《扶摇皇后》对《鬼吹灯》的致敬,除了以“墓室吹灯”为题,还有对政治话语的戏仿。穿越前的孟扶摇与同伴在盗墓的过程中用“党员”“三好学生”等褒义性中国特色称号嘲讽想当逃兵的同伴:

> “党员啊,精英啊,马列主义毛泽东思想熏陶长大的三好学生啊,拉几次稀就拉跑了你们满脑子的科学理论了?”(《扶摇皇后》序章 墓室吹灯)
>
> 官方译本:“One's a political party member, one's an elite, one's grown up under Marxism-Leninism and Maoism influences…Three outstanding students are afraid because someone has the runs? Where have all your scientific minds vanished to?” (*Legend of Fuyao* by Atlas Studio, Prologue)
>
> 粉丝译本:“all party members, geniuses, students nurtured by Marxist-Lenin and Mao Zedong's teachings[8]! Did the diarrhea cause you to shit out all of your brain's scientific theory?” (*Legend of Fuyao* by trackest, Preface)

在盗墓这样一个游离在正邪边缘的场景中,以政治话语的威权与

① 贾燕芹. 文本的跨文化重生——葛浩文英译莫言小说研究[M]. 北京:中国社会科学出版社,2016:75.

盗墓在法律和道德上的非议对比,形成夸张又荒唐的陌生化效果。源语读者一方面熟知这些称号实际含义,也了解此处是戏仿,读懂之后会心一笑。对于海外青年大众读者,如何让这一戏仿达到同等的幽默效果同时不引发意识形态的冲突,是一大挑战。两个译本在翻译“党员”时进行了模糊化处理,避免了潜在的意识形态冲突。而在“马列主义毛泽东思想”的翻译上,二者出现了微妙的差异。官方译本中,Marxism-Leninism 是“马(克思)列(宁)主义”的通用表达,属于中性词,而 Maoism 感情色彩却和前者不一致。Maoism 指“毛主义”,是西方学者建构出来的经过“翻译”和阐释的中国式的马克思主义①,多为贬义。粉丝译本在处理这些政治话语时采用了中性的表达 Marxist-Lenin and Mao Zedong's teachings,并增补了一条注释“语气略有讽刺”(Slightly sarcastic in tone)补足源文本的戏谑效果。从读者的评论来看,并无读者对此阐发议论,说明海外青年大众读者虽不像个别专业读者一样对描写中国意识形态的内容趋之若鹜,但也没有像源语读者一样体验到政治话语戏仿的幽默效果。

《扶摇皇后》以“古风”和政治话语戏仿的方式借鉴、致敬中国经典文学文本,是天下归元写作风格的集中体现。在源语文化中,这一风格深受读者欢迎,但在目标语文化中却难被识别和理解。“古风”和政治话语先行存在于源语文化中,成为源语读者和天下归元共同的文化记忆,阅读时,源语读者的文化记忆被激活,才能欣赏天下归元的写作风格特征。而海外青年大众读者的“前结构”中并没有这样的文化记忆,即便译文本再忠实,也难以识别和理解这样的写作风格。粉丝译本虽然尽力以副文本还原源文本的风格,但效果差强人意。

三、同一动作,不同品格

主角的行为是价值观的反映。官方译本和粉丝译本对于女主角

① 王宁.翻译与马克思主义中国化:文学和文化的维度[J].上海翻译,2021(06):4.

孟扶摇同一行为的不同翻译,描绘截然相反的形象。

前文例中,孟扶摇参加太渊皇帝寿宴时,召唤宫人呈上作为下等百姓食物的鲞鱼(臭咸鱼),以戏弄曾取胜于自己的战北野,因此被本就对她侧目而视的寿宴宾客嘲笑。孟扶摇"顶着一头厌弃和愕然的目光"本是来自于寿宴上的其他达官显贵,官方译本中却误译为"孟扶摇命令宫人并轻蔑一瞥"(Meng Fuyao demanded, throwing her a scornful glance),将源文本中孟扶摇的形象由义正词严变得粗俗无礼。粉丝译本则准确地还原了当时的场景,塑造出孟扶摇面对刁难依然有礼有节的正面形象:Against the disgusted and shocked stares, Meng Fuyao righteously gave an order. "Bring me cut Xiang fish!"即便没有在评论中表示出来,误译也影响着海外青年大众读者对孟扶摇的印象,进而影响他们对中国文化核心价值观的理解。从《我欲封天》到《将夜》再到《扶摇皇后》,价值维度的中国文化元素一直是误译的重灾区。尽管海外青年大众读者并非出于学习文化而阅读,但此类误译如积少成多,负面影响不可小视。

四、译本之争的原因

从上述译例对比可见,官方译本秉承起点国际的一贯风格,译本流畅,信息传达效率高,而粉丝译本倾向于重现中国文化,这意味着粉丝译本的阅读难度可能高于官方译本,可读性数据印证了这一推测。以官方译本的前三章的内容为例①,统计得出官方译本 6623 词,粉丝译本 7242 词(不含副文本),相差 600 余词,且粉丝译本(如图 6. 8)的易读指数、迷雾指数和难度级数均低于官方译本(如图 6. 9)。同样的源文本内容,粉丝译本篇幅更长,若再将副文本计算在内,信息量更大,阅读负担更重,却吸引了一群坚定的支持者。

① 官方译本和粉丝译本所使用的源文本版本不同,官方译本基于国内出版的纸质版,粉丝译本基于潇湘书院的连载版,但二者仅在章节划分上有区别。

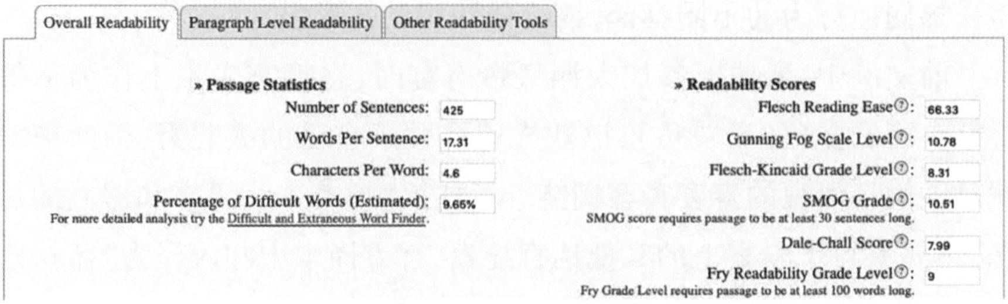

图 6.8　粉丝译本前三章的易读性数据

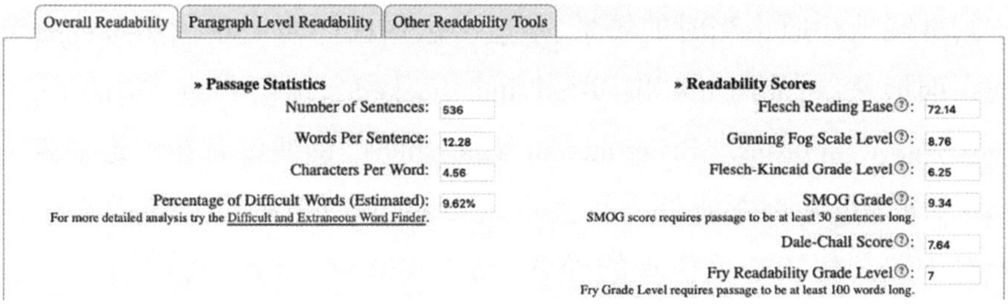

图 6.9　官方译本前三章的易读性数据

粉丝译本倾向于在遵从英语表达习惯的基础上再现源文本的风格,是海外青年大众读者认为粉丝译本更体现“中文之美”的原因之一。读者 Yuuneev 曾质疑官方译本有所删减(如图 6.10),原因是官方译本中句子之间语气的突变(I also felt like the tone changed in between sentences,as if there is information missing)。古风小说在语言上更贴近中国经典文学文本,多用流水句,官方译本处理流水句时倾向于拆分,导致官方译本句子之间缺少连贯性,文学色彩被削弱。此外,和《将夜》一样,官方译本追求流畅的阅读体验,删减了一些可能影响读者体验的中国文化元素,使官方译本虽然在语言上浅白易读,但中国文化色彩被淡化。此时,trackest 对源文本风格和源语文化的再现突出中国文化的异质性,使粉丝译本区别于英语原创文本。在对中国文化的兴趣驱使下,海外青年大众读者对异化的翻译更为包容和欣赏,因而更青睐粉丝译本。不过,海外青年大众读者心目中的“中文之美”基于自身“前结构”,以异于自身语言文化习惯为标准,有可能片面地将陌生乃至错误的表达视作“好翻译”(good translation),这与“中文之美”并无关系,不应混为一谈。

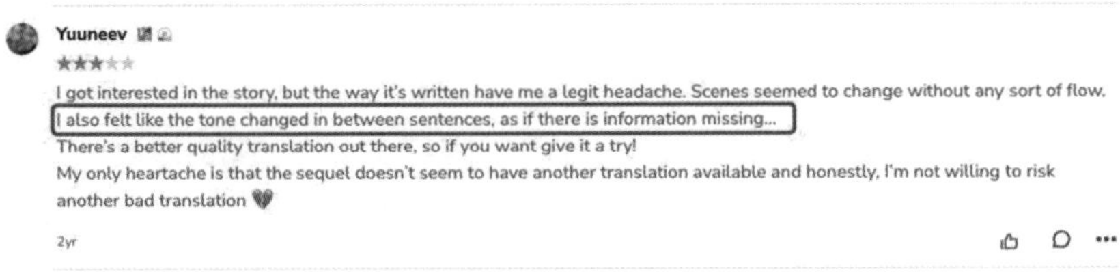

图 6.10 读者 Yuuneev 质疑官方译本有删减

副文本使粉丝译本更加突显“中文之美”。在 Wuxiaworld 网站影响下,一些海外青年大众读者在潜意识中将副文本与译者掌握和传达中国文化的能力挂钩,以此评判译本的质量,Julie_E 就是其中之一。取消副文本的官方译本不符合这一标准,导致这些读者在细读前就产生翻译质量不高的定向期待,且官方译本需付费阅读,若翻译质量低于预期,则更容易引发负面反馈。trackest 遵循 Wuxiaworld 网站上约定俗成的“直译+副文本”模式,增厚文本,满足了以 Julie_E 为代表的读者们对于英译中国网络小说在文化上的期待。即便部分副文本并没有起到补充“前结构”的作用,也依然能激发他们对“中文之美”的兴趣。

更深一步来看,支持粉丝译本的读者,实际上是在捍卫自己表达和翻译的权利。trackest 在“女频”小说的翻译尚未形成气候时,在男性占主流的 Wuxiaworld 网站论坛开始翻译《扶摇皇后》,在铺天盖地的玄幻、仙侠、武侠“男频”小说中为“女频”小说争得一席之地,回应女性读者的诉求,反抗当时男性译者对网络小说译介的把持。trackest 在没有报酬的情况下仍乐意投入大量时间精力查证其中的文化元素,在大众读者与粉丝译者的情感共同体作用下,这样的粉丝译本更容易赢得支持。起点国际的付费阅读机制使海外青年大众读者对官方译本产生种种不满,进而通过支持粉丝译本,反抗起点国际凭借版权和资本进行垄断的行为,昭示粉丝翻译的力量未被消解。粉丝译者与大众读者之间有着天然而丰富的情感共鸣，大众读者将粉丝译者视为自己的代言人和情感寄托，表现在大众读者自发宣传粉丝译本，以及向 trackest 表达支持、祝福、担忧等，这些情感在“前结构”中转化为“滤镜”，使他们乐于接受阅读难度更大且依然存在些许瑕疵的粉丝译本。

尽管海外青年大众读者关于“中文之美”的审美标准与真实的中国语言文化仍有差异，却反映出他们对进阶“爽感”、深层“爽感”的期待。不过，这两重“爽感”仍以基础“爽感”为前提。《扶摇皇后》的接受不佳，除了翻译之外，其故事内容对基础“爽感”的影响也不容忽视。

第四节 “套路”难平女性读者期待

《扶摇皇后》以“大女主逆袭爽文”的姿态呈现，以“女频”小说的“套路”满足了一部分女性读者的基础“爽感”期待，支撑着她们在官方译本不尽如人意的情况下继续阅读，但另有一些女性读者对“套路”并不买账。

一、双线逆袭力求基础“爽感”

和“男频”小说一样，“女频”小说同样能让读者在阅读中暂时脱离现实束缚，专注于自身需求，获得心理补偿。女性读者的自身需求较男性读者更为复杂，基础“爽感”也因此呈现出双面性。

女主角在事业和爱情上的双丰收能够激发女性读者的基础“爽感”。一方面，受生理心理特质影响，情感需求是女性读者阅读的基本动力。源语文化“先行具有”的“男读武侠女读言情”这一规律，在目标语文化中同样存在。女性读者期待着在阅读中实现理想的爱情——凭借自己的努力，获得平等的关系，还原“最追求平等的良性爱情的本色面貌”①,是女性读者“先行看见”的阅读倾向,即使在网络时代依然如此。另一方面,社会与性别的双重宰制带给女性更严重的焦虑。除了普遍存在的阶层越迁困境,在男权社会中,女性还受到传统性别秩序的禁锢。即使智力和能力同等优秀,女性也难以获得与男性同等的机会和待遇,长此以往,女性对传统性别秩序缺乏信任感,性别之间的冲突和对立愈发严重,同样萌发了将情感寄托于大众文学文本的女主角的渴望,她们希望女主角不仅能凭借实力和智慧在男权社会实现逆袭,更能扭转不平等的性别格局。这种心理与男性读者热衷阅读“升级流小白文”同理,但女性读者更为强烈的逆袭欲望和更大的逆袭难度使她们期待更彻底地改变。常规的“金手指”力量不足以改变现状,穿越就成为了更为强力的“金手指”,让重生的女主角用现代思维和知识打破架空世界中的传统秩序,改变女性的不利处境。

《扶摇皇后》的“玄幻架构,言情实质”回应了女性读者的基础“爽感”。天下归元借女主角在事业和情感上的成长历程,折射当代女性独立之精神,将女性主体意识和权利意识的情怀寄托于古风“爽文”,表达对性别平等和选择自由的渴求②。《扶摇皇后》同样遵循主角中心、低开高走、先抑后扬的“套路”。使用 AntConc 对前三章进行主题词分析(如图 6.11 和 6.12)可知,孟扶摇(Meng Fuyao)出现的频次明显高于其他词,和《我欲封天》中的孟浩一样,孟扶摇是《扶摇皇后》故事的绝对中心。孟扶摇穿越前在考古界叱咤风云,穿越后不得不在以实力为尊的五洲大陆屈居底层,身怀绝技却不能施展,与女性读者现实中身怀能力却发展受限的处境类似,激发女性读者的代入感。《扶摇皇后》的架空世界存在着修炼和权谋两个等级系统,这意味着孟扶

---

① 李玉萍. 网络穿越小说概论[M]. 天津:南开大学出版社,2011:200.

② 张恩杰. 女警花变身网络作家 借古代奇女子折射现代女性独立精神[EB/OL]. (2021-06-10)[2021-10-18] http://www.chinawriter.com.cn/n1/2021/0610/c404024-32127326.html.

Rank	Freq	Keyness	Effect	Keyword
1	79	+ 679.76	0.0234	fuyao
2	52	+ 447.23	0.0155	meng
3	30	+ 257.92	0.0089	jingchen
4	422	+ 237.52	0.0418	the
5	30	+ 219.02	0.0089	sword
6	25	+ 214.91	0.0075	sect
7	22	+ 189.11	0.0066	fatty
8	21	+ 172.41	0.0063	martial
9	20	+ 171.92	0.006	yan
10	140	+ 148.33	0.0288	her

图 6.11 《扶摇皇后》官方译本前三章主题词表(前 10 位节选)

Rank	Freq	Keyness	Effect	Keyword
1	91	+ 762.42	0.024	fuyao
2	48	+ 401.88	0.0127	meng
3	479	+ 275.6	0.0455	the
4	32	+ 267.85	0.0085	jingchen
5	27	+ 225.98	0.0072	sect
6	26	+ 217.61	0.0069	fatty
7	24	+ 192.5	0.0064	martial
8	23	+ 192.49	0.0061	yan
9	24	+ 167.96	0.0064	tomb
10	17	+ 134.57	0.0045	origin

图 6.12 《扶摇皇后》粉丝译本前三章主题词表(前 10 位节选)

摇不仅能在实力上达到巅峰,还在更广阔的家国天下发挥自己的价值。孟扶摇修炼破九霄功法,增强实力,在等级系统中逐步攀升,同时也在五洲大陆的权力斗争中纵横捭阖。孟扶摇的现代思维不仅没有阻碍她在五洲大陆的生存,反而成为“金手指”,助力她打破男权惯例,在五洲大陆设立新的规则。《扶摇皇后》所描绘的女性崛起赢得了海外青年大众读者的认同。读者 Nicky204 认为,女性是社会的基础,而逆袭成功、按照自我意愿设定规则(defines logic for what she want)的扶摇是个传奇(如图 6.13)。

改良版的“逆后宫”(reverse-harem)设定实现情感上的基础“爽感”。“逆后宫”常见于“女频”小说,即女主角与多个男性角色建立情感关系,以满足女性读者的情感需求,对抗“男频”小说中一男多女的“后宫”模式。先前“虐恋”“争宠”为主题的“女频”小说中,女性虽为

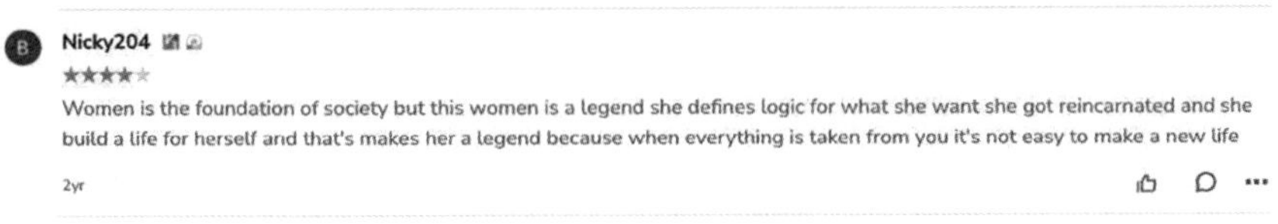

图 6.13 读者 Nicky204 对扶摇逆袭的评论

主角，却时时陷于被动，被时代大潮和王权、父权、夫权裹挟，与同处弱势的其他女性竞争，这一局面的根源在于男女双方在情感上的不平等，女性缺乏自主权和话语权。"逆后宫"中，女主角从始至终充当着主动选择、取舍的主体，象征着女性的自主权、向现实中的男权社会宣战和对平等的两性关系的追求，这对于现实中在性别问题上的屡屡碰壁的女性来说是一种极大的补偿性快感。孟扶摇对待感情的态度是其先前的"女频"小说女主角的不同之处，也是情感上基础"爽感"的现实价值。据天下归元本人表示，如果女主角的设定为智慧强大、诸事通透，那么她"没有道理就在爱情方面变得固执不知变通和沟通"①。孟扶摇所争取的，是理想中的平等关系，在遇到矛盾时，男女双方相互成全，个别极端状况下以男性一方退让以解决矛盾，为在现实中弱势与被动的女性读者带来希望。与单纯向男性宣泄不满的极端"逆后宫"不同，孟扶摇虽然与多名男性角色有过情感交集，但结局时与男主角长孙无极终成眷属，以一夫一妻的传统模式证明已然改变的女性自我意识可以与现有社会格局（social arrangement）并行不悖②，保证《扶摇皇后》的基础"爽感"切合实际。

男性角色也在女主角逆袭中扮演"金手指"。前三章中，无论是官方译本还是粉丝译本，"Yan""Jingchen"这组姓名在主题词表中出现的频率尤为突出，仅次于女主角孟扶摇（Meng fuyao），且名"Jingchen"的出现频次远高于姓"Yan"。根据中文的称呼习惯，只称呼名而非全

① 天下归元，李玮. 在文学与市场之间：天下归元访谈[J]. 青春，2021(08)：126.

② [美]珍妮丝·A. 拉德威著，胡淑陈译. 阅读浪漫小说：女性，父权制和通俗文学[M]. 南京：译林出版社，2020：104.

名代表关系亲密，回到文本发现，这是与孟扶摇的初恋——燕惊尘。燕惊尘对孟扶摇的拒绝类似于“男频”小说的“退婚”桥段，孟扶摇的“相信我，燕惊尘，你会痛，迟早”的宣言为后文孟扶摇的逆袭埋下伏笔，这与“升级流小白文”如出一辙，只是性别发生转换。向男性的复仇，是“女频”小说特有的驱动力，复仇与等级系统相结合，再将逆袭、扮猪吃虎、虐渣等快感机制继承过来[①]，加强“女频”小说在事业上的基础“爽感”。在情感上，包括男主角长孙无极在内的男性角色不仅满足了女性读者对理想伴侣的渴望，而且还扮演着“金手指”的角色，助力孟扶摇的逆袭。Novel Updates 上的读者 Lilpriestess（如图 6. 14）在表达对《扶摇皇后》的喜爱时专门谈到男主角“太梦幻了”（super dreamy）：给女主角发光的机会并支持她（giving the FL opportunities to shine and yet still be supportive）。孟扶摇实现逆袭同时收获理想爱情，

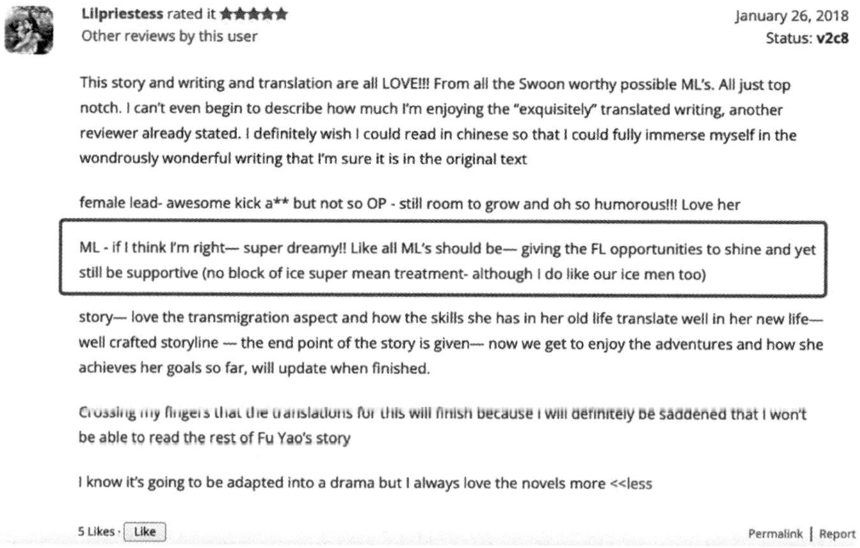

图 6. 14　读者 Lilpriestess 对男主角的评论

---

① 肖映萱. 不止言情：女频仙侠网络小说的多元叙事[J]. 扬子江文学评论，2022（02）：89.

是《扶摇皇后》打开中外女性读者“快感通道”的钥匙。

起点国际的简介和封面强化《扶摇皇后》“大女主逆袭爽文”色彩。潇湘书院现行版本的《扶摇皇后》简介突出其作为“影视原著”的性质,文风古雅精练,以电视剧的情节为蓝本,强调孟扶摇的爱情与命运之间的冲突和纠结,使用“偿还”“抉择”等词,语气较为沉重(如图6.15)且内容抽象①,若直译很难被海外青年大众读者所理解。在电视剧上线之前,《扶摇皇后》还有另一个版本的简介②,同样充满古风,但情节更为详细,语言风趣豪放,表现孟扶摇逆袭之路的快意恩仇,这一版本也是 Novel Updates 网站上英文简介的源文本,Novel Updates 网站对该简介采取全译③,虽然情节介绍详细,但字数较多,阅读负担较重。粉丝译本改写的简介仅有故事梗概和作者介绍,同样未能引起读者的注意。起点国际对简介的改写(如图6.16)目的明确—— 强化“大女主逆袭爽文”的定向期待。官方译本简介强调穿越和逆袭(defies fate and ascends to supremacy)作为“爽点”,并连续使用了六个形容词(tsundere, crafty, loyal, vengeful, bold, and sharp-tongued)总结孟扶摇的性格特质,以“有趣”(funny)来形容孟扶摇,形成精练而风趣(comedy)的风格,区别于影视的沉重基调,更符合海外青年大众读者的口味。

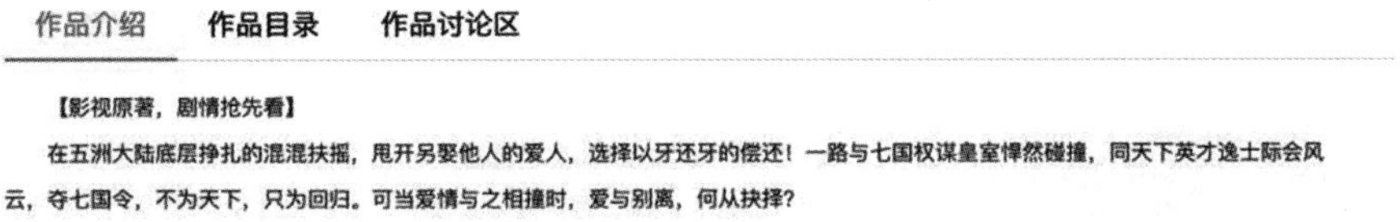
作品介绍 作品目录 作品讨论区

【影视原著,剧情抢先看】

在五洲大陆底层挣扎的混混扶摇,甩开另娶他人的爱人,选择以牙还牙的偿还!一路与七国权谋皇室悍然碰撞,同天下英才逸士际会风云,夺七国令,不为天下,只为回归。可当爱情与之相撞时,爱与别离,何从抉择?

图 6.15 新版《扶摇皇后》中文简介

---

① 详情请见 https://www.xxsy.net/info/244402.html.

② 详情请见 https://www.kanunu8.com/book/4255/index.html.

③ 详情请见 https://www.Novel Updates.com/series/legend-of-fu-yao/.

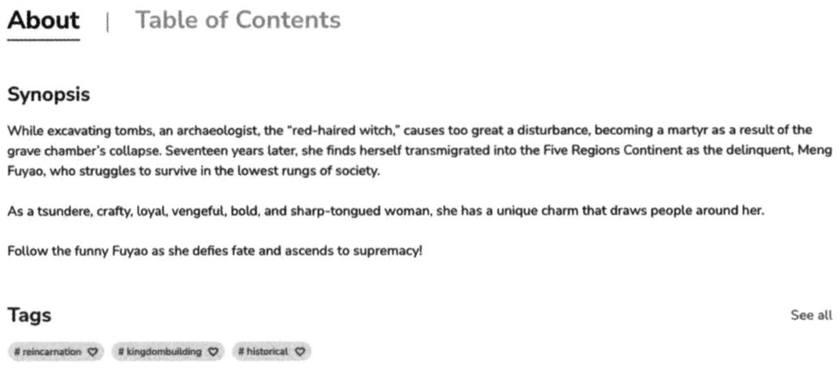

图 6.16　起点国际《扶摇皇后》官方译本的简介

封面(图 6.17)配合着简介,强化“大女主”的中心地位。电视剧《扶摇》上线后,潇湘书院将《扶摇皇后》的封面图改为以主演杨幂、阮经天人物形象为主体的电视剧海报,以扩大文本在源语文化系统中的影响力,但男主角的现身弱化了原著中孟扶摇的“大女主”地位。粉丝译本产生于电视剧和官方译本之前,且限于客观条件,并未对封面进行改写,直接借用了国内出版的纸质书封面。起点国际的官方译本则以飒爽的女子形象作为封面,明示出《扶摇皇后》的“大女主”特性。

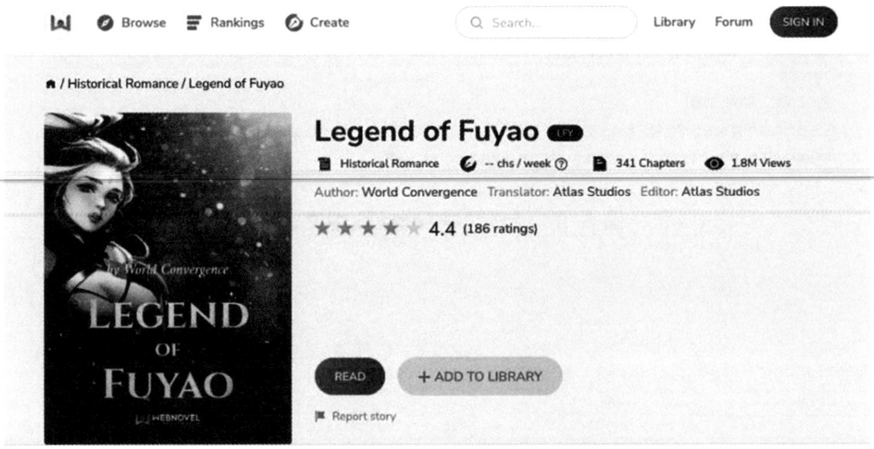

图 6.17　起点国际《扶摇皇后》官方译本的封面

封面、简介、正文本合力塑造了孟扶摇“美丽”“无畏”“勇敢”的理想女性形象,吸引女性读者注意,加速代入感的形成,保证基础“爽感”。

二、“套路”疲态初现

起点国际尽力使《扶摇皇后》符合“大女主逆袭爽文”的“套路”以吸引更多读者,但盗墓(tomb raider)、重生(reincarnated)、废柴女主角(trash female leading)等“套路”被读者批评为“陈词滥调的场景”(cliché scenario)。起点国际网站上的读者 iyoureancestor 认为这“如同从其他小说中东拼西凑”(This is like patching every plot of every famous novel),有 20 多名读者赞同其观点。也有读者表示“套路”本身可以接受,关键在于使用的方式。起点国际网站上的读者 NovelWithdrawal 肯定了天下归元“以特别的方式呈现‘套路’”(manage to do it in an unique/non-cliché way)的努力。Novel Updates 网站上的读者 insteadofdea 认为作者对“套路”的巧妙安排化腐朽为神奇(turn them into something amazing),获得 20 名读者的赞同。另一名读者 worldtravell 也发现《扶摇皇后》中的套路并不像其他小说那样拼凑,虽然直接但并不突兀(this one used it straight forwardly and not awkward or sickening like some other novels),获得 13 名读者赞同。海外青年大众读者对“套路”的态度变化反映出对英译中国网络小说愈发熟悉。随着阅读经验的积累,“套路”从新鲜感的所在,逐渐变成了读者审美疲劳、“爽感抗性”的根源。

故意隐藏实力、扮猪吃虎、先抑后扬是“男频”小说的常见“套路”,但在强烈的逆袭期待影响下,部分女性读者无法理解孟扶摇穿越后的隐藏实力的行为。起点国际上的读者 MarianInairaM 言辞激烈地表达自己无法理解孟扶摇,认为她“很傻很天真”(so stupid and inconsistent),隐藏自身实力使整个故事不合常理(the flow of the story I feel that there's something wrong with it)。女性读者对于逆袭更为迫切地期待，加上中国传统文化倡导的韬光养晦与西方文化以及求“爽”的阅读动机存在冲突，导致“扮猪吃虎”难被理解。

众多男性角色对于孟扶摇的无条件支持，导致部分读者质疑孟扶摇是依靠男性的“玛丽苏”（MARY-SUE）女主角，而非凭借自身努力成功。“玛丽苏”即“过度自我代入”“过度意淫”“不符合常识”的万能女主角，在故事中与多个迷人的男性人物互动①，常见于目标语文化的浪漫小说或“小妞电影”，是目标语文化中先行存在的“套路”，为部分女性读者所排斥。“玛丽苏”也是《扶摇皇后》评论区中的高频词，如 Novel Updates 上的读者 Valentine3201 就评价孟扶摇在某种程度上有些“玛丽苏”特性。Valentine3201 认为，孟扶摇的身上充满“为了让你爱上她而故意制造出来的不合常理的缺点”（quirky points out in to make you like her）。另一名读者 tholover 则形容《扶摇皇后》令人失望（frustrating），原本预期会“大杀四方”的女主角（a kickass protagonist）却随着情节的推进，成了不时陷入困境的笨蛋（a dunce damsel in distress）。现实中尖锐的性别矛盾导致女性读者将女主角视作理想化身，在架空世界中完全凭借自身实力改变男尊女卑的现状，而不是利用自身的容貌或性别优势。目标语文化中的“玛丽苏”和“人人都爱我综合征”（everybody loves me syndrome）使这部分女性读者对男性角色的“金手指”功能十分敏感，甚至反感。尽管《扶摇皇后》的故事符合“大女主逆袭爽文”的标准，但在这些持批评态度的女性读者看来，孟扶摇的逆袭不够彻底。

三、多模态译本争夺注意力

与《将夜》不同，IP 影视改编的多模态译本对于《扶摇皇后》官方译本的接受并未起到推动作用，反而形成了竞争。

---

① 邵燕君编. 破壁书——网络文化关键词［M］. 北京：生活书店出版有限公司，2018：287-288.

在官方译本发布前一个月,电视剧《扶摇》(*Fuyao*)以原声+字幕的形式登录 YouTube,平台提供英语、阿拉伯语、葡萄牙语、西班牙语(巴西)、印度尼西亚语五个语种的字幕,吸引了大量海外观众。截至 2023 年 6 月,仅英语字幕版本单集平均播放量达到 26 万次[①]。为了抢先了解情节,大量海外青年大众读者寻找原著的英译本进行阅读,一边“追剧”一边“追更”,“影视”(drama)和剧中演员姓名因此成为读者评论的高频关键词。然而,从评论中发现,电视剧《扶摇》非但没有促进官方译本的接受,反而与官方译本争夺读者(观众)的注意力,造成迷惑。由于国内审查制度对穿越题材的限制,电视剧《扶摇》删减了所有涉及穿越的内容,只剩下“大女主逆袭”的主线,如此大的改编幅度导致海外青年大众读者难以将二者联系起来,更难以相互促进。再者,融合了视觉、听觉的多模态文本接受难度低于文字文本,更容易吸引以娱乐为目的的海外青年大众读者。在这样的局面下,官方译本在翻译上的弊端更为凸显。更重要的是,改编后的电视剧在故事上更符合海外青年大众读者的逆袭期待,读者难免将二者进行比较,在评价时“捧一踩一”。官方译本在与 IP 影视改编的多模态译本的竞争中再度败下阵来。

第五节　小结

前有粉丝译本,后有 IP 影视改编的多模态译本,《扶摇皇后》官方译本在海外陷入腹背受敌的境地。官方译本的阅读量和评论数多年未出现明显增长,接受效果不佳已成定局。

《扶摇皇后》失利的表面原因是官方译本的翻译质量问题。“古

① 详情请见 https://www.youtube.com/watch? v=n8AF5VbuztE.(查询时间 2023 年 6 月)

风”超出词句的借用，在诗学观念上更靠近中国文化的核心。官方译本追求流畅透明，虽保证了情节的流畅，但文化语境不足，接受难度并未因此降低，且消弭文化特色，剥夺了读者获得文化上进阶“爽感”的机会。粉丝译本尽管同样存在误译，但在行文上尽力还原中国语言文化的特色，并以副文本补足文化语境，靠近海外青年大众读者对“中文之美”的期待，赢得了读者的自发支持。和“情怀”一样，“古风”对英译中国网络小说接受上的制约，根源仍是中国文化核心价值的表达、翻译、接受问题。

《扶摇皇后》失利的根本原因在于基础“爽感”不足。在基础“爽感”层面，女性读者与男性读者存在共性又有其自身特性。社会不公、性别歧视带来更为迫切的逆袭渴望，加上先行具有的“女读言情”倾向，决定了女性读者的两大基础“爽感”来源——事业与情感。在事业线上，《扶摇皇后》讲述女主角孟扶摇穿越到九洲大陆后的修炼与逆袭，符合主角中心、等级系统、先抑后扬等英译中国网络小说的“套路”，官方译本在翻译时以封面、简介等副文本进一步强化“大女主逆袭”色彩。在感情线上，众多男性角色围绕着女主角孟扶摇的“逆后宫”设定有效地补偿了女性读者的情感需求。这使《扶摇皇后》基本符合海外青年大众读者对“女频”英译中国网络小说的期待。然而，随着“爽感抗性”日渐显现，《扶摇皇后》的“套路”被一些读者视为陈词滥调，难以引发兴趣。再者，目标语文化中先行存在着对“玛丽苏”的反感，导致部分女性读者认为《扶摇皇后》对男性角色的过度渲染削弱了孟扶摇的逆袭带来的基础“爽感”。女性海外青年大众读者对基础“爽感”的期待更为强烈、复杂，而前期取得成功的逆袭升级“套路”在女性读者中效果有限。受女性海外青年大众读者欢迎的小说又有何特质？

第七章　《许你万丈光芒好》:“人气黑马”蹊径另辟

一直以来,玄幻、仙侠类型是英译中国网络小说研究的唯一焦点。从接受的实际情况来看,玄幻、仙侠小说最先“走出去”,也最早被海外青年大众读者所接受,研究此类具有代表性的小说具有现实意义。从内容上来看,玄幻、仙侠小说发生于拟古的架空世界,更符合惯常思维下的“中国文化”标准。相比之下,以现代社会为背景的言情小说“中国文化”不足,而“中国社会”有余,难使海外青年大众读者产生共鸣。译者赖静平曾表示:现代言情小说中常出现“剩女”“车房”“裸婚”等概念“过于中国化”①。另外,国内学术界则往往认为此类小说是纯粹的文化快餐,没有承载中国文化,不具备研究价值。然而,当下接受效果最好的英译中国网络小说,恰恰是言情小说。

第一节　名不见经传的“霸道总裁文”

《许你万丈光芒好》是阅文集团白金作家囧囧有妖(本名周燕)所著的现代言情小说,原名《隐婚100分:惹火娇妻嫁一送一》,出版名

① 李彦,杨柳.网络文学译介:一条少有人走的路——武侠世界创始人赖静平访谈录[J].翻译论坛,2018(04):5.

《君子报恩》,全文 229.1 万字,原载于云起书院,2016 年 7 月转载于潇湘书院。《许你万丈光芒好》讲述了宁氏家族大小姐宁夕被鸠占鹊巢的养女宁雪落陷害而放逐至国外五年,回国进入娱乐圈,后因救下男主角陆霆骁的儿子小宝(little bun)而与男主角相识,在众人的帮助下,最终复仇成功,并与男主角终成眷属。

从小说原名中的“隐婚”“惹火娇妻”可见,《许你万丈光芒好》在中国网文界被归类为“霸道总裁文”。“霸道总裁文”属于“女频”小说中的“小白文”,此类小说以“三低”的女性大众读者为目标,往往是“老白”读者调侃的对象,学者也甚少研究此类小说的文化价值。作者囧囧有妖虽是中国作家协会会员、安徽省作协会员、安徽省网络作家协会理事,并入选 2019 福布斯中国 30 岁以下精英榜,但《许你万丈光芒好》并未在国内获得任何奖项,也少有媒体报道。不仅“老白”读者和专业读者不感冒,《许你万丈光芒好》在大众读者中的人气也平平,仅仅是百万级别。

第二节　全球阅读量破亿的人气黑马

跨出国门后,《许你万丈光芒好》(*Full Marks Hidden Marriage: Pick Up a Son, Get a Free Husband*)却成了人气黑马。《许你万丈光芒好》由 Endless Fantasy Translation 和 Henyee Translations 两个翻译团队合作完成,发布于起点国际,2017 年至今,阅读量达 4.487 亿次,读者评论达 47796 条,评分达 4.67[①],至今稳居“女频”翻译小说海外月票总榜(Power Ranking)冠军(如图 7.1),人气总榜(Popular Ranking)亚军(如图 7.2)。Novel Updates 网站上,1104 名读者为《许你万丈光芒

① 详情请见 https://www.webnovel.com/book/full-marks-hidden-marriage-pick-up-a-son-get-a-free-husband_8060642606003005.(查询时间 2023 年 6 月)

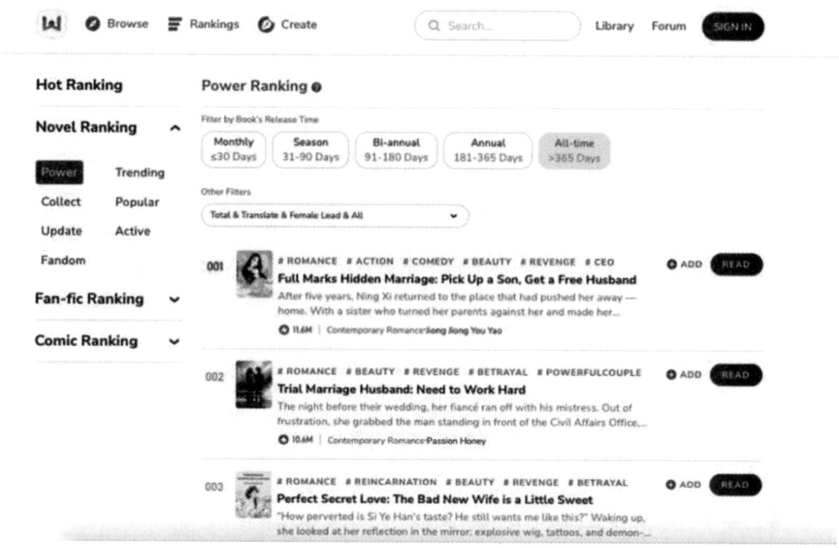

图 7.1 《许你万丈光芒好》海外月票总榜冠军

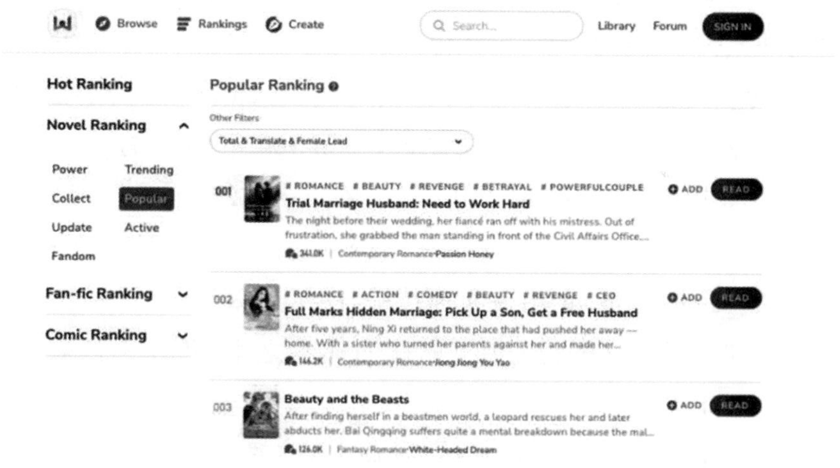

图 7.2 《许你万丈光芒好》人气总榜亚军

好》的平均打分为 4.3 分,70%读者打出满分,217 名读者评论①。Goo-

① 详情请见 https://www.novelupdates.com/series/hidden-marriage/.(查询时间 2023 年 6 月)

dreads 网站上,1326 名读者打出的平均分为 4.33,111 名读者评论①。各平台的评分和评论人数均数倍于先前三部小说。2018 年,《许你万丈光芒好》正式向越南授权进行影视改编,标志着中国网络小说开启海外 IP 改编授权的新征程②,改编电视剧《惹火娇妻》于 2020 年上线,吸引了包括中国在内的全球观众,进一步扩大了《许你万丈光芒好》在全球的知名度。在全球范围内的超高人气使《许你万丈光芒好》在 2020 年首届上海国际网络文学周中获评"最受欢迎翻译作品"。2023 年,在起点国际上阅读量破亿的 9 部作品中,《许你万丈光芒好》以超 4 亿的阅读量高居榜首,囧囧有妖也因此荣获"网络文学海外传播个人奖"③。

《许你万丈光芒好》的出海之路可以追溯到 7 年前。早在 2016 年 11 月,Volare novels 曾连载由粉丝译者 timebun 翻译的《许你万丈光芒好》前 185 章的英译本。timebun 同样采取"直译+副文本"模式,利用"译者注"(TL Note)补充中国文化元素,如"哥哥"在中文语境下的爱称之意等④。随后,一家名为 Blazes' Amateur Translations 的小型网络小说翻译网站发布了《许你万丈光芒好》第 186—265 章的译文,译者为网站创始人之一 Blazaria。2017 年 7 月,Blazaria 在完成了第 265 章译文更新后宣布"弃坑"(dropped),表示"起点国际已接手"(Qidian International picked it up)并在页面结尾给出链接。不过,《许你万丈光芒好》并未发生像《扶摇皇后》那样的译本之争,各译本读者各得

① 详情请见 https://www.goodreads.com/book/show/39986453-full-marks-hidden-marriage? from_search=true&from_srp=true&qid=BDSrxrWIYW&rank=1.(查询时间 2023 年 6 月)

② 刘长欣. 不但神秘而且够"爽"这样的网文才有老外看[EB/OL].(2018-10-17)[2022-01-02]. http://www.chinawriter.com.cn/n1/2018/1017/c404023-30346868.html.

③ 阅文集团. 200 多国读者追更的中国网文[EB/OL].(2023-05-27)[2023-06-09]. https://mp.weixin.qq.com/s/oyI7k7N0wBV0R8yiR_VuWw.

④ 详情请见 https://www.volarenovels.com/novel/hidden-marriage/fmhm-chapter-1.

其乐。

《许你万丈光芒好》吸引许多女性海外青年大众读者进入英译中国网络小说的世界。《2020 网络文学出海发展白皮书》中,菲律宾读者 Alice 直言:“《许你万丈光芒好》是她进入网文世界的‘领路人’”①。《许你万丈光芒好》扩大了英译中国网络小说的女性读者群体,被评为“起点国际最好的‘女频’小说”(best female-oriented novel on this site),乃至“最好的英译中国网络小说”(best translated Chinese web-novel)。除了表达主观感受之外,读者还投入时间精力分析情节走向、人物设定、文化元素等,发表长篇评论。《许你万丈光芒好》对女性读者投身网络小说创作的激励作用显著。荣获首届上海国际网络文学周“最有潜力海外原创作家”奖项的巴基斯坦网络小说作者 XiaoMee-Hee 明确表示,是囧囧有妖的小说启发了她的网文创作②。

《许你万丈光芒好》打破了“只有玄幻、仙侠小说才能‘走出去’”的惯例,在文学和社会上同时实现接受的第三层级“反响”。一部没有在国内获评任何奖项、人气也不甚突出的小说却在海外引发空前轰动,再次上演了“二三流的作品却受到远超出其本身价值所应得的欢迎”③的现象。《许你万丈光芒好》形成“墙内开花墙外香”局面的原因之一,就在于现代言情小说在文化上的“厚今薄古”,降低了翻译上争议发生的几率,也降低了读者的接受门槛。

---

① 阅文集团. 一张图读懂 2020 网络文学出海发展白皮书[EB/OL].(2020-11-16)[2021-06-10]. https://mp. weixin. qq. com/s/f4846Ps5rFxmPLju44nAjQ.

② 范佳来. 网文出海:海外粉丝超 7000 万,网文翻译成新兴职业[EB/OL].(2020-11-18)[2021-07-27]. http://www. chinawriter. com. cn/n1/2020/1118/c404023-31935729. html.

③ 王佐良. 翻译:思考与试笔[M]. 北京:外语教学与研究出版社,1989:23.

第三节　中国文化"厚今薄古"降低接受门槛

中国文化在五千年的发展历程中不断生发出新的成果，并不能用传统或现代某一类文化符号方式所代表。《许你万丈光芒好》突破了以往英译中国网络小说塑造的"玄幻中国"形象，展示中国文化的时尚一面。官方译本和粉丝译本在处理中国文化元素时各有特色，并未出现《扶摇皇后》那般激烈的争议。

一、流行语与古诗文齐飞

（一）网络流行语

网络文学的语言普遍以口语化、速食化为特色，以大众化、世俗化为主调①，表现形式包括：多短句、使用网络流行语、使用网络聊天方式表现对话等。《许你万丈光芒好》中不仅经常出现聊天记录形式的对话，在对话中也常常出现各类流行语、"火星文"等网络性十足的文化元素。

第二十二章"紧急呼叫支援"（官方译本为第 21 章）中，女主角宁夕与当时还未正式登场的男性角色之一江牧野的 QQ 聊天就汇集了各类网络流行语，其中不乏不甚文雅的表达。

污妖王：宁小夕，你这非主流 QQ 名能不能换换？简直辣眼睛！

淽の淑寞嘘悾矢落：污妖王就不辣眼睛？好意思说我吗？

① 李星辉. 网络文学语言论[M]. 北京：中国文史出版社，2008：17-22.

……①

洑の淑寞嘘悾矢落:对方不想跟你说话并且朝你扔了一条狗

(《许你万丈光芒好》第二十二章 紧急呼叫支援)

官方译本:

Evil Fairy King: Little Ning Xi, can't you change your old-fashioned QQ name? It irritates my eyes!

Loneliness Like Neverending Arrows in the Void: And Evil Fairy King isn't irritating? You have the nerve to criticize me?

Loneliness Like Neverending Arrows in the Void: The other party doesn't want to speak to you and throws a dog at you.

(Chapter 21 *Immediately Calling for Emergency Backup* by Henyee Translation)

粉丝译本:

Corrupted Devil King: Little Ning Xi, can't you change your outdated QQ name? It hurts the eyes!

My Lonely Empty Loss: So Corrupted Devil King doesn't hurt the eyes? You don'tt feel embarrassed scolding me?

My Lonely Empty Loss: The person you're contacting doesn't want to talk and throws a dog over.

(Chapter 22 *Calling in Emergency Support* by timebun)

本例中出现了三处网络流行语:一是来自于网络亚文化的角色网名,二是流行语“非主流”“辣眼睛”等;三是网络段子“对方不想跟你说话并且朝你扔了一条狗”。

对于网名,两个译本都在目标语文化取向的前提下进行创译

① 此处为笔者省略与本例所讨论问题无关的对话内容。

(transcreation)。江牧野的网名"污妖王"中的"污"在网络流行语中指精通各类黄色笑话的人,有调侃之意。和《将夜》对粗俗俚语的处理一样,Henyee 团队将"污"泛化为"邪恶"(evil),将"妖"雅化为"仙"(fairy),塑造江牧野亦正亦邪的形象,既忠实于源文本,又降低了源文本内容与目标语伦理规范上的冲突。相比之下,timebun 以 corrupted devil 两个偏贬义的词突出"邪恶"的贬义,虽然字面忠实对应,但不懂源文本调侃色彩的海外青年大众读者可能会产生负面印象。

宁夕的网名为"火星文",如果用规范汉字表达应为"我的寂寞虚空失落"。火星文使用符号、繁体字、日文、韩文、冷僻字或汉字拆分后的部分等非正规化文字符号,或者同音字、形近字组合取代规范汉字表达,形近字互换的规则使"失"在火星文中变成了"矢",这误导了 Henyee 团队在翻译时增加了"like neverending arrow",虽然含义上并无偏离,但译文冗长,并不符合网名的特点。粉丝译本则仅用 My Lonely Empty Loss 四个单词揭示了这一网名的忧郁色彩,与宁夕的坚强性格形成对比,从而使对话中的"网名'辣眼睛'"合情合理。

"辣眼睛""非主流"是源语文化特有的网络流行语,既不能像颜文字一样以零翻译处理,也不能像"么么哒"一样在目标语文化中找到对应项"XOXO",需明示其内涵。江牧野觉得宁夕的网名"辣眼睛"的原因,是因为"火星文"在当下的源语文化中不再流行。"火星文"所属的"非主流"亚文化流行于 21 世纪初的中国,但无论源文本创作时的 2016 年或故事背景设定的 2010 年后某一年的中国来说,"非主流"意味着"过时""怪异",内涵偏贬义。目标语文化中并不存在完全对应于"非主流"的文化现象,海外青年大众读者也并不了解"非主流"在当下源语文化中的贬义。两个译本以 old-fashioned 或 outdated 明示"非主流"的"过时"意味。同理,流行语"辣眼睛"在翻译时也隐去了"眼睛"的意象,明示为 irradiates 或 hurts。舍形而取义,是两个译本在翻译上述流行语时的共同原则,读者少有不解或反对,证明这一原则的效果。

与“辣眼睛”不同,对另一处流行语“抱大腿”,官方译本与粉丝译本均采取保留意象的直译,却造成了理解上的偏差。“抱大腿”出现在第七十六章“嫂子威武霸气”中(官方译本为第75章):

> 陆景礼一脸警惕地瞪着他们,“干嘛干嘛!全都问我是谁有什么企图?想抱大腿?不可能!我未来嫂子的大腿只能我一个人抱!你们想都别想!”
>
> 众人:“……”他们只抱脚趾头还不行吗?[①]
>
> 官方译本:
>
> Lu Jingli stared at all of them warily. “What! Asking me who it is, what do you want? Want to hug her thigh now? No way! Only I can hug my future sister-in-law's thigh! You people don't even think about it!”
>
> Everyone: “. . . ” Couldn't they hug even just one toe? (Chapter 75 *Almighty Sister-in-law* by Henyee Translation)[②]
>
> 粉丝译本:
>
> Lu Jingli stared vigilantly at them, “What are you all doing! Are you guys plotting something by asking me who she is? Trying to hug her leg? No way! Only I get to hug my future sister-in-law's leg! Don't even think about it!”
>
> Everyone: “. . . ” Couldn't they at least hug a toe? (Chapter 76 *Sister-in-law is Indeed Mighty and Formidable*! By timebun)[③]

① 源文本链接:https://www.xxsy.net/info/993060.html.

② 官方译本链接:https://www.webnovel.com/book/full-marks-hidden-marriage-pick-up-a-son-get-a-free-husband_8060642606003005.

③ 粉丝译本链接:https://www.volarenovels.com/novel/hidden-marriage/.

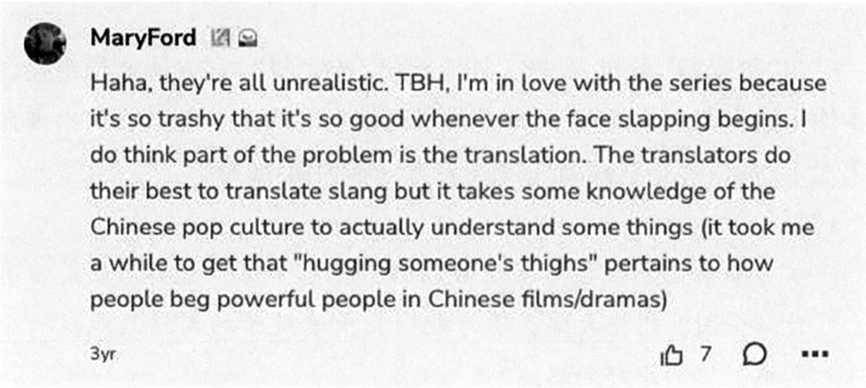

图 7.3 读者 MaryFord 对"抱大腿"的评论

起点国际上的读者 MaryFord(如图 7.3)表示花了一会儿工夫才明白"抱大腿"在中国电影电视剧中表示依附权贵(it took me a while to get that "hugging someone's thighs" pertains to how people beg powerful people in Chinese films/dramas),理解上需要一定中国流行文化知识(Chinese pop culture)。其他读者也表示并不理解"抱大腿"的内涵,仅仅是觉得"抱大腿""抱脚趾头"这一场景很滑稽。

但是,网络流行语如果处理不当,则不仅不易理解,甚至引发争议。源文本中出现了网络段子"对方没有说话并向你扔了一只狗"以及带有禁忌语的变体。然而,双方译者均未意识到同一事物在不同文化中的不同情感色彩采取了直译方式。"狗"在中国文化中常呈现贬义,而在目标语文化中,"狗"多以正面的形象示人。中西文化对于"狗"的认识不同导致这个在源语文化中司空见惯的网络段子在目标语文化中引发负面反馈。在起点国际的章节评论区,除了少数几名读者表示这个情节很有趣(hilarious),大多数读者表示用狗开玩笑不甚得体,语言太"脏"(dirty),无法接受。读者的"前结构"中存在着意识形态和诗学观念的规范,违背规范的文本会导致读者的不适。通俗不代表庸俗,即使是大众文学文本,也需遵守一定的文化规范,与文化规范相冲突的内容仍会引发反感。

(二)古诗词

尽管故事背景设置在现代,《许你万丈光芒好》中仍存在诸如古诗词这样的传统文化元素。此类文化元素大多出现在女主角宁夕作为演员拍摄电影时的“戏中戏”,如第五十八章(官方译本为第 57 章)便以“铁马冰河入梦来”为题。“铁马冰河入梦来”出自宋代诗人陆游的《十一月四日风雨大作二首》其二,在源语文化中耳熟能详,全文如下:

(其一)
风卷江湖雨暗村,四山声作海涛翻。
溪柴火软蛮毡暖,我与狸奴不出门。
(其二)
僵卧孤村不自哀,尚思为国戍轮台。
夜阑卧听风吹雨,铁马冰河入梦来。

此二首诗贯穿于本章,一语双关,既是女主角宁夕电影中的台词,同时也暗示另一女性角色贾青青即将陷害宁夕。Henyee 团队采取直译如下:

The strong wind carries the rain over the rivers to the dark village, the downpour on the mountains around us is like waves raging hard.

The wood is burning and my felt is warm, my cute cat and I stay inside.

Lying stiffly in bed in a desolate village, I don't feel sad for myself, I still want to go to war and do my duty for my country.

Lying down in the depths of the night and listening to the wind and the rain, I dream of riding an armored horse to cross a frozen river. (Chapter 57 *Dreaming of Riding an Armored Horse to Cross A Frozen River* by Henyee Translation)

Henyee 团队的直译译文并无明显错误,“狸奴”(猫)等意象也都被准确翻译出来,但官方译本只给海外青年大众读者留下有趣的印象(如图 7.4),并不能让他们意识到自己阅读的是中国诗人的著名诗篇。

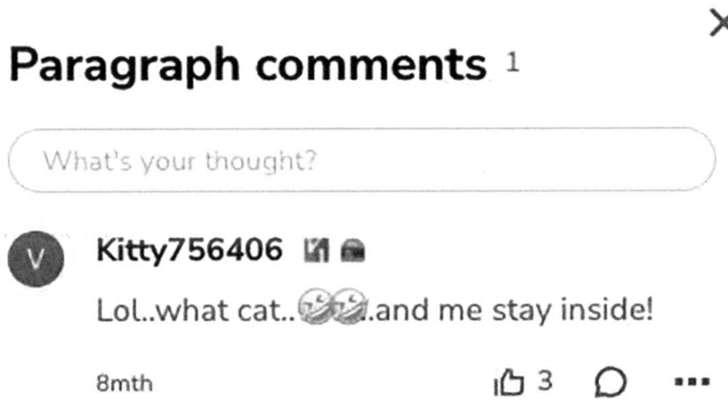

图 7.4　读者 Kitty756406 对于“狸奴”的评论

译者 timebun 在翻译这首诗时,采用了粉丝翻译的典型模式——“直译+副文本”,指明这两首诗的地位:

The storm envelops the river, rain darkens the village, the four mountains sound like ocean waves...

The fire burns soft and warm, my cat and I are unable to leave the house...

Abed, motionless, in a lonely village,

For myself I sorrow not.
All I seek's defence of my country's frontier,
And to me a station there allot.
Lying in the depth of the night I listen,
To the winds blowing the rain.
And iron-clad horses o' er frozen rivers,
As of old, invade my dreams again.
(Chapter 58 *As of Old, Invade My Dreams Again* by timebun)

章节末尾的 TL Note 中,timebun 向读者介绍了这两首诗为陆游所作(如图 7.5),并交代了诗中所描写的内容和抒发的感情。对于第一首诗,timebun 解释道:这首诗描述风雨侵袭村庄时,人在家中温暖慵懒不想出门的状态,令人有同感(So relatable)。timebun 表示未能找到官方译本,故自己尝试进行翻译:

TL Note:

The poems that Ning Xi read are called <The Two Great Works of the 4th November Storm> by Lu You.

The first poem:

??????????????????????????????

The storm envelops the river, rain darkens the village,

the four mountains sound like ocean waves,The fire burns soft and warm,

my cat and I won't leave the house.

-

It talks about a storm raging in a village, being warm and cosy at home and not wanting to leave the house. (So relatable >u>)

I couldn't find an official translation for this, so I tried to translate to the best of my ability. ovo;;

图 7.5 timebun 关于《十一月四日风雨大作(其一)》的副文本

而更为著名的第二首诗,timebun 基于与自己对小说情节的理解,解释了情节中宁夕所扮演的角色的状态及原因——爱国与复仇之间的冲突。timebun 此处采用了译者王知还的优美(pretty)译本,并附上了译文本链接(如图 7.6):

The second poem:

??????????????????????????????

Abed, motionless, in a lonely village,

For myself I sorrow not.

All I seek's defence of my country's frontier,

And to me a station there allot.

Lying in the depth of the night I listen

To the winds blowing the rain,

And iron-clad horses o'er frozen rivers,

As of old, invade my dreams again.

This pretty translation was written by Wang Zhihuan! (Source: http://www.en84.com/dianji/shi/200912/00000398.html)

It talks about patriotism, which is why Meng Changge was so emotional while reading it. Her family was loyal to the country, and she was surely raised to be patriotic too, but now she's on the path to destroying the country for revenge...

图 7.6　timebun 关于《十一月四日风雨大作(其二)》的副文本

在兴趣的驱动下,粉丝译者往往比职业翻译团队有着更为强烈的文化传播意愿。Henyee 团队让古诗词在译文本中隐形,而译者 timebun 抓住机会,介绍陆游以及这两首诗的内涵,并尽力寻找官方译本以保证忠实于源语文化。读者虽并未在评论中明确反馈,但至少已经留下了对中国古诗词的模糊印象。

二、当代文化与传统观念共存

(一)"饭圈"文化

《许你万丈光芒好》以娱乐圈(entertainment industry)为背景,时常出现流行于娱乐明星粉丝内部的"饭圈"用语以及诸如"粉丝行为偶像买单”(Your words and actions will represent your idol)的流行语。目标语文化虽然同样存在发达的娱乐业,但“饭圈”概念并不像亚洲那般显著,“饭圈”文化因此成为当代中西大众文化的壁垒。

第六十章(官方译本为第59章)描写了明星江牧野在机场被疯狂粉丝接机的场景,其中出现了多处“饭圈”用语,如江牧野的粉丝名“椰子”、粉丝群体分类“大妈粉”“少女粉”“男粉”、粉丝应援口号以及明星与粉丝的爱称:

> “老公看这里!老公我爱你!老公我要给你生猴子!”
>
> “牧野牧野你最帅!椰子永远支持你!”
>
> “牧野牧野你最棒!椰子永远守护你!”
>
> ……
>
> 现场的少女粉最多,她甚至还看到了好几个大妈粉甚至不少男粉,一个个全都声嘶力竭,机场所有的警卫都出动了,还是控制不住情况。
>
> “老婆们,安静点好吗?不要影响到他人哦!嘘!”(《许你万丈光芒好》第六十章 爱你一万年哟)

官方译本中除了将江牧野的粉丝群体自称“椰子”转为第一人称“I”之外,其余“饭圈”用语均采取直译,如“老公”(Hubby)、“老婆们”(Wives)、“生猴(孩)子”(have babies with you)、少女粉(young female fans)、大妈粉(auntie fans)、男粉(male fans):

> “Hubby, look over here! I love you! Hubby, I want to have babies with you!”
>
> “Muye, Muye, you are the most handsome! I'll support you forever!”

"Muye, Muye, you are the best! I'll protect you forever!"

...

Most of them are the scene were young female fans; she even saw quite a number of auntie fans and some male fans. All of them were screaming their hearts out. All the airport security personnel had come out, but the situation was still out of control.

"My dear wives, quiet down, okay? Don't disturb other people! Shhh!" (Chapter 59 *Love You for Ten Thousand Years* by Henyee Translation)

粉丝译本对于"饭圈"用语也基本采取直译，不同的是 timebun 将粉丝名"椰子"音译为"Yezi"，对此，译者 timebun 并未增补注释：

"Hubbie look over here! Hubbie I love you! Hubbie I want to give birth to your kids!"

"Muye, Muye, you ' re the coolest! Yezi will always support you!"

...

Teenage girls were the most numerous amongst the fans, she even saw some middle-aged women and quite a few male fans. They were all shouting at the top of their lungs. All the security guards at the airport had been deployed, but they still weren't able to control the situation.

"My dear wives, could you keep it quiet? Don't disturb others! Shhhhh!" (Chapter 60 *I'll Love You for a Thousand Years*![1] By timebun)

---

① 此处"a thousand"为 timebun 误译。

机场接机的疯狂景象、男明星与女粉丝以“老公”“老婆”相称在源语文化中司空见惯,但在目标语文化中却很少见。Volare novels 上,粉丝译本的读者并未对这一情节作出评价,而在起点国际上,多名读者都表示这种行为“有些过火”(a little much),厌恶这样的粉丝(dislike fans like this),或是觉得如此追星太过滑稽可笑(hilarious)。国家机构对“饭圈”文化的整治证明这一现象与中国文化核心价值观存在一定冲突,“饭圈”文化经由翻译向外传播,不仅难被海外青年大众读者理解,也有可能为中国文化形象带来负面影响。

(二)亲属关系

亲属关系是中国全体社会成员所遵守的制度习俗,亲属称谓反映着中国文化中的家族、亲缘、长幼尊卑的观念,是中西文化之间的典型差异。以现代社会为背景的英译中国网络小说中同样存在着复杂的亲属关系,这种亲属关系有时可以成为戏剧效果的来源。中西文化在亲属概念上一严密一宽泛、一明确一模糊,也为译者留下阐述的空间。

《许你万丈光芒好》中,江牧野与男主角陆霆骁年龄相仿,但在辈分上,陆霆骁是江牧野的舅舅(unele),而江牧野又是女主角宁夕的前男友,“宁夕成为前男友的准舅妈”这样复杂的亲属关系在源语读者看十分荒诞,成为一大笑点。第六十五章(官方译本为第六十四章)描述了三人相遇的尴尬场景:

> 江牧野见宁夕这个样子,心中顿时非常不快,板着脸道,“宁夕,这是我舅舅,陆氏集团总裁陆霆骁。傻愣着干啥?叫人啊!”
>
> 此刻,头发滴着水,手里还揪着衣服上破掉的那一块的宁夕总算是找到了自己的声音,以极其玄幻的表情,干巴巴的一字一顿道,“舅……舅……?”(《许你万丈光芒好》第六十五章 玄幻的会面)

官方译本：

Jiang Muye was very unhappy seeing Ning Xi act like this, and she said stiffly, "Ning Xi, this is my uncle, CEO of Lu Corporation, Lu Tingxiao. Why are you standing there like a rock? Say hi!"

In that moment, her hair dripping water and her hand clutching the sides of the hole in the T-shirt together, Ning Xi finally found her voice. With a mystified expression, she dropped the syllables blankly. "Un... cle... ?" (Chapter 64 *An Unreal Meeing* by Henyee Translation)

粉丝译本：

Jiang Muye was extremely unhappy inside after seeing Ning Xi like this. His face was stiff as he said, "Ning Xi, this is my uncle, the Lu Corporation's CEO Lu Tingxiao. Why are you standing there in a daze? Greet him!"

At this moment, with her hair still dripping wet and her hand still holding onto the missing chunk on the shirt, Ning Xi finally found her voice. With a voice like she was having a strange dream, she insipidly spoke syllable by syllable, "Un... cle... ?" (Chapter 65 *An Dream-like Meeing* by timebun)

这一不同寻常的亲属关系在并无深刻的亲属观念的海外青年大众读者中同样引发了轰动。两个译本均直译了这一“玄幻”(mystified/dream-like)场景,其中,粉丝译本使用“Greet him”的祈使句表示“叫人啊”,比官方译本看似符合目标语文化习惯的“say hi”更体现出源语文化中长幼尊卑的传统。从评论来看,两人同龄却要遵守长幼辈分的现象冲击了海外青年大众读者的创新期待。在起点国际上,这两段的段落评论数由其他段落的零星几条陡增至 26 条和 12 条,章节评论也都围绕这一亲属关系展开,“OMG”(“Oh my God”的首字母缩写)成为评论中的高频词,表现读者对这一亲属关系的震惊。读者 Lilian-Snow 评论道:“情节变得复杂了(The plot thickens)。”粉丝译本的评论也显示,读者好奇心已经被这一荒诞的亲属关系引燃。

随着情节的推进,海外青年大众读者逐渐理解了这一亲属关系。在第八十一章(官方译本为第八十章),宁夕的“他要是敢欺负我,我就去做他大舅妈,分分钟用辈分压死他”(官方译本为 If he dares to bully me,I'll just become his auntie,and use my status all the time to suppress him! 粉丝译本为 If he dares to bully me,I'll just go and become his aunt and use my seniority to suppress him!)再次吸引了读者的注意。目标语文化中并无“辈分”的对应概念,为便于海外青年大众读者理解,Henyee 团队将其比附为“status”(地位),而 timebun 比附为“seniority”(年资),二者都是牺牲了一定文化内涵的权宜之计,严格来说都不甚准确。但此时大多数读者已经不再纠结于中国的“辈分”是什么,是否真的“压死人”(surpass),而把注意力放在“舅妈”宁夕和“舅舅”陆霆骁的感情发展上,频繁引用小说中的“Lu Tingxiao is in heaven right now”来表示陆霆骁听到宁夕独白后的兴奋反应。

在经典文学文本中常给读者造成混乱的亲属关系,在《许你万丈光芒好》却能被顺利理解,即使是“同龄不同辈却爱上同一人”这样的荒诞设定也并未带给读者困惑,反而在海外青年大众读者中重现了源文本的喜剧效果。

三、价值维度被直译标题遮蔽

在开始连载之时以“隐婚”“惹火”“嫁一送一”等在主流伦理上打擦边球的字眼作为书名吸引大众读者眼球,是“霸道总裁文”等“女频”小说常用的策略。在中国网络小说网站中任意搜索其中之一,就会得到大量类似的“霸道总裁文”。这种擦边球在赢得关注的同时,也会引发一些读者和学者的反感，甚至有遭到国家机构封禁的风险。因此，当小说的人气达到一定水平后，或准备出版时，作者往往会为小说改名，使之向文学主流审美标准靠拢，《许你万丈光芒好》也不例外。

《许你万丈光芒好》曾一度以《君子报恩》为名出版，这一书名的焦点在于女主角宁夕的价值观——“有仇必报，有恩千百倍还”。仅书中前半部分，宁夕就凭借自己的才智和技能对贾青青、常莉、宁雪落等人的霸凌予以强有力的反击，甚至面对不分黑白的父亲宁耀华也未曾退缩，制造了无数“打脸”（face slapping）现场。而对于陆霆骁、小宝以及其他对宁夕有恩的角色，宁夕则温柔以待，在对方处于危险之时不惜一切代价冒险相助。这种以善良为底色，以坚韧、乐观、善良、机敏为表征的价值观与“男频”小说的“小白”价值观异曲同工，颇有中国女侠之风，也符合海外青年大众读者对英译中国网络小说主角的一贯印象。

现用名《许你万丈光芒好》则凸显小说的言情特质。爱情是文学永恒的主题之一，爱情的忠诚、专一是跨越文化的共通价值，能够在全球读者中引发共鸣。《许你万丈光芒好》的名字营造含蓄梦幻的氛围，使源语读者产生对言情小说的定向期待，也刻画出男女主角相互成就的爱情观。此外，模仿七言诗文的《许你万丈光芒好》是中国传统文学与文化影响作者创作的体现，也能够拉近小说与主流意识形态和诗学规范的距离，提升读者对小说格调上的印象。

然而，在走向海外时，官方译本和粉丝译本却都选择了对早期的直白书名——《隐婚100分：惹火娇妻嫁一送一》进行直译：*Full Marks Hidden Marriage*：*Pick Up a Son*，*Get a Free Husband*（官方译本）或 *Full Marks Hidden Marriage*（粉丝译本），简称 *FM*。直译书名直接阐明核心事件，吸引海外青年大众读者的眼球，同时也限制海外青年大众读者对这部小说的定向期待。从小说中找到隐婚、私生子等情节，满足猎奇猎艳心理，成为他们阅读的直接动力，而源文本倡导的跨文化共通性价值观、爱情观被遮蔽、被忽略。原名直译虽然帮助《许你万丈光芒好》充分实现作为大众文学文本的娱乐功能,但也加深了其文化快餐的色彩,导致其在部分读者眼里沦为打发时间的工具。

译者明示中文的含蓄表达乃至打擦边球的行为在章回标题中也十分常见,如第七章中文标题中的“以身相许”,在官方译本中被译为“pay with his body”。大众文化常通过误用语言来冒犯正确的语言规则,召唤读者生产者式的解读,颠覆语言结构,寻找自己需要的语义[①]。与源文本的含蓄之意相比,官方译本对身体和欲望的表达更为直白,激发了读者的生产者式解读。在定向期待的驱使下,起点国际上的多名读者在评论中表示将“pay”看成了“play”,这是作者和源文本读者难以预料的。

尽管不甚完美,《许你万丈光芒好》呈现出不同于玄幻、仙侠小说的“时尚中国”文化形象,弱化了文化异质性,从而降低了翻译与接受的障碍。相较于《将夜》《扶摇皇后》的官方译本在文化调和上的失败,《许你万丈光芒好》的官方译本在调和两种文化时采取了恰当的策略,使源文本的风格基本在译文本中得以还原,甚至还产生了意想不到的反应和反馈。粉丝译本与官方译本虽采取了不同的策略,但由于文化异质性的减弱,接受效果的差异也不似《将夜》《扶摇皇后》那般明显。

当文化不再是障碍,读者便将更多注意力投入内容上。没有等级系统、没有修炼功法,《许你万丈光芒好》如何在内容上吸引女性海外青年大众读者?

---

① 赵勇刚. 文化政治与符号权力——约翰·菲斯克的大众文化理论研究[M]. 北京:中国社会科学出版社,2017:142-144.

第四节　女版“小白文”瑕瑜互现

一、译文本更为浅白易读

通过测算发现（如图7.7），《许你万丈光芒好》“黄金三章”的福莱士易读指数达到81.43，难度级数为5.01，迷雾指数为7.98，可读性数据与《我欲封天》基本持平，且在难度级数和易读指数上略高于《我欲封天》，受过7—8年教育的五年级学生即可读懂。《许你万丈光芒好》用词简单，属于“小白文”的水平，理论上具备覆盖更广泛读者群体的能力。

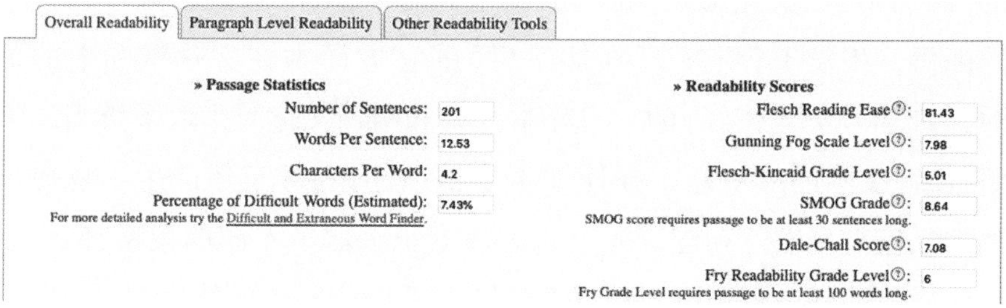

图7.7　《许你万丈光芒好》前三章的易读性数据

在使用AntConc析出的前三章主题词表前十位高频词（如图7.8）中，音译的角色姓名“宁夕”“宁雪落”“苏衍”占据了前五位，凸显宁夕的主角地位，使读者隐约产生“故事可能发生在中国”的定向期待。抛开这些中文姓名，前三章中再无其他中国文化元素，这意味着读者无须查阅副文本即可轻松阅读，符合文化水平有限的家庭主妇或时间精力有限的职业女性休闲放松的需要。主题词表中，第二人称you的主题性（keyness）显著高于第三人称，说明对话占比较高，主题词表第六至十位均为人称代词和助动词，并无可以揭示中心事件的实词。海外青年大众读者习惯开门见山的故事,角色对话的内容如何吸引读者,还需回到文本考察。

Rank	Freq	Keyness	Effect	Keyword
1	77	+ 808.25	0.0577	ning
2	50	+ 524.31	0.0378	xi
3	28	+ 293.38	0.0214	xueluo
4	28	+ 293.38	0.0214	yan
5	23	+ 227.03	0.0176	su
6	69	+ 134.93	0.029	you
7	13	+ 120.72	0.01	don
8	75	+ 117.01	0.0269	her
9	65	+ 87.88	0.0235	she
10	7	+ 73.29	0.0054	couldn

图 7.8 《许你万丈光芒好》前三章主题词表(前 10 位节选)

二、对"套路"的继承创新

《许你万丈光芒好》这类"霸道总裁文"在面向中国读者时并不以逆袭为卖点,但起点国际抓住了海外青年大众读者的定向期待,运用副文本,使《许你万丈光芒好》从"霸道总裁文"摇身一变成"大女主复仇爽文"。

源文本的简介是展现宁夕、陆霆骁、小包子三人性格的对话(如图 7.9),突出三人之间特别是男女主角之间的情感关系。起点国际将简介改为第三人称叙述,并将焦点放在女主角宁夕身上,强调宁夕归来后"一切将翻盘"(tables will be turned)(如图 7.10)。与此相应,封面也改为女主角单人形象(如图 7.11),直观地展示故事的主角,吸引女性读者的注意。

《许你万丈光芒好》的故事本身也符合英译中国网络小说"黄金三章"的"套路",开门见山地介绍女主角宁夕情感与人生的双重困境。通过阅读前三章的文本可知,宁夕、宁雪落、苏衍之间存在三角关系,宁雪落和苏衍都位于宁夕的对立面:五年前,宁夕遭宁雪落陷害而被逐出国门,并被初恋苏衍的抛弃。五年后,宁夕回国成为一名演员,

图 7.9　潇湘书院《许你万丈光芒好》中文简介

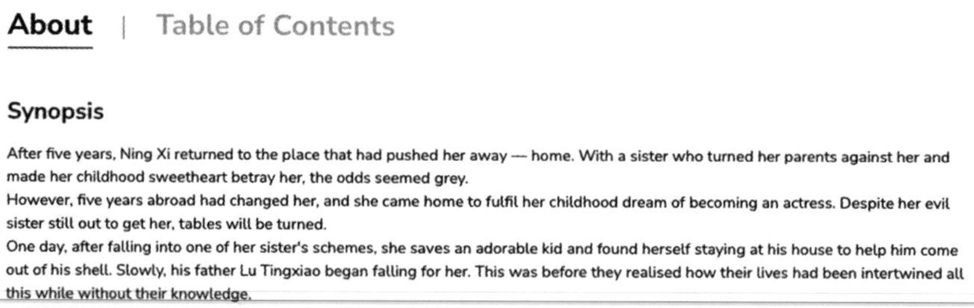

图 7.10　起点国际《许你万丈光芒好》官方译本简介

再遭宁雪落派人陷害而被关进酒吧的密室，却意外救下男主角陆霆骁的儿子。尽管没有修炼升级，女主角宁夕的曲折身世与“升级流小白文”的主角如出一辙：突遭变故的人生低谷，逆袭复仇的“V”型路径，被所爱之人抛弃的“退婚”桥段……这些设定为海外青年大众读者所熟悉，能够激活对主角逆袭复仇的期待，而女主角宁夕的困境使在现

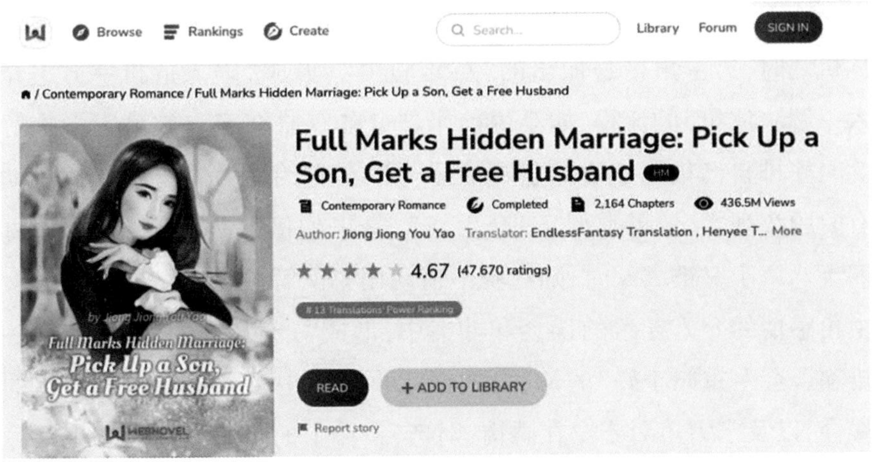

图 7.11　起点国际《许你万丈光芒好》官方译本封面

实中遭遇事业和感情压力的女性读者发现主角与自身的相似之处，产生代入感。宁夕"有仇必报，有恩千倍还"的性格特点增强了"爽感"，每当宁雪落、贾青青、常莉反派角色的干扰或侵犯宁夕时，都会遭受宁夕的反击，这种"打脸"场景与《我欲封天》中的师兄弟与主角孟浩之间欺压与反击如出一辙，为现实中受到的霸凌和排挤的女性读者提供情绪宣泄的出口。即便没有修炼、战斗、升级，也能制造出"爽点"。

《许你万丈光芒好》的"黄金三章"正文本与副文本相配合，强化了海外青年大众读者对女主角宁夕复仇成功的期待。在起点国际网站上，第一章的章节评论数达到了 131543 条，段落评论数最高的一段达到了 182 条。第二和第三章的评论数也分别达到了 7055 条和 3846 条。有的读者对宁夕离奇的经历感到好奇或疑惑，想要继续阅读以验证期待；另一些读者则已经与主角共情，产生了对宁雪落或苏衍的恨意（hate），迫不及待地想看到这两个人（宁雪落和苏衍）在接下来的故事赶紧"下地狱"（go to hell sooner in the chapter later）；"小包子"的出现又令读者感到欣慰，称之为"命中注定的相遇"（fate meeting）。

除了复仇之外，《许你万丈光芒好》的基础"爽感"也来自于男女主角之间感情历程的曲折回环。和修炼升级一样，女主角的情感历程也面临着障碍，跨过障碍后，故事会进入新的阶段。一是女主角陷入危机之时，男主角挺身而出的“英雄救美”，形成“陷入危机—男主介入—解决危机”的流程，如小说前半部分陆霆骁在宁夕被陷害濒临解约时安排自己集团旗下的盛视娱乐与宁夕签约。男主角采取的行动有时脱离现实，效果类似于“金手指”，带来加倍的“爽感”，如第六百四十八章宁夕被绑架时，陆霆骁不惜动用军队解救。二是配角对男女主角感情的介入导致的误会和冲突中，形成“产生误会—爆发冲突—排除误会—重归于好”的流程，如在江牧野家中三人意外碰面产生的误会，以及宁雪落对宁夕在感情、财产、工作上的竞争和霸凌。这些障碍会打破读者原本对于男女主角之间“甜宠”关系的定向期待，产生惊诧、焦虑的心理，即所谓的“虐”。而在障碍解决后，男女主角的感情将加速升温，作为心理受“虐”的补偿。最终，男女主角历经重重考验，打败了反派的阴谋，过上幸福的生活，这样的过程和玄幻、仙侠小说“战斗—受挫—修炼—胜利—升级”的路线在对于读者心理的作用原理是一致的，只是故事发展的路径从修炼升级变为谈情说爱，圆满的结局从登上人生巅峰变为感情修成正果，这样的设定也在一定程度上化解了海外青年大众读者的“爽感抗性”，激发阅读兴趣。

三、超越浪漫小说的“白日梦”

即使被包装成了“大女主复仇爽文”，《许你万丈光芒好》本质上仍是“现言”。“言”是言情（romancc），是小说的基本类型，“现”是“现代”（contemporary）而非“现实”（realistic）。换言之，即使出现了“帝都”、费城、意大利等现实地名的代称或现实中确实存在的地名，《许你万丈光芒好》的背景也是架空的“补偿性异托邦”，既与现实世界相似，又能让现实中无法实现的情感“白日梦”发生。

美国学者珍妮丝·A. 拉德威（Janice A. Radway）在20世纪80年代曾就女性阅读浪漫小说（reading the romance）的现象进行实证研究，

写就了大众文化研究领域的重要著作《阅读浪漫小说:女性,父权制与通俗文学》。拉德威发现了阅读浪漫小说不仅是女性读者打发时间的方式,也是她们对于现实中情感困境的象征性解决方案。浪漫小说是一种“补偿性文学”(compensatory literature)为女性读者提供了一种“重要的、但在日常生活中被禁止的情感释放渠道”[①]。男权社会中,女性处于父权、夫权的挤压之下,承担着向他人提供照顾和情感滋养(emotional nurturance)[②]的义务,自身作为独立个体的情感诉求难以满足。在阅读的自由空间中,女性读者可以暂时脱离现实的社会义务,专注于自身体验,通过代入女主角满足自己的情感需求。换言之,阅读浪漫小说是女性读者反抗她们在男权社会中的不利处境的方式。女性受到男权社会中各种宰制性力量的掣肘,难以实现理想的亲密关系,甚至必须压抑自己的情感诉求以适应社会的需要,只有在浪漫小说营造的“白日梦”中,女性读者能够自由畅快地享受理想中的爱情。该书的出版比《许你万丈光芒好》在海外的火爆早了30多年,却点出了目标语文化中先行具有的阅读传统,预言了言情类型的英译中国网络小说火爆的原因。

《许你万丈光芒好》的叙事结构符合拉德威总结的13条“理想浪漫小说的叙事结构”,开篇以女主角脱离舒适环境的情感孤立为基调,使读者感到失落,从而产生对于浪漫故事的渴望[③]。女主角宁夕开篇时被逐出国门,回国后又被宁雪落陷害,使女性读者渴望看到女主角获得情感上的拯救,形成定向期待。和拉德威所论的浪漫小说一样,言情网络小说塑造完美的男性角色,满足女性读者对美好爱情的想

① [美]珍妮丝·A.拉德威.阅读浪漫小说:女性,父权制和通俗文学[M].胡淑陈译.南京:译林出版社,2020:126.

② [美]珍妮丝·A.拉德威.阅读浪漫小说:女性,父权制和通俗文学[M].胡淑陈译.南京:译林出版社,2020:17.

③ [美]珍妮丝·A.拉德威.阅读浪漫小说:女性,父权制和通俗文学[M].胡淑陈译.南京:译林出版社,2020:174-175.

象。“霸道总裁文”中，男主角通常家世显赫，外形英俊，外冷内热，对女主角情有独钟，是日常生活中的男性难以企及的理想形象，如男主角陆霆骁。在男主角之外，小说中的其他男性角色都与女主角产生羁绊，或是全力支持着女主角的暖男陆景礼和江牧野，或曾对女主角始乱终弃的渣男苏衍，外形和物质条件方面近乎完美的男性全部围绕着平凡的女主角一人身边，形成“多男捧一女”的局面，女主角掌握主动选择的权力。无论男女主角双方的物质条件、社会地位存在多大的差异，都拥有相通的精神世界和相爱的可能。这些浪漫的想象与压抑的现实之间的反差形成了审美距离，为女性读者塑造情感上的“另类现实”，刺激着女性读者的创新期待。

社会历史文化的发展助长读者的欲望。在拉德威所处的 20 世纪 70 至 80 年代的美国，受当时观念影响，浪漫小说必须遵循传统的一夫一妻制。女主角若与男性角色之间的关系不受约束，则会被认为“糟糕”，因为这意味着“无拘无束的女性情欲能够在父权制结构之外得到满足”[①]，是对现行社会秩序的冲击，违背象征性反抗宰制性力量的原则。时至 21 世纪，随着思想的解放和女性地位的进一步提升，当时的意识形态和诗学观念已经不再完全适配于当下社会，女性读者对于情感的需求增长，对于故事发展过程中“多男捧一女”的模式更为包容。女性读者从小说中的众多具备不同特质的男性角色身上获取不同情感补偿，而不只局限于男主角一人，只要男女主角的结局仍然符合现行的伦理规范即可。这种变化表现在《许你万丈光芒好》的读者对于宁夕前男友江牧野的态度上，面对江牧野的出现，绝大多数读者并未将其视为男女主角之间关系的破坏者，而视其为男二号，以示喜爱。

网络言情小说是对纸媒时代浪漫小说的“白日梦”功能的延续与超越。与拉德威时代的浪漫小说仅仅提供虚幻的补偿不同，《许你万

① ［美］珍妮丝 · A. 拉德威. 阅读浪漫小说：女性，父权制和通俗文学［M］. 胡淑陈译. 南京：译林出版社，2020：98.

丈光芒好》在理想爱情的糖衣之外为女性读者带来精神力量。“流行文化中的女性形象往往彰显女性的社会性别角色认同”①,宁夕的才智、勇气、幽默和独立与男权社会倡导的柔弱女性形象相区别,反而助力她在事业和感情上的成功。在代入感的作用下,女性读者确信自己有权力争取事业和情感的双丰收,确信坚守细腻、真挚的女性品格不代表逆来顺受,这种精神力量能够作用于女性读者的现实生活。更重要的是,很多女性读者受到《许你万丈光芒好》启发,投身网络小说创作,获得深层“爽感”的同时,在一定程度上改变了自己的弱势地位。如来自菲律宾的 Precell Jay Silawan 以 The Blips 为网名,创作网络小说《恶棍之妻》(*The Villain's Wife*),不仅备受年轻妈妈和职场女性的青睐,还因此获得起点国际菲律宾创作大赛春季赛冠军,从家庭主妇变成经济支柱②。拉德威时代的浪漫小说止于补偿性满足,而网络言情小说却为女性读者提供了改变现状的途径。网络言情小说虽然并不能彻底解决性别问题,却在目标语社会造成了切实的影响。XiaoMeeHee、Precell Jay Silawan 等女性网络小说作者以创作缓解现实困境,对自身社会文化造成影响,实现了接受的第三层级“反响”,是比浪漫小说的逃避型“白日梦”更为深刻的影响。

四、文化价值硬伤难医

尽管在接受上取得了空前的成功,但英译中国网络小说“重情节,轻文化”的弊端,在《许你万丈光芒好》这类现代言情小说上表现得更为显著。

“套路”再次成为众矢之的。在 Novel Updates 网站上,读者 kirtil

---

① 李灵灵. 新媒体与中国网络文学[M]. 南京: 东南大学出版社,2020: 156.

② HAN Y. New chapter opens for online literature[EB/OL]. (2020-08-04)[2022-01-21] http://global.chinadaily.com.cn/a/202008/04/WS5f28b435a31083481725df90.html.

(如图 7. 12)只给《许你万丈光芒好》打了一星,在 kirtil 看来,这部小说就像“没有打斗场面的陈词滥调的武侠小说”(a cliche wuxia novel without the fighting scenes),主要的原因就是主角的“打脸”桥段在小说里出现次数太多。另一名读者 TripleA(如图 7. 13)批评的则是人物形象的模式化,TripleA 认为小说开头还是很有娱乐性(entertaining)的,但随着情节推进,人物的模式化使故事变得难以读下去:同类的反派、无脑的初恋、完美的男主角等等。

kirtil ★☆☆☆☆　　Aug 05, 2020
More reviews　　Status: **Completed**

Weak writing.

This was like a cliche wuxia novel without the fighting scenes. All the bad bullet points were there:

MC enters scene.

Someone who wants to ridicule MC says/lies about something outrageous about MC.

Everyone believes and starts to badmouth MC.

MC doesn't react.

Someone and everyone sees her inaction and escalates the situation.

MC sighs and starts talking.

Face slapping ensues.

Everyone is enlightened and suddenly realizes that the things someone said was absolutely unbelievable.

Everyone starts to badmouth and ridicule Someone.

This happens like 6 million times in the novel. MC is in entertainment business, she has fans and followers. Said fans and followers gets shaken and lose faith in our MC even in the 6 millionth time like clockwork.

There are not many villains in the novel. The villains (that someone mentioned before) still used the same roadmap in the 5 million and 6 hundred thousandth time without any worries, sure that THIS TIME they will get her. <<less

图 7. 12　读者 Kirtil 对《许你万丈光芒好》的评论

除了陈词滥调的“套路”,“玛丽苏”也再次成为负面反馈中的高频词。Goodreads 网站的读者 Tiff M(如图 7. 14)认为女主角宁夕是典型的“玛丽苏”。和《扶摇皇后》一样,此类批评除了意味着女主角形象的模式化,还意味着女主角宁夕并没有达到女性读者对理想女性的期待。

TripleA ★★☆☆☆
More reviews

Oct 01, 2017
Status: --

- The first chapters are more or less entertaining but as the story goes on, it becomes heavier to read.
- Same type of villainess. ALWAYS GIRLS (woah! Surprise!) who are envious of MC and try to use poisonous words to humiliate Ning Xi (mostly, througth wealth comparations). Implying that she's a "cheap" woman who only knows to sleep with powerful men for money, status and power.
- Also, MC's first love is a brainless guy. Really, very annoying...
- Big Bun is the typical perfect guy that knows MC is a strong and independent woman and whenever she's in problems he lets her solve by her own but... Hey, actually, I'm always helping you in the shadows. Hey! Notice me! Look how powerful man I'm. Marry me.
- Also, the extra people that acts as gossippers whenever Villainess A, B, C, D, E... tries to humiliate her are always as brainless as MC's first love shitty guy. Always like "there goes MC! Villaines A said she's a slut, therefore, she must be a slut!" "MC is such a lucky woman, she may even have real talent..." "But, hey, Villainess B critized her clothes! Actually, she's always wearing the same no name brand, she must be poor. Ha! MC is so pitiable, she wears clothes like a beggar! *giggle*"

34 Likes · Like

Permalink | Report

图 7.13 读者 TripleA 对《许你万丈光芒好》的评论

Tiff M rated it ★★☆☆☆

Aug 03, 2020

I enjoyed reading this so much I stayed up until four am every night until I finished it, but this is not well written, the characters are not three-dimensional "real" people, and the plot is chock full of conveniences, plot armor, and coincidences. Ning Xi is an almost egregious Mary Sue. She's super awesome at everything. If she isn't the best in something, she knows someone able to help who is. Everyone is in love with her, except those who are jealous of everyone who is in love with her. In regards to the writing, or translation in my case, it's not great. It's also repetitive. I think someone pukes or almost pukes blood in each of the approximately 1200 chapters. There is also the most bizarre scene I've ever encountered in just about any form. Ning Xi goes to a nightclub and the scene ends with a bunch of people forcing themselves to puke up the alcohol they've been drinking because they've offended her. Super weird. Also, the version I read specifically says the United States is a second world country. I legitimately stopped reading and said, "What?" Out loud. At three in the morning next to a recently sleeping teething toddler. Also, someone declared brain dead and in a coma wakes up after a year, removes all the medical apparatus that had been keeping them alive, and walks around town for a few minutes. But the author does note that their voice is really hoarse and their body is stiff as if that's more believable. I don't get the point of that entire subplot.

图 7.14 读者 Tiff M 对《许你万丈光芒好》的评论(节选)

《许你万丈光芒好》中特殊的亲情关系引发海外青年大众读者的猜测。第三十四章“好一幕父慈女孝”解释了宁夕与父亲宁耀华之间的敌对关系。在标题翻译上，Henyee 团队的“*A Good Show Between A Benevolent Father and Filial Daughter*”以及 timebun 的“*What a Show of Affection Between Father and Daughter*”都传达出了源文本的讽刺之意，特别是 timebun 以感叹句还原了源文本的“好一幕”的语气。宁耀华对宁夕和宁雪落的不同态度令海外青年大众读者不解。Volare novels 上的读者 dark_oldDQ（如图 7.15）向其他读者解释道：在中国的网络小说里，孩子再“渣”（scum），父母也不放弃，甚至父母会偏向“渣”的孩子，而无视更优秀的一个。另一名读者 coconuteater_oldDQ 回复：这个现象在现实中也经常发生。海外青年大众读者难以理解这一不同寻常的亲情关系，并将其与中国社会现实相联系。

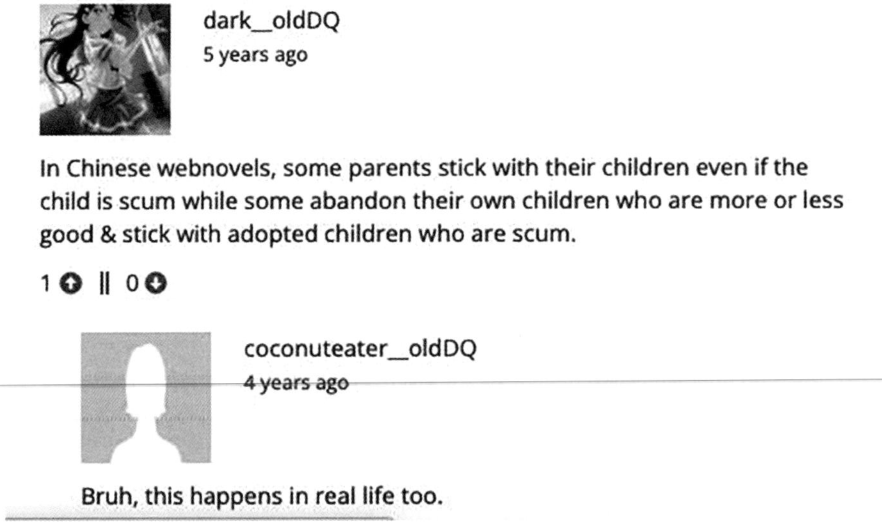

图 7.15　Volare novels 上的读者对宁家父女关系的评论

“霸道总裁文”自身在价值观上的偏差也使《许你万丈光芒好》在文化价值上打折扣。为了给读者留下做“白日梦”的空间，总裁文往往极尽物质上的夸张，脱离大众的日常现实，钱款动辄几百亿，吃喝穿戴皆大牌,豪车、游艇、私人飞机比比皆是,以弥补现实中贫富差距带给读者的自卑和苦闷。《许你万丈光芒好》中出现了全球限量布加迪威龙(Bugatti Veyron)Super Sport 跑车、价值几百万的卡尔·拉格菲尔德(Karl Lagerfield)手工高级定制礼服等现实中存在的奢侈品,这些奢侈品为中外读者所熟知,能够帮助海外青年大众读者想象男主角“霸道总裁”的豪奢生活和娱乐圈的纸醉金迷,满足大众读者对富人生活的猎奇。这种拜金主义出于人类共同的欲望,是消费主义在大众文学中的表征,在目标语文化同样存在,却与中国文化核心价值观不符。

《许你万丈光芒好》一味追求基础“爽感”遭到部分读者的批评。尽管大多数读者对于类似逆后宫的“多男捧一女”模式抱有宽容态度,仍有读者(如图 7.16)认为女主角的情感经历太不真实(unrealistic),认为鱼和熊掌不可兼得(You can′t eat and keep your cake at the same time)。随着情节的推进,读者对于男女主角的曲折经历抱有更高的期待,为了满足读者的期待,总裁文常常出现天马行空甚至不合常理的夸张情节,以渲染男主角的实力和对女主角的真爱。如宁夕在 X 国被绑架后,陆霆骁与该国国防部纳卡部长交涉,借来一支由 5 辆战地坦克、2 架战斗机和三百余名士兵组成的军队营救宁夕。这种在架空世界以超出现实的方式解决危机的情节带给读者更直接和强劲的爽

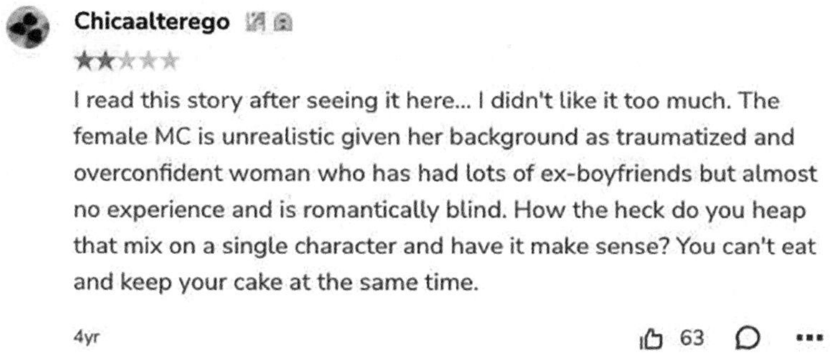

图 7.16 读者 Chicaalterego 对《许你万丈光芒好》的评论

感，也引发了大量批评。在 Goodreads 网站上，读者 Del20 陈述了其给《许你万丈光芒好》打分 3.5 颗星的主要原因："支线故事太荒诞也没必要"（a ridiculous subplot that was totally unnecessary），"令人出戏"（kick me out of the story line），所举的例子就是陆霆骁营救宁夕。Del20（如图 7.17）从军事和政治角度分析这一桥段不可能发生的三条原因：其一，动用军事力量需要国家元首批准；其二，此类事件发生必然有国家媒体的报道；其三，坦克都停放在特定的军事基地，不可能像车一样在城市路上随意行走。情节超出现实，难被理解。

> For those who may not be from America and aren't aware... this is literally, actually, impossible. First of all, it would take a national level threat with Presidential level authority to authorize the use of military forces like this in US borders. And there is absolutely NO WAY something like this could happen without immediately being broadcast on national news. Not to mention, tanks are freaking HUGE and HEAVY. I don't know, the author may not be familiar with them, but anyone who has any knowledge of tanks should know that they can't just start driving down the street like a car! Not to mention, it's not like there's a surplus of tanks hanging out in random cities! They're stationed at very specific military base locations, and they aren't going anywhere unless someone with military authority orders them to, trust me.
>
> Putting aside the completely false information and insults towards America - which I can accept, as China is clearly a rival nation and there's a lot of influence through the media - the absurdity of it all was just too much! It was literally so ridiculous it completely kicked me out of the story line!
>
> [collapse]

图 7.17　读者 Del20 对《许你万丈光芒好》的评论（节选）

Del20 的评论还有另一点值得注意：《许你万丈光芒好》中存在"对美国的完全错误的信息和指责"（completely false information and insults towards America）。Del20 认为，作者这样设定是由于"中国是敌对国家"（China is clearly a rival nation）。贯穿于《许你万丈光芒好》故事始终的"M 国"虽然是虚构的国家，但源语读者可以凭借"南加大"等线索隐约猜到其原型为美国。为了避免与美国读者的冲突，Henyee 团队直译为"M country"，并将"南加大"音译为 Nanjia University，这一译法还意外地被海外青年大众读者阐释出了双关意：宁夕上的是"忍者（Ninja）大学"所以才练就了好本领。随着阅读的深入，海外青年大众读者从"好莱坞""默多克"等线索或 timebun 在粉丝译本中译为全称的"南加大"（University of South California）推断"M 国"就是美国。

一旦意识到这一点,海外青年大众读者就无可避免地将小说中“M 国”内发生的一切与现实中的美国相联系。

译者对于目标语文化中的敏感议题处理不当引发争议。Novel Updates 上的读者 dramamonster(如图 7.18)在其七百余词的长篇评论的最后特别提醒(FYI)读者注意:小说中含有可能引人不适的冒犯性表达,还有关于好莱坞对亚裔的歧视,暗示这些内容有可能引发目标语读者的负面反应和反馈。Goodreads 上的读者 Tiff M(如图 7.19)除了批评了《许你万丈光芒好》故事的“套路”之外,还指出《许你万丈光芒好》带有明显的种族歧视色彩,因为小说中美国白人形象多正面积极,而黑人多被设定为反面角色。

Just FYI: There are several off-colour "jokes" about someone being so attractive that they could "turn people gay". I've seen this kind of inference in several Chinese novels. There were also comments in the novels about Hollywood discriminating against Asian artistes.

图 7.18 读者 dramamonster 对《许你万丈光芒好》中同性恋和亚裔歧视内容的评论

But the real issue I have with this novel is that it's problematic. I read a few reviews and didn't see anyone pick on these issues so I feel obligated to bring them up myself: the author of this book clearly has prejudice against black/dark skinned people and this novel has a serious rape problem.

Most of the novel takes place in China, but Ning Xi does travel to the US at least two or three times. There are white characters that are positive representations of white people, but that is not the case with black or dark skin characters. The author, who is often sparse with details, felt readers needed to know that two of the mean girls who insulted Ning Xi were dark-skinned. They are never brought up again and their race/coloring is completely irrelevant to the story so it was ultimately entirely unnecessary to mention. It rubbed me the wrong way, but I chalked it up to her trying to include some diversity since Ning Xi was working with Americans. But later on, the author goes out of her way to tell readers a random homeless man is black. Again, completely irrelevant and only included to negatively portray black people.

图 7.19 读者 Tiff M 对《许你万丈光芒好》中种族歧视内容的评论(节选)

由于故事背景与现实的相似性,现代言情网络小说很难排除现实中的政治和文化壁垒的影响与制约。作者无意识下体现在文本中的戏谑态度，可能对目标语读者造成冒犯，进而引发读者对文本乃至中国文化和中国的负面反馈，这将对中国文化“走出去”产生不良影响。

第五节　小结

《许你万丈光芒好》打破了“只有玄幻、仙侠小说才能被接受”的惯常思维，弥补了女性读者对于“浪漫小说”的需求，填补了“女频”小说“走出去”的空白，丰富了英译中国网络小说的类型，进一步扩大了读者的规模，拉动女性读者的比重，带动了一批女性海外青年大众读者投身创作，令英译中国网络小说“走出去”进入了一个新阶段。

《许你万丈光芒好》为女性海外青年大众读者提供“爽感”。目标语文化中“先行具有”女性读者阅读浪漫小说的习惯，同时，英译中国网络小说的种种“套路”已经在目标语文化中树立起“先行具有”的观念。《许你万丈光芒好》以现代背景下的“大女主复仇爽文”的形象进入目标语文化，既能使女性读者与现实联系进而产生代入感，满足女性读者对事业和爱情的基础“爽感”期待，又以亦真亦幻背景设定在一定程度上消解玄幻、仙侠小说修炼升级的“套路”带来的爽感抗性。从女主角宁夕的身上，女性读者看到积极向上、嫉恶如仇等原本属于男性角色的“小白”价值观可以与女性特质融合，成为女性实现自我的法宝，从而获得可以作用于现实的精神力量。这种精神力量不仅带给女性读者补偿与慰藉，还激发了部分女性读者的创作潜能。这些来自社会边缘的女性读者用创作实现自我价值，获得经济收益，在一定程度上改变了现实中的弱势与孤独，获得深层“爽感”。以言情为代表的“女频”英译中国网络小说超越了传统浪漫小说，除了提供逃避现实的情感补偿之外，还激励她们采取行动改变现实，这是“女频”英译中国网络小说在目标语文化中产生的“反响”。

文化底蕴不足、套路化的情节和人物、脱离现实的想象等英译中国网络小说的通病在《许你万丈光芒好》依然存在,此外又出现了拜金主义、文化冲突等问题。《许你万丈光芒好》等现代言情小说所展示的中国的大众文化更为浅近直白,降低了此类小说翻译与接受的难度,也进一步冲淡了英译中国网络小说的文化价值。现代言情网络小说的架空世界以现代社会为蓝本,与海外青年大众读者的现实生活更接近,读者在阅读时难免受现实影响。《许你万丈光芒好》中无意识展露出的对严肃议题的戏谑态度引发读者反感,网络流行语、“饭圈”文化中的部分内容不符合中国文化核心价值观,也加深了人们对英译中国网络小说是否能承担“走出去”大任的质疑。

第八章　英译中国网络小说与中国文化“走出去”

由前文所述四个案例可见,海外青年大众读者选择英译中国网络小说时,首选更能满足基础“爽感”的。无论是玄幻、仙侠还是现代言情,接受效果好的英译中国网络小说大多着重描绘草根逆袭故事,辅以简化甚至动漫式夸张变形的中国文化元素,这类小说契合了海外青年大众读者的阅读偏好,降低了目标语文化对他者文化的排斥,一定程度上解决了“走出去”的接受困境。另一方面,接受效果好的英译中国网络小说在内容上未必具备更高的文化价值,甚至不乏与中国文化核心价值不符的内容。文化含量与接受效果成反比,这引发了学者关于英译中国网络小说“走出去”文化价值的争论。接受效果与文化价值是否难以两全?

第一节　中国文化“走出去”的接受困境及其原因

一、中国文化“走出去”的历史使命

自 1949 年中华人民共和国成立以来,中国在短短七十多年的时

间里完成了从站起来、到富起来、再到强起来的历程，现已成为最大的发展中国家和世界第二大经济体，是国际舞台不可或缺的角色。中国在经济、政治等领域的硬实力为中国文化软实力创造了物质基础和发展动力，同时也为中国文化的对外传播提出更高的要求。党的十八大以来，习近平总书记多次强调加强我国国际传播能力建设的重要意义。党的二十大报告指出，要“增强中华文明传播力影响力。坚守中华文化立场，提炼展示中华文明的精神标识和文化精髓，加快构建中国话语和中国叙事体系，讲好中国故事、传播好中国声音，展现可信、可爱、可敬的中国形象。加强国际传播能力建设，全面提升国际传播效能，形成同我国综合国力和国际地位相匹配的国际话语权。深化文明交流互鉴，推动中华文化更好走向世界”①。推动中国文化“走出去”，是历史的必然。

中国的发展奇迹悄然改变世界格局，动摇了近几个世纪以来的西方中心主义，英美等西方世界的国家再难忽视位于遥远的东方、正在复兴的中国。然而，中西文化之间几个世纪以来的“边缘—中心”不平衡格局仍未改变。若任凭这一不平衡的文化格局继续发展，终将影响着全球多元文化系统的良性运转和人类命运共同体的构建。当下西方世界面临种族主义、阶级分化和固化、性别问题等诸多挑战，西方中心主义的文化既难以应对当下社会思潮的冲击，也难以满足系统内读者的精神需求。上述现实为中国文化消解西方中心，建构多元文化世界创造历史契机，中国文化或将成为回应诸多挑战的理性选择。

中国文化“走出去”的根本动机是改变中西文化之间“边缘—中心”的格局，建构全球多元文化，这决定了我们不能只关注目标语读者

① 习近平. 高举中国特色社会主义伟大旗帜 为全面建设社会主义现代化国家而团结奋斗——在中国共产党第二十次全国代表大会上的报告[R/OL].(2022-10-25)[2023-06-24]. https://www.gov.cn/xinwen/2022-10/25/content_5721685.htm.

个体对中国文化的识别、理解和接纳,还应考察中国文化对目标语文化系统乃至全球多元文化系统产生的实质影响。在多元系统理论中,文学系统从属于文化这个更大的多元系统,并与之同构,因此文学系统与文化系统,以及系统内其他各组成部分存在相互关系①。这种相互关系可以被理解成为一种系统间的干预(interference),即文化系统之间的直接或间接借用。无论是中心系统还是边缘系统,都普遍存在着相互干预。中心系统对边缘系统的干预更为迅速、明显、持久,这与文化传播的一般流向一致。干预也是接受的最高境界,切斯特曼的接受三层级中的最深层次——“反响”,即翻译文学影响了目标语对源语“文化形象的形成和发展”,以及自身“语言和文体的演变等”②,实际上就是源语文化对目标语文化的干预。中国文化“走出去”在多元文化系统理论视角下的实质,是中国文化系统对目标语文化系统和全球多元文化系统的干预。

二、中国文化“走出去”的接受困境

中国文化“走出去”并不是近几十年才发生的新现象,而是有二百余年的历史。18 世纪前期,杜赫德(Jean-Baptiste du Halde)主编的法文本《中华帝国全志》将中国的小说、戏曲等文学作品带入西方视野,中国文化的西方世界之旅由此开启。其中,马若瑟翻译的《赵氏孤儿》法译本迅速被转译入英语等欧洲现代语言,还被伏尔泰改编为《中国孤儿》,成为启蒙运动中宣扬正义与理性的工具。然而,随着西方资本主义的扩张,中国文化在西方世界眼中的形象从奇幻瑰丽的东方大国逐渐沦为落后愚昧、有待拯救的他者,但《戏剧之精华》英译本(阿林

① EVEN-ZOHAR I. Polysystem Theory[J]. *Poetics Today*. 1990,11(1):22.

② CHESTERMAN A. Bridge Concept in Translation Sociology[A]// *Constructing a Sociology of Translation*[C]. WOLF M,FUKARI A. ed. Amsterdam/Philadelphia:John Benjamins. 2007:179-180.

敦与艾克顿译)等中国文学作品的翻译与传播证明着在西方文化独占中心的大背景下,西方读者对中国文化仍存有欣赏。不过,这些被西方主动"请过去"的翻译文学作品虽然对西方世界产生了历史性影响,但往往并非忠实于中国文化的原貌。为了发展自身文化或将边缘文化建构为他者,西方译者通常对中国文学进行改写,使之适应自身的社会政治需求和审美情趣,译文本就成了"西方社会发展中带有目标语社会历史特征的文化回响"①。为了让世界认识真正的中国,以林语堂为代表的近现代中国译者将《阿Q正传》等中国文学作品译至域外。这些译者力求在中西文化不平衡的权力关系制约下寻找空间,有意识地寻求中西文化之间的共通之处,让目标语读者了解中国文化的真实面貌,但受种种历史局限性掣肘,难在目标语文化中激起水花。

中华人民共和国成立后,国家举全力组织翻译人才译出中国经典文学文本,这是源语文化发起的大规模主动译出实践,在翻译史上实属罕见。1949年,中央人民政府新闻总署国际新闻局(外文出版社前身)成立,以国家机构为主导的、面向全球的、有意识、有组织、成规模的中国文化译出活动随之启动。1951年,《中国文学》杂志(*Chinese Literature*)创刊,为世界了解中国文化与文学打开窗口。改革开放后,中国社会进入崭新时期,国内的文学生产空前繁荣,译出活动也回到正轨:中国文学出版社成立,翻译家杨宪益主持的"熊猫丛书"(*Panda Books Series*)系列译丛诞生,1995年"大中华文库"项目设立,国家机构主导的经典文学文本的译出活动不断推进。进入21世纪,"走出去"成为国家整体发展战略。经过党的十六届四中和五中全会的逐步完善,中国文化"走出去"在《国家"十一五"时期文化发展规划纲要》中

① 袁芳. 中国传统戏曲在英语世界的翻译与接受(1736-2015)[D]. 南开大学, 2019.

被明确界定[①]。此后,中国文化“走出去”战略内涵进一步丰富,并发展为系统工程。2007 年,党的十七大报告提出要“加强对外文化交流,吸收各国优秀文明成果,增强中华文化国际影响力”[②]。2011 年 10 月,《中共中央关于深化文化体制改革 推动社会主义文化大发展大繁荣若干重大问题的决定》指出要“实施文化走出去工程”[③]。在国家政策的支持下,译出活动进入了黄金时期。中国图书对外推广计划(2004)、中国文化著作翻译出版工程(2009)、中国文学海外传播工程(2010)、《路灯》(*Pathlight*)杂志(2011)、CCTSS 中国文化译研网(2015)等多渠道的文化“走出去”项目不胜枚举,经典文学文本译出的书目和数量不可谓不大。

然而,中国文化“走出去”在国内和国外的境遇可谓“冰火两重天”。尽管译出作品的数量不少,但当其置于目标语文化系统全局中,所占比例相当低,接受效果也不尽如人意。有评论称,经过翻译的中国文学作品在西方世界“一少二低三无名”[④]:品种少,销量低,特别是在大众读者中没有名气。翻译文学在目标语文化系统中游离于边缘,译自边缘文化的翻译文学更是难入主流。国家机构大力推动的经典文学“走出去”近来连连受挫。《中国文学》自 90 年代起衰落,至 2000 年停刊。“熊猫丛书”90 年代起销量下滑,只能转向外国驻中国使领

① 杨利英. 新时期中国文化“走出去”战略的意义[EB/OL]. (2014-09-26)[2021-01-25]. http://www.rmlt.com.cn/2014/0926/323534.shtml.

② 胡锦涛在中国共产党第十七次全国代表大会上的报告(全文)[EB/OL]. (2007-10-15)[2021-01-25]. http://cpc.people.com.cn/GB/64162/64168/106155/106156/6430009.html.

③ 中共中央关于深化文化体制改革 推动社会主义文化大发展大繁荣若干重大问题的决定[EB/OL]. (2011-10-25)[2021-01-25]. http://www.gov.cn/jrzg/2011-10/25/content_1978123.htm.

④ 康慨. 一少二低三无名:中国当代文学在美国[N/OL]. 中华读书报. 2011-01-12[2021-1-25]. https://epaper.gmw.cn/zhdsb/html/2011-01/12/nw.D110000zhdsb_20110112_6-04.htm.

馆和国内涉外宾馆赠阅，或用于高校教学，至 2007 年不得不宣告终止。尚在进行中的《大中华文库》也并不乐观，部分译本在国外仅售出十几本，大部分读者都是国内读者，除了个别几个选题被国外出版机构引进之外，其余绝大多数也都局限在国内的发行圈内①，连版权都没能真正地“走出去”。举全国之力精挑细选经典文学文本，力图呈现原汁原味的中国文化，目标语读者却不买账，更遑论改变中西文化“边缘—中心”的格局，这一严峻现实引发了国内的普遍焦虑。

自改革开放起，一些海外译者与海外出版社合作，译介中国现当代文学作品，其中最典型的例子就是助力莫言获得诺贝尔文学奖的葛浩文和以翻译麦家的谍战小说在西方掀起“麦旋风”的米欧敏（Olivia Anna Rovsing Milburn）。这些译者深谙目标语读者的期待和西方出版界的游戏规则，在选材和翻译时秉持着“快乐原则”和“读者意识”，能够准确定位目标语读者的期待。与此同时，目标语文化渗透于翻译文学作品选材和翻译的过程，造成翻译与接受过程中的过滤与误读，也引发了国内学者的担忧乃至质疑。评论家李建军批评葛浩文“连译带改”的翻译策略是“偷天换日地改写”②，称经过如此翻译改造的中国文学呈现出的是符合西方想象的“中国”“中国人”和“中国文化”，沦为东方主义想象的印证。尽管这样的批评随后被多位学者驳斥、证伪，但海外译者自身文化对翻译的制约始终存在，其译文本难免出现不忠实源文本，甚至不忠实于中国文化的现象。

中国文化“走出去”的历程充满矛盾。在目标语文化中取得良好的接受效果的翻译文学作品，往往不尽忠实，忠实翻译的经典文学文本，却难被接受。“走出去”的不忠实，忠实的走不出去，中国文化“走出去”陷入了接受困境。

---

① 谢天振. 总序//马会娟等编译. 彼岸的声音——汉学家论中国文学翻译[C]. 天津：南开大学出版社，2019：4.

② 李建军. 为顾彬先生辩诬[N]. 文学报，2014-02-13.

三、"走出去"接受困境的原因

(一)"双重边缘"的文化格局

长久以来中国文化与西方文化之间"边缘—中心"的文化格局,是中国文化"走出去"客观存在的最大挑战。古代中国作为四大文明古国之一,其社会发展阶段的先进性决定了中国文化曾在全球多元文化系统中占据中心位置,彼时,在文化上处于相对边缘的西方世界对于中国文化充满了好奇和向往。而后,格局发生逆转。工业革命带动西方世界的科学技术和生产力快速发展,进入资本主义社会,在社会历史阶段上逐渐超越了中国,占据世界中心。此时的中国饱受西方列强的侵略,已如夕阳西下,逐渐落后于全球的潮流,天朝上国盛世不再。航海业的发达使越来越多的西方人来到中国,而所见所闻却与马可·波罗等人记载中神秘富庶的东方国度相距甚远,对中国文化的傲慢态度苗头渐生,作为他者的中国文化"在西方现代性叙事中被一步步逼视和异化"[①],愈发落入边缘,最终形成了中西文化之间"边缘—中心"的不平衡格局。经济全球化带来的马太效应影响到文化,进一步巩固了西方文化的中心地位。

中西文化间不平衡的格局造成翻译文学在目标语文化系统中的边缘地位。大多数情况下,翻译文学都处于相对边缘的位置,只有当文化系统内部产生译入需求时,翻译文学才从边缘向中心移动。占据着中心地位的西方文化对于边缘文化难以产生主动需求,译入的动力缺失,翻译文学停留在边缘。西方世界自身的精英主义态度一方面对文学翻译持贬损(devaluation)态度,认为其永远无法与源文本相比,另一方面又认为翻译是为有能力对比鉴赏两种语言文化的精英而作,这

① 汪罗.理解作为"文化他者"的中国形象[J].对外传播,2021(03):55.

样的心理加剧翻译地位的边缘化①。西方中心主义下对翻译文学的傲慢影响至今,前文所述中国文学在海外“一少二低三无名”的现状即是证明。

现阶段中国文化“走出去”面临着“双重边缘”的困境。其一,文化上的边缘。中西方文化“边缘—中心”的格局之下,西方文化占据中心,中国文化迫居一隅,西方文化难对中国文化产生迫切需求。其二,文体上的边缘。中心文化系统中,翻译文学不受重视,来自边缘文化的翻译文学更是小众。在“双重边缘”的困境下,中国文化难被目标语读者识别、关注,更难被接受。

(二)固守源语文化取向

从翻译流向上来看,中国文化“走出去”是译出活动,即在中国文化语境下将中文文本译至目标语,是边缘文化在中心文化没有明确需求的情况下的主动传播。根据文化传播的一般规律,文化的自然流向是从中心到边缘,若是“来源文化发动文学外译,首先必须有合适的策略,就是要理解、迁就目标文化的规范”,在源语文化尽力做好本分的前提下,还要看目标语文化的意愿如何②,这说明译出时有必要在一定程度上采取目标语文化取向。然而,《中国文学》③和“熊猫丛书”④这两项国家机构主导的译出活动接受不佳的原因,正是由于强烈的源语文化取向掩盖了目标语文化的接受动力不足的客观现实。

固守源语文化取向,是译出活动目的导致的有意识回避。国家机

① Munday, J. *Introducing Translation Studies: Theories and Application*[M]. New York: Routledge, 2012: 47-48.

② 张南峰. 文化输出与文化自省——从中国文学外推工作说起[J]. 中国翻译, 2015, 36(04): 92.

③ 郑晔. 国家机构赞助下中国文学的对外译介——以英文版《中国文学》(1951—2000)为个案[D]. 上海外国语大学, 2012.

④ 耿强. 中国文学:新时期的译介与传播——“熊猫丛书”英译中国文学研究[M]. 天津:南开大学出版社, 2019.

构主导的译出活动隐藏着一句潜台词:中国文化不能等待对方产生需求,必须主动出击,向对方输送符合我方意识形态和诗学观念标准的翻译文学文本,主动塑造中国文化的正面形象,掌握文化上乃至政治上的话语权。这意味着译出活动在介绍、阐释中国文化时,必须着眼于主流意识形态的宣传,保证输出的中国文化符合国家需要。冷战使国家机构对目标语读者和西方文化抱有潜在的防备和敌意。在计划和执行译出活动时,这种心理表现为秉持"以我为主"的源语文化取向,不愿甚至不屑了解目标语读者的期待。更有极端者将中西方文化对立起来,将"读者意识"等同于屈从目标语读者的一切偏好,因而以异化翻译强行输出作为对抗。此举加剧了目标语读者的逆反心理,导致中国文化"走出去"被个别读者视为强行施加的宣传而排斥。当中国综合国力日益提升,源语文化取向又演变出一种"文化自大"心态:当中国强大到难被忽视之时,中国文化自然而然地"走出去",我们只需要提供忠实的译文即可,无须考虑目标语读者的喜好。种种历史文化隔膜导致源语与目标语双方的信息不对等,目标语文化中的读者在很长一段时间内"仍是一种笼统、隐蔽的存在,很难确切地、全面地知晓他们的具体信息和需要"①,中国文化"走出去"的供给与需求错配始终存在。

固守源语文化取向,本质上是忽视文化传播规律所致。"翻译是否能造成文化影响,又或是造成什么样的影响,其实并不在于语言转换的过程,而完全视其主体文化如何制约,又如何接受这个过程的产物"②,换言之,翻译文学的接受取决于目标语文化。文化传播是一个历史过程,受到双方文化格局的制约。一种文化"对外来文化的接受

① 孙宜学,花萌.中国文学译介受众特征研究——以中国文学英译在美国的传播为例[J].湖南社会科学,2017(04):169.

② 孔慧怡.翻译·文学·文化[M].北京:北京大学出版社,1999:3.

本质上是文化发展的自我需要”[①],若文化对他者文化没有强烈需求,在接受翻译文本时往往放大文本的文化异质性,制约作用更为显著。中国文化“走出去”面对的目标语文化对中国文化并无强烈需求,若要打开接受局面,需要一定程度上削弱文化特质,适应目标语文化的偏好和水平,然而,中国文化“走出去”的译出活动忽视了跨文化传播规律,固守源语文化取向,强调中国文化的优越性和独特性,目标语文化的制约作用占上风,接受效果欠佳。译出时采取源语文化取向,从目的上看无可厚非,但中国文化“走出去”的译出文本作为跨文化传播的媒介,只有被接受了才有意义,若不能被接受,即使再忠实、再准确的译文,都不能合格。

(三)依赖专业读者和经典文学文本

国家机构主导的中国文化“走出去”均默认以专业读者为目标。“熊猫丛书”主要面向四大读者群体:对中国的历史、文化、社会感兴趣的普通读者;从事相关研究的专业读者,如汉学家和其他领域的专业研究者;大学里相关专业的学生;在英美工作生活的具有中国文化身份的华裔[②],都是具有一定文学与文化基础的专业读者或准专业读者。《中国文学》的读者经历了多次演变:包括一部分落后的读者在内的懂英语的中间派知识分子、文艺界人士、汉学家,到左派读者,再到国外知识分子和汉学家,到停刊前的双语读者和中文读者[③],同样没有超出专业读者的范围。政策制定者的观点印证了当时《中国文学》对专业读者的重视,1959年,时任国务院副总理的陈毅在国务院外事办公室讨论《中国文学》发行问题的会议上曾指出:“《中国文学》不是通俗的

① 吕世生.中国“走出去”翻译实践的独特性——翻译目标取向与译入语文化的接受[J].英语研究,2021(01):45.

② 耿强.中国文学:新时期的译介与传播——“熊猫丛书”英译中国文学研究[M].天津:南开大学出版社,2019: 100.

③ 郑晔.国家机构赞助下中国文学的对外译介——以英文版《中国文学》(1951—2000)为个案[D].上海外国语大学,2012:viii-x.

杂志……是高级刊物,要发表高级文学、艺术作品。用作品吸引人,打动高级知识分子的心。它不可能大众化,不要追求发行量。”[①]国内学者也认为,翻译文本能够进入异域阅读层面,赢得异域行家的承认和异域读者的反响才有译介效果[②]。大众读者始终被忽略。

受此思路影响,经典文学文本成为国家机构译出的首选,也一度是唯一选择。严肃、高雅、正统的经典文学文本是国家机构用以构建和维护国家形象的主要工具。在多元文化系统中,决定文本是否属于经典(canonized)的标准,除了文本自身,还有文本所处的意识形态和诗学观念。理想状态下,翻译传播中的经典文学文本应由源语文化和目标语文化二者的意识形态和诗学观念共同决定。但实际上,国家机构主导的译出活动所选取的“经典文学文本”更多由源语文化单方面决策。国家机构在中国文化“走出去”时所选取的经典文学文本可以大致分为两类:一类是中国传统文化典籍和古典名著,为跨文化公认的经典,如《红楼梦》等;另一类是展示中国近现代的主流意识形态,反映抗战、解放和革命生活以及当代社会建设现状的现当代文学作品,如鲁迅、老舍等作家的作品。此二类经典文学文本虽然符合构建国家文化形象的需求,但在接受上难度较大。古典名著和文化典籍虽然具有跨越时空的普适性人文价值,同时也集中体现中国文化区别于其他文化的本质特征,其接受高度依赖于读者对于中国文化的认知基础。至于被国家机构认可而经典化的现当代文学文本,尽管具备一定的现实意义和文学审美价值,但此类作品“文本内中国独特的生存体验很难唤起跨文化的阅读认同”[③]。冷战以来延续的意识形态对立使目标语读者放大此类文本的文化异质性,若强行译出,适得其反。简言之,

---

① 戴延年,陈日浓.中国外文局五十年大事记[M].北京:新星出版社,1999:96-97.

② 吕敏宏.中国现当代小说在英语世界传播的背景、现状及译介模式[J].小说评论,2011(05):11.

③ 吴赟.改革开放以来中国当代小说英译研究[M].杭州:浙江大学出版社,2021:184.

国家机构选定的经典文学文本并非目标语读者的兴趣所在。向专业读者传播这些经典文学文本，相当于以来自边缘文化的翻译文本冲击中心文化中的保守势力，难度可想而知。再者，依赖于向专业读者译介经典文学文本来实现“走出去”，意味着“走出去”的中国文化只能存在于少数专业读者的书斋案头，丧失进入大众读者日常生活的机会。国家机构也曾尝试走亲民易读的路线，参考风靡世界的“企鹅丛书”的形式出版“熊猫丛书”，却始终未能摆脱“以我为主”的桎梏，没有放下身段，未能抓住大众读者的现实需求，同样未能打开接受局面。

综上，中国文化“走出去”的接受困境，归根到底在于没有意识到文化关系和历史阶段的制约。中西文化“边缘—中心”的格局下，来自中国的翻译文学处在“双重边缘”的境地。在目标语文化对他者文化需求动力不足时，译出活动需要采取目标语文化取向，求同先于求异，让对方逐渐熟悉进而产生文化上的好感。然而，国家机构主导的译出活动并未充分认识到这一点，在“双重边缘”的境地中固守源语文化取向，向目标语文化中的专业读者输出经典文学文本。然而，“期望把一个中国文化百科全书式的古典文本一次性地塞给文化距离遥远的普通译文读者，如果不被他们拒绝，至少也会导致文化厌食”①，源语文化取向尽管出于中国文化“走出去”的根本动机，但在现阶段难被广泛接受，反而难以实现“走出去”的使命。反观英译中国网络小说在短短不到十年内吸引了上亿的海外青年大众读者，使“道”“气”等中国文化元素在目标语文化中广泛传播，催生了中西文化融合的“互联网迷因”以及原创网络小说，实现了从反应、到反馈、进而反响的接受三层级，某种意义上实现了中国文化系统对目标语文化系统乃至全球多元文化系统的干预，似乎打破了“双重边缘”的困境。而从接受内容来看，从《盘龙》到《我欲封天》再到《许你万丈光芒好》，能够成功“走出去”

---

① 吕世生. 林语堂《红楼梦》译本的他者文化意识与对传统翻译观的超越[J]. 红楼梦学刊，2016(04)：6.

的英译中国网络小说都是“小白文”,“小白文”的接受成功是否意味着“双重边缘”困境的解决？英译中国网络小说“走出去”的文化价值何在？

第二节　英译中国网络小说对化解“走出去”接受困境的启示

既往的中国文化“走出去”中,大众读者和大众文学文本始终缺席,这在一定程度上阻碍了接受局面的打开。儿童文学、大众文学等传统意义上的边缘文学是多元文化系统的有机组成部分,对文学和文化系统的构成和演变作出贡献①,也在文化传播中发挥作用——创造文化接触的机会,提高目标语读者对该文化的认知程度。英译中国网络小说以中国文化浅近、普适的一面为中国文化“走出去”指出了大众路径,实现了现阶段中国文化“走出去”的任务,这是英译中国网络小说“走出去”的文化价值所在。

一、英译中国网络小说展示中国文化普适的一面

既往研究对英译中国网络小说文化价值的批评,集中在三点:架空世界无法反映真实的中国文化;玄幻、仙侠小说中的“道”“气”的内涵有所流失;“小白”价值观与中国核心价值观有所偏离。实际上,英译中国网络小说以“求同”先于“求异”,展示中国文化的普适一面,在现阶段十分必要。

中国文化“走出去”由认识论概念上的“走出去”和价值论概念上

① PALUMBO G. Polysystem Theory//*Key Terms in Translation Studies*[M]. 王东风. 北京：外语教学与研究出版社,2019:98.

的“走出去”[①]两个阶段组成。认识论上的“走出去”指经验和知识由源语文化到目标语文化的单向流动,目的是增加目标语读者对中国文化的见识。价值论上的“走出去”指通过文化间的交流和对话,使目标语读者欣然理解和接受中国文化核心价值观,包括道德准则、风俗习惯等,才是真正的文化“走出去”。只有在了解和熟悉的基础上,文化间的交流和理解才能推进。跳过认识论,一蹴而就地实现价值论“走出去”是不符合人的认知规律的。“边缘—中心”的文化格局下,目标语文化还没有对中国文化产生如此强烈的需求,但系统内已经出现了一些对中国文化产生好奇的青年大众。要抓住这一群体,首先要在认识论上增进其对中国文化的熟悉程度,进而在价值论上扩大共识。

英译中国网络小说在现阶段以中国文化在认识论上的“走出去”为主要目标,即提高目标语读者对于中国文化的认知程度。经典文学文本集中呈现中国文化的精髓,“求异”重于“求同”,与海外青年大众读者的审美距离较远,理解难度较大。而英译中国网络小说中多呈现器物维度的中国文化元素,以营造文化氛围为主,直译不仅对海外青年大众读者的理解影响有限,反而能够吸引其注意。此时,“道”“气”的内涵与原义虽有所区别,却适用于当下的文化格局和历史阶段。林语堂曾提出:“想让西方读者对孔子学说感兴趣,必须先萃取中国文化思想中的相关核心概念,用多种方式的译介说明使受众领悟到其中的含义,然后再进一步解读相关思想。”[②]英译中国网络小说中的“道”“气”等扮演的正是这样的角色,这些文化元素虽在形式上有所夸张和简化,其思想内核依然源自中国文化,可以成为读者了解中国文化的窗口。海外青年大众读者在持续阅读中逐渐熟悉这些文化元素在小说中的含义,进而对其内核产生好奇。通过查阅 Wuxiaworld 网站的资

---

① 汪信砚.中国文化走出去:意涵、目的和路径[J].江淮论坛,2020(03):5-7.

② 卞建华,石灿.基于中西融通的文本选择与对外译介[J].天津外国语大学学报,2021,28(06):34.

料库等副文本或与其他读者讨论，读者逐步接近这些文化元素的内核，潜移默化中将其纳入“前结构”，并与自身的文化积淀相融合，继而生产出“May the Dao be with you”等各类“互联网迷因”以及兼具中西文化色彩的原创网络小说。从认识到理解再到运用，海外青年大众读者对中国文化的认知不断深入，中国文化得以通过英译中国网络小说实现认识论上的“走出去”，同时还尝试向价值论上的“走出去”延展。“小白”价值观以“求同”先于“求异”，不强调中国文化核心价值观的优越性和特殊性，而是以正直、勤奋、乐观等具有跨文化共通的中国文化核心价值观激发海外青年大众读者的共鸣，使其在价值维度初步认同中国文化，为认识论上的“走出去”做准备。

英译中国网络小说将中国文化的器物、制度、价值各维度中普适的一面展示给海外青年大众读者，尽管表现形式直白夸张，看似并不“原汁原味”，却俗而不伪，内核仍源于中国文化。英译中国网络小说以“同”的一面创造文化之间接触、交流的机会，是其“走出去”的文化价值之一。

二、英译中国网络小说“走出去”是历史发展阶段使然

中国文化“走出去”是中国文化与目标语文化相互博弈、妥协的过程，在不同阶段有着不同的目标。文化传播取向、策略和路径的选择受制于双方的文化关系和历史阶段，需要尊重中西文化格局和跨文化传播的一般规律，不可单凭一厢情愿、急于求成。当前，中西文化之间“边缘—中心”的不平衡格局仍存在，中西文化交流仍有待深入。国家机构主导的译出活动，正是由于忽略了中西文化格局和文化传播的一般规律，希望一蹴而就地让对方接受中国文化的核心与特色，才陷入了“忠实却走不出去”的困境之中。当下，中国文化“走出去”首先要达成的目标，是创造文化交流的语境，让更多的目标语读者接触中国

文化,要实现这一点,中国文化"走出去"需要适度向目标语文化倾斜,关注目标语读者的期待和偏好。

英译中国网络小说在选材上体现出显著的目标语文化取向,从目标语读者的水平和偏好出发。赖静平、孔雪松、Deathblade 等早期"大神"译者深知海外青年大众读者阅读大众文学文本的心理动机,了解他们对于中国文化的兴趣与认知程度之间的差距,因此选择《盘龙》这样披着西方奇幻外衣的玄幻小说,以开门见山、精绝奇幻的方式讲述草根少年的人生逆袭,为海外青年大众读者在暗淡生存境遇中带来精神寄托,其中的中国文化元素浅近直白甚至动漫般夸张,满足了海外青年大众读者的猎奇心理,因而被成功接受。其后,译者的选材逐步从中西合璧的玄幻小说过渡到《我欲封天》这样中国文化色彩更浓的仙侠小说,故事的主线依然是草根逆袭。海外青年大众读者的基础"爽感"需求得到满足,对中国文化的兴趣也随着阅读习惯的养成而加深。此后,起点国际在译出中国网络小说时,也都遵循着目标语文化取向,从海外青年大众读者的需求出发,强化草根逆袭的色彩,以匹配海外青年大众读者的偏好。

英译中国网络小说在翻译策略上同样呈现出目标语文化取向。英译中国网络小说的翻译属于文化翻译,具有"文化接触和协商性质",以"有效传达文化差异,实现两种文化的对话"为初衷[①]。因此,文化翻译在文本一致性与可接受性之间往往选择后者,允许译文本不与源文本逐字对应,促成文化之间的相互适应和理解。比附探究源语文化与目标语文化之间的交集,力图将源语文化拉近目标语读者,缩短文化上的距离。雅化粗俗俚语、规避宗教隐喻以避免文化冲突,同样是目标语文化取向的表现。另一方面,目标语文化取向不代表抹平全部自身文化特质,可接受性必须以源文本中的文化元素在译文本中的忠实重现为基础。起点国际的职业翻译团队在翻译《将夜》《扶摇

① 孙艺风. 文化翻译的困惑与挑战[J]. 中国翻译,2016,37(03):5.

皇后》时过度追求译文本的流畅，虽忠实于字面却未能忠实再现中国文化，导致海外青年大众读者不解甚至不满。相较之下，早期 Wuxiaworld 网站上的粉丝译者采用的“直译+副文本”模式同样旨在促进双方相互理解，却是在读者一方下功夫，以副文本扩大文化阐释空间，重现文化语境，为海外青年大众读者走进中国文化铺路，不仅符合海外青年大众读者的水平，也符合他们对中国文化的期待。源文本的浅近直白，允许译者采用这种兼顾可接受性和文本一致性的翻译策略，使英译中国网络小说无须大幅度地删减、改写，可以接近本真的面貌展示中国文化。上述两种翻译策略以让海外青年大众读者理解中国文化为目标，从海外青年大众读者的期待出发，挣脱源文本的束缚，以可接受的方式传达中国文化，实现文化翻译的初衷。

三、英译中国网络小说指明“走出去”的大众路径

英译中国网络小说在接受效果上的突破，为中国文化“走出去”指出另一条路径——大众文化传播路径，即“大众路径”。大众路径面对的是大众读者，是在每一种文化里都是基数最大也是最活跃的群体，其对某一文化的普遍态度能够反映该文化对这种文化的态度。学者张颐武曾呼吁：中国文化的全球传播需要大众文化的成熟[①]。然而，既往的中国文化“走出去”将目光局限于经典路径，忽视大众路径的巨大潜力。一种文化若要进入他者文化，首先要以大众文化创造机会，让尽可能多的大众读者接触自己，从陌生到熟悉，进而产生好感。纵观美国好莱坞电影、日本动漫、韩国电视剧这些“世界文化奇观”，无不是从大众路径出发。英译中国网络小说的接受成功印证了中国文化“走出去”的大众路径不仅存在，而且行得通。

大众路径在文化传播上的优势之一是大众文化本身的融合性。

① 张颐武. 文化全球传播需要大众文化的成熟[N]. 中国文化报，2019-07-01(003).

“干预通常是经由边缘发生的”[①],文化系统之间接触和交叉的区域,往往是新文化生发之处。作为文化干预的产物,英译中国网络小说一面与全球大众文化相交,另一面与中国文化相交。改革开放和全球化的大潮下,欧美日韩各国的大众文化大量涌入中国,成为中国青年大众与全球同龄人相通的文化记忆。这一代中国青年大众盘活中外文化资源创作出中国网络小说,呈现出各方文化“你中有我,我中有你”的样态,为中国文化进入目标语文化创造“文化心理触点”[②]。

大众路径充分发挥大众读者的主体性。赖静平、Deathblade 等粉丝译者积极译介和推广,让英译中国网络小说逆势进入中心文化。海外青年大众读者对“道”“气”等中国文化进行“互联网迷因”的创造与传播,丰富了中国文化的内涵,拓展了中国文化的全球影响力。Tina Lynge 等网络小说作者以玄幻、仙侠小说书写自己心目中的中国文化。这些基于文化认同的行为在不知不觉中成为传播中国文化的能动力量,促进中西文化的交流。

充分发挥大众路径与经典路径的作用,是现阶段中国文化“走出去”的实际需要。在经典路径难以打开局面时,大众路径不失为扩大影响的权宜之计,同时,大众路径也在为经典路径奠基。海外青年大众读者在阅读英译中国网络小说时,逐渐熟悉中国文化的器物、制度、价值,无形中为接受经典文学文本奠定“前结构”的基础。当经典文学文本进入他们的视野,因陌生而产生的抗拒就会降低。随着中西文化交流的深入,目标语文化取向逐渐转向源语文化取向,大众路径也将与经典路径逐渐合流,归于中国文化核心价值观的传达上。

---

① EVEN-ZOHAR I. The “Literary System”[J]. *Poetics Today*. 1990,11(1):25.

② 吕世生. 中国英译网络小说“走出去”的文化价值[J]. 翻译与传播,2020(02):48.

第三节　小结

中国文化“走出去”是一个历史进程,需要在不同历史阶段设立和实现不同的任务。既往中国文化“走出去”接受困境的原因,在于不顾中西文化格局和文化传播一般规律,在“双重边缘”的困境下依然固守源语文化取向,将全部注意力放在经典文学文本和专业读者上,试图一次实现中国文化“走出去”的终极诉求。当下,中国文化“走出去”的当务之急是为目标语读者创造接触中国文化的机会。英译中国网络小说将中国文化以浅近直白的方式带入目标语文化,以“求同”代替“求异”,展示中国文化的普适一面,顺应了中西文化格局和文化传播一般规律,实现了中国文化“走出去”在现阶段的任务——为目标语读者提供接触中国文化的机会和文化交流的空间。英译中国网络小说证明中国文化“走出去”大众路径的存在和价值,大众路径与经典路径并行,价值互补,而非相互取代。在特定的历史阶段,不同路径的价值各有不同。

第九章 结 论

第一节 研究发现

自2014年《盘龙》英译本面世,到笔者的研究行至结论一章这一刻,英译中国网络小说在全球范围内的传播仍在进行,每分每秒都有新读者进入英译中国网络小说的世界。尽管国内学术界依然为英译中国网络小说的文化价值争论不休,但英译中国网络小说在全球范围内的读者群体上亿是既成事实。在读图时代视觉、听觉的诸多诱惑中,仍有如此之多的海外青年大众读者被英译中国网络小说的故事所吸引,重新燃起对生活对人生的美好希望,在"互联网迷因"的生产与传播中感受中国文化的博大精深,用评论和创作表达自我,突破自身现实中封闭而边缘的处境。英译中国网络小说为大众文化创造了交流的空间,让中国文化以大众文学文本的形态在目标语文化中生根发芽,创造性地实现了接受的第三层级——反响,这是既往的中国文化"走出去"从未达到的效果。这不仅是中国文化历久弥新的魅力所致,更关键的原因在于英译中国网络小说生逢其时。

一、英译中国网络小说的接受原因

翻译文学的接受是社会、读者、文本之间的诸多因素的综合作用，社会塑造读者，读者接受文本并反作用于社会。其一，源语文化与目标语文化的关系与格局制约着目标语读者对源语文化的普遍态度，决定着文化传播的常规流向和规模，也决定着翻译文学系统在目标语文化系统中的位置。译入活动的动机在于寻求他者文化中能够满足自身需求的部分，当自身文化不能满足供给时，中心文化也有向边缘文化产生需求的可能，这是边缘文化逆势传播的时机。其二，鉴于文化传播的一般规律，边缘文化若要实现接受，需采取目标语文化取向。其三，社会文化语境与读者自身的生理、心理状态共同塑造着目标语读者的“前结构”，确定目标语读者对文本的期待，目标语读者对文本的反应、反馈、反响作用于自身文化系统，进而对全球文化系统产生影响。英译中国网络小说正是顺应了这些规律，才实现了接受成功。

英译中国网络小说的“走出去”，始于目标语文化的主动译入，直接动力是海外青年大众读者的需求。当下目标语世界正处于波动中，社会阶层固化、性别歧视使底层的大众读者背负现实重压，自由平等的“美国梦”岌岌可危，反智主义等社会思潮全球蔓延，大众对于宰制性力量的不满愈演愈烈。海外青年大众读者需要一种“另类现实”，用情节曲折、先抑后扬、结局完满的草根少年成长故事告诉他们凭借自身努力改变命运的可能，长久以来统治全球的美国式大众文化却不能满足他们的需求。这样的社会文化语境塑造了海外青年大众读者对基础“爽感”的追求，在中心文化系统中打开了一个大众文化的缺口。

无论是翻译还是传播，海外青年大众读者始终是核心力量。英译中国网络小说的接受成功，并非刻意地投其所好，而是文本与读者视域融合的必然结果。互联网一方面将原本被西方中心主义遮蔽的多元文化展示出来，另一方面又赋予大众翻译、批评、创作的权力，从精英手中夺回文学权力，归还大众。赖静平、孔雪松、Deathblade 等发现了玄幻、仙侠类型的中国网络小说，这种大众文学文本不仅让海外青年大众读者看到了新奇的中国文化元素，也让他们看到了迅速获得能量的平凡主角，看到了在等级森严的社会中凭借自身努力实现成功的可能，基础“爽感”需求得到满足。在此基础上，经过简化的“道”“气”等文化元素营造出中国文化色彩，激发了他们探寻的动力，海外青年大众读者自发搜集中国文化元素并拼贴集结成资料库，不断扩充、深挖并在日常交流中融汇运用这些中国文化元素，进而以中国文化元素为素材创作网络小说，描绘自己心目中的中国文化，获得自我认同、群体认同、反抗宰制性力量得来的深层“爽感”。正是看到了海外青年大众读者的潜力，起点国际等中国网络文学翻译网站主动“走出去”，扩大英译中国网络小说的类型供给，为原创网络小说提供平台，将英译中国网络小说从海外武侠文化爱好者的圈子扩大到覆盖学生、上班族白领、家庭主妇等的大众读者群体。英译中国网络小说的翻译、传播历程的每一环节都充分显示互联网时代大众的力量，是中国文化“走出去”大众渠道的题中应有之义。

“爽感”是海外青年大众读者对英译中国网络小说的期待，这种“爽感”与源语读者的“爽感”之间存在共性，也有其独特内涵。基础“爽感”针对所有海外青年大众读者，是对其娱乐消遣、缓解压力、寻找“另类现实”这些定向期待的满足，“男频”小说的基础“爽感”来自于在等级系统中的跃升，“女频”小说的基础“爽感”来自事业与爱情的双丰收。无论是“男频”的玄幻、仙侠，还是“女频”的穿越、言情，都为海外青年大众读者营造了一个理想世界，在这个世界中，主角是中心，无论历程多曲折，都能够凭借个人的奋斗得到“金手指”的助力，最终获得成功。主角的草根青年男女身份与海外青年大众读者的现实境况类似，在代入感的作用下，读者对主角产生共情和移情，将自身的期望寄托于主角身上，在主角的圆满结局中获得满足。这是逆袭故事深受海外青年大众读者的原因，也是为何不同类型的英译中国网络小说都要向逆袭靠拢的原因。进阶“爽感”为海外青年大众读者探寻和运用中国文化元素所带来的跨越文化障碍的快感。英译中国网络小说的中国文化元素以器物维度为主，比重不大，既给读者留下了中国文化的印象，满足求新求异的心理，又不干扰读者对情节的理解。在基础“爽感”的刺激下，海外青年大众读者被故事情节吸引，渐入佳境，随着中国文化元素的出现次数增加，对中国文化逐渐熟悉而产生好奇，开始探寻其中深意，获得解密成功的满足感。深层“爽感”产生于对自我认同、群体认同和反抗宰制性力量的心理需要，以前两重“爽感”为基础，读者以翻译、评论、拼贴、创作行为，运用现成的文本表达自我，实现自我认同，并在交流中赢得其他读者认同，缓解现实中的孤独和隔膜，获得深层“爽感”。

基础“爽感”是海外青年大众读者阅读的动机，也是决定一部英译中国网络小说接受效果的关键，本研究的四个个案在目标语文化系统的不同接受效果，归根到底是基于“爽感”决定的。现阶段，取得良好接受效果的英译中国网络小说基本都属于“小白文”，这是因为基础“爽感”的实现除了靠目标语文化取向的翻译策略，更要靠情节内容与海外青年大众读者“前结构”水平的适配。情节内容初步适配后，恰当的翻译策略才能发挥作用。早先“走出去”的《盘龙》《我欲封天》等“升级流小白文”培养起海外青年大众读者的阅读习惯，至今，绝大多数海外青年大众读者对于英译中国网络小说的认识依然是“平凡主角逆袭”的“爽文”：语言浅白，开门见山，走向明确，先抑后扬，情节曲折，结局完满，宣扬人类最基本的生存需求和跨文化共通的真善美追求之间的平衡。尽管“套路”在后期造成了一定的“爽感抗性”，但仍是基础“爽感”的保证，脱离或超越“套路”的英译中国网络小说接受效果往往不佳。《将夜》依托于中国社会文化语境和传统哲学思想的“情怀”，以及《扶摇皇后》语言上的“古风”，仅凭翻译并不能充分再现。译文本虽语言流畅,但内容超出“前结构”的水平,海外青年大众读者也同样无法获得足够的基础“爽感”。基础“爽感”未足,海外青年大众读者难有动力寻求进阶“爽感”和深层“爽感”。因此,海外青年大众读者在选择英译中国网络小说时,首选能够满足自身基础“爽感”需求的,而未必是质量最高的,这也在一定程度上加剧了国内学术界对英译中国网络小说“走出去”文化价值的质疑。

基础“爽感”被满足后,部分海外青年大众读者产生了文化上的期待,Wuxiaworld 网站“直译+副文本”模式培养起的阅读习惯也加强了这种期待。早期的英译中国网络小说与自身文化交流、碰撞,使这部分海外青年大众读者产生了对中国文化的兴趣,确立对于英译中国网络小说的审美标准。若译者将目标语文化取向等同于完全抹平源语文化的异质性,则译文本虽流畅透明,却难以满足读者期待,《扶摇皇后》粉丝译本与官方译本之争的原因就在于此。取消副文本、删减不影响情节的文化元素、增加比附的使用频率等策略能够使译文本阅读体验更为流畅,但难以满足这部分读者的进阶“爽感”需求。互联网为这部分读者提供了空间,允许其选择更符合期待的粉丝译本。在支持粉丝译本的过程中,这些读者也在无形中反抗了官方译本的宰制性力量,并在同样支持粉丝译本的读者中实现了群体认同。

目标语的社会文化语境塑造了海外青年大众读者的“前结构”,决定了他们对基础“爽感”的需求,由此产生了对英译中国网络小说的期待。英译中国网络小说文本对读者基础“爽感”的满足程度决定了接受效果,是进阶“爽感”和深层“爽感”的前提,进而影响反馈和反响的实现。由此可见,英译中国网络小说的接受是社会、读者、文本的三方合力。

二、英译中国网络小说“走出去”的文化价值

英译中国网络小说不到十年突破“双重边缘”困境,在全球范围内

吸引上亿读者，完成反应、反馈、反响的接受三层级，这一接受效果让我们看到了中国文化“走出去”的全新可能——大众路径。与此同时，英译中国网络小说自身的局限性也导致国内学术界对其文化价值的质疑。既往的中国文化“走出去”研究多关注译文本承载文化的多寡或译文本是否忠实，却往往忽略了当下源语文化与目标语文化之间的关系格局对文化“走出去”的影响。

纵观中国文化“走出去”的历程发现，满足目标语文化需求、匹配目标语读者期待的译文本，要比绝对忠实但并非对方所需的译文本更能实现文化传播的目的。这一规律对译出活动影响尤为明显，因为译出活动面对的是对他者文化并无强烈需求的文化，且往往是中心文化，此时若固守源语文化取向，强调“求异”而忽视“求同”，则难以进入对方的视野之内，更遑论实现接受所需的视野融合。因此，边缘文化若要向中心文化进行逆势传播，需采取目标语文化取向，关注目标语读者的类型和各自的期待，注重适应对方的需求，以对方乐于接受的方式展示自身文化特质，以实现接受。然而，国家机构主导的译出活动往往有意或无意地忽视这一规律，固守源语文化取向，按照自己的标准选定经典文学文本，以忠实为原则进行翻译，虽然生产出的译文本保证了中国文化的原汁原味，也符合塑造自身正面文化形象的译出目的，但并不能被目标语读者所理解，在刻板印象的作用下甚至引发抗拒。当下的中国文化“走出去”虽然肩负着打破中西文化“边缘—中心”格局、构建全球多元文化的历史使命，但也要看到，跨文化传播活动是一项历史进程，受到双方文化关系的制约，不能一蹴而就。

英译中国网络小说的成功在于顺应了这一现实。中国文化“走出去”的当务之急是在中西文化格局之下为更多目标语读者创造接触中国文化的机会。中国网络小说中的中国文化元素与其原本内涵相比有所简化，语言上的简明浅白和文化上的普适共通降低了翻译与接受的难度，允许译者在翻译时兼顾文本一致性和可接受性，忠实地在目标语中重现这些中国文化元素。Wuxiaworld 网站主张用副文本构建中国文化的语境,把海外青年大众读者引入中国文化之内,起点国际主张用比附扩大中西文化的交集,拉近文化距离。这样,器物、制度、价值各维度的中国文化元素得以进入目标语文化系统,为更多读者熟知,实现认识论上的“走出去”,并与自身文化相融合,生产出各类“互联网迷因”以及中西合璧的原创网络小说。同时,“小白”价值观以跨文化共通的价值追求推动中国文化向价值论层面的“走出去”迈出一步。随着阅读经验的积累,这些曾经刺激着海外青年大众读者创新期待的文化元素将转为定向期待,成为他们“前结构”中的一部分。当他们接触中国经典文学文本时,这些定向期待将发挥作用,增加他们对中国文化的好感。因此,英译中国网络小说“走出去”的文化价值在于以大众路径实现了中国文化“走出去”的阶段性目标:为目标语读者提供接触中国文化的机会,创造文化交流空间。在中西文化“边缘—中心”的格局现状下,中国文化“走出去”需要因地制宜,综合运用大众路径与经典路径,打开接受局面。随着中西文化的交流加深,目标语读者对中国文化日渐熟悉,大众路径与经典路径终将合流,归于中国文化核心价值观的传达上。

第二节　研究不足及未来展望

其一,英译中国网络小说的读者评价数据仍在持续刷新中,学术研究始终滞后于现实。笔者能力所限,以人力作定性分析,难免挂一漏万。未来可在大众读者评论资源的利用上下功夫,引入 Python 情感分析、Nvivo 等新研究工具,挖掘和分析更大体量的读者评价,深度描绘海外青年大众读者对英译中国网络小说反应和反馈的变化。

其二,为了探寻英译中国网络小说被成功接受的原因,本研究在选取个案时主要以接受效果为标准,选取的四个个案的类型分别为仙侠、玄幻、穿越、言情。实际上,“走出去”的英译中国网络小说不止于此四种类型,其他类型特别是深受国内学术界关注的现实题材“强国文”“基建文”“职业文”等在海外的传播与接受有待跟踪。

其三,本研究将海外原创网络小说作为海外青年大众读者的特殊行为,或作为英译中国网络小说接受效果的证明,较少关注海外原创网络小说的具体内容。海外网络小说作者笔下的玄幻、仙侠小说多大程度上是受到英译中国网络小说的影响,如何呈现和传播中国文化,有待挖掘。

其四,笔者在研究过程中愈发意识到英译中国网络小说现象的复杂性,两个文化系统中各方的互动持续影响着英译中国网络小说的翻译和接受各环节。诸如被跨国收购的网络文学翻译网站在翻译策略上是否出现转变,及其并购对英译中国网络小说“走出去”造成的影响等问题,可作为未来的研究问题。

其五,在研究的过程中,笔者发现了一系列新的趋势,但囿于本研究的关注重点而未能展开。在与业界人士的交流中,笔者发现英译中国网络小说正在以 IP 为单位“走出去”,文本不再是最终产品,而是游戏等大众文化产品的上游,这对于英译中国网络小说作为“走出去”的大众路径势必有所影响。此外,AI 赋能时代,很多英译中国网络小说首先以机器翻译的译本面世,只有在小说获得较多正面反馈时才有人工译者介入。译者在英译中国网络小说“走出去”中的角色、职责和策略嬗变问题,可在未来的研究中予以关注。

习近平总书记指出:在新的起点上继续推动文化繁荣、建设文化强国、建设中华民族现代文明,是我们在新时代新的文化使命。作为中国文化在互联网时代创造性转化、创新性发展的成果,英译中国网络小说的研究具有实践和理论的双重意义。本书抛砖引玉,期待未来学术界文思交汇,共通推进相关研究。

参考文献

一、专著和论文集

[1]BAKER M. & SALDANHA G. *Routledge Encyclopedia of Translation Studies* (*3rd ed.*)[M]. Abingdon and New York: Routledge,2020.

[2]BAI J. *Understanding Chinese Fantasy Genres: A primer for Wuxia,Xianxia,and Xuanhuan*[M/OL]. 2020. [2021-08-02]https://b-ok.global/book/13081456/db194c.

[3]BRZEZINSKI Z. *BETWEEN TWO AGES: America's Role in the Technetronic Era*[M]. New York: The Viking Press. 1970.

[4]MUNDAY J. *Introducing Translation Studies: Theories and Application*[M]. New York: Routledge,2012.

[5]LU X. *The Real Story of Ah-Q and Other Tales of China*[M]. Lovell,J. trans. London: Penguin,2009.

[6]包惠南. 文化语境与语言翻译[M]. 北京:中国对外翻译出版公司,2001.

[7][美]厄尔·怀松,罗伯特·佩卢奇,大卫·赖特. 新阶级社会:美国梦的终结?[M]. 张海东等译. 北京:社会科学文献出版社,2014.

[8]戴延年,陈日浓. 中国外文局五十年大事记[M]. 北京:新星出

版社,1999.

[9]耿强. 中国文学:新时期的译介与传播——"熊猫丛书"英译中国文学研究[M]. 天津:南开大学出版社,2019.

[10]广东省作家协会,广东网络文学院. 网络文学评论(第二辑)[C]. 广州:花城出版社,2012.

[11][美]基思·佩恩. 断裂的阶梯[M]. 李大白 译. 北京:中信出版社,2019.

[12]贾燕芹. 文本的跨文化重生——葛浩文英译莫言小说研究[M]. 北京:中国社会科学出版社,2016.

[13]孔慧怡. 翻译·文学·文化[M]. 北京:北京大学出版社,1999.

[14]李灵灵. 新媒体与中国网络文学[M]. 南京:东南大学出版社,2020.

[15]李玉萍. 网络穿越小说概论[M]. 天津:南开大学出版社,2011.

[16]李星辉. 网络文学语言论[M]. 北京:中国文史出版社,2008.

[17]廖七一. 当代西方翻译理论探索[M]. 南京:译林出版社,2000.

[18]刘小源. 来自二次元的网络小说及其类型分析——以同人、耽美、网络游戏小说为例[M]. 上海:东方出版中心,2019.

[19]陆秀英. 中国网络小说外译传播的社会效益评价研究[J]. 南昌航空大学学报(社会科学版),2021,23(04):65-70.

[20][德]马丁·海德格尔. 存在与时间:修订译本[M]. 陈嘉映,王庆节 译. 北京:生活·读书·新知三联书店,2014.

[21]马会娟 等. 彼岸的声音——汉学家论中国文学翻译[C]. 天津:南开大学出版社,2019.

[22]欧阳友权. 中国网络文学二十年[M]. 南京:江苏凤凰文艺出

版社,2018.

[23][加]让-路易·鲁瓦. 全球文化大变局[M]. 袁粮钢 译. 深圳:海天出版社,2016: 17.

[24]邵燕君. 网络时代的文学引渡[M]. 桂林:广西师范大学出版社,2015.

[25]邵燕君. 网络文学经典解读[M]. 北京:北京大学出版社,2016.

[26]邵燕君. 破壁书——网络文化关键词[M]. 北京: 生活书店出版有限公司,2018.

[27]邵燕君,肖映萱. 创始者说:网络文学网站创始人访谈录[M]. 北京:北京大学出版社,2020.

[28]孙艺风. 文化翻译[M]. 北京:北京大学出版社,2016.

[29]孙宜学,摆贵勤. "一带一路"与中国当代文学走出去[M]. 上海:同济大学出版社,2019.

[30]孙宇. 文化翻译视域下葛浩文英译莫言小说研究[M]. 北京:中央编译出版社,2019.

[31]陶东风. 粉丝文化读本[C]. 北京: 北京大学出版社,2009.

[32]王德威 等. 说莫言[C]. 上海:上海书店出版社,2013.

[33]王东风. *Key Terms in Translation Studies*[M]. 北京:外语教学与研究出版社,2019.

[34]王宁. 翻译研究的文化转向[M]. 北京:清华大学出版社,2009.

[35]王祥. 网络文学创作原理[M]. 北京:中国人民大学出版社,2015.

[36]王颖冲. 中文小说英译研究[M]. 北京:外语教学与研究出版社,2018.

[37]王向远. 宏观比较文学 19 讲[M]. 桂林:广西师范大学出版

社,2020.

[38]王佐良. 翻译:思考与试笔[M]. 北京:外语教学与研究出版社,1989.

[39]吴赟. 改革开放以来中国当代小说英译研究[M]. 杭州:浙江大学出版社,2021.

[40]吴术驰,李超. 文化转向后翻译概念的嬗变研究[M]. 成都:四川大学出版社,2018.

[41]许钧. 改革开放以来中国翻译研究概论(1978-2018). 武汉:湖北教育出版社,2018.

[42]杨柳. 网络幻想小说英译塑造的中国形象研究——以仙侠小说为例[M]. 杭州: 浙江大学出版社,2022.

[43]姚建彬,郭景红. 中国文学海外发展报告(2018)[M]. 北京:社会科学文献出版社,2019.

[44][美]约翰·费斯克. 理解大众文化[M]. 王晓珏,宋伟杰译. 北京:中央编译出版社,2001.

[45]张柏然,辛红娟. 译学研究叩问录——对当下议论研究的新观察与新思考[M]. 南京:南京大学出版社,2016.

[46]张邦卫 等. 网络时代的文学书写[C]. 北京:中国社会科学出版社,2016.

[47][美]珍妮丝·A. 拉德威. 阅读浪漫小说:女性,父权制和通俗文学[M]. 南京:译林出版社,2020.

[48]赵勇刚. 文化政治与符号权力——约翰·菲斯克的大众文化理论研究[M]. 北京:中国社会科学出版社,2017.

[49]周志雄. 网络文学教程[M]. 北京:高等教育出版社,2020.

[50]朱立元. 接受美学导论[M]. 合肥:安徽教育出版社,2004.

[51]庄庸 等. 中国本身就是一部正在形成而尚未完成的"网络"小说:中国网络文学阅读核心书目(第1季)[M]. 北京:中国青年出版

社,2018。

[52]庄庸,等.爽点宇宙:中国网络文学阅读潮流研究(第2季)[M].北京:中国青年出版社,2020.

[53]庄庸,等.爽感爆款系统:中国网络文学阅读潮流研究(第3季)[M].北京:中国青年出版社,2020.

[54]庄庸.蚂蚁哲学:中国网络文学阅读潮流研究(第五季)[M].北京:中国青年出版社,2020.

二、期刊论文与报刊

[1]CAO Q. Accommodating paratextual theory to born-digital literature translation: a case study of "Wuxiaworld"[J]. *Asia Pacific Translation and Intercultural Studies*,2021,8(2):148-162.

[2] CHESTERMAN A. Bridge Concept in Translation Sociology [A]. //*Constructing a Sociology of Translation*[C]. WOLF M,FUKARI A. ed. Amsterdam/Philadelphia: John Benjamins. 2007:179-180.

[3]DAVIES E. E. A goblin or a dirty nose? The treatment of culture-specific references in translations of the Harry Porter[J]. *The Translator*. 2003(9):65-100.

[4]EVEN-ZOHAR I. Polysystem Theory[J]. *Poetics Today*. 1990, 11(1):9-26.

[5]JIANG M. Translation as cultural diplomacy: a Chinese perspective[J]. *International Journal of Cultural Policy*,2021: 1-13.

[6]JIANG M,LU Q. The "going global" of Chinese Fantasy Fiction through the Internet: Using I Shall Seal the Heavens on Wuxiaworld. com as an Example[J]. *Contemporary Social Science*. 2021:1-13.

[7]LI D. The Transcultural Flow and Consumption of Online Wuxia Literature through Fan-based Translation[J]. *Interventions*,2021,23(7):

1041-1065.

[8]LIANG W. W. Translators' behaviors from a sociological perspective-A parallel corpus study of fantasy fiction translation in Taiwan[J]. *Babel. Revue internationale de la traduction / International Journal of Translation*,2016,62(1):39-66.

[9] RIGNEY D. Three Kinds of Anti-Intellectualism: Rethinking Hofstadter[J]. *Sociological Inquiry*,1991,61(4): 434-451.

[10]SHIFMAN L. Memes in a digital world: reconciling with a conceptual troublemaker[J]. *Journal of Computer mediated Communication*, 2013,18(3):362-377.

[11]WANG,Y. Globalization of Chinese Online Literature: Understanding Transnational Reading of Chinese Xuanhuan Novels Among English Readers[J/OL]. *Inquiries Journal*,2017(12).(2021-10-29) http://www.inquiriesjournal.com/a? id=1716.

[12]鲍晓英. 中国文化"走出去"之译介模式探索——中国外文局副局长兼总编辑黄友义访谈录[J]. 中国翻译,2013(05):62-65.

[13]卞建华,石灿. 基于中西融通的文本选择与对外译介[J]. 天津外国语大学学报,2021(06):30-36.

[14]蔡翔宇. 试论"网文出海"中的文化内涵损失——以泛修仙类作品概念的译介和理解为例[J]. 外国文学动态研究,2021(01):101-110.

[15]曹文刚. 我国网络文学的海外传播——兼谈网络小说《琅琊榜》[J]. 湖南工程学院学报(社会科学版),2019(02):27-31.

[16]陈朝辉. 中国网络小说走红海外的启示[J]. 对外传播,2017(11):37-39.

[17]陈定家. 网络文学:出海热的冷思考[J]. 中国文学批评,2019(02):95-101+159.

[18]陈定家,唐朝晖.网络文学:扬帆出海正当时[J].文艺争鸣,2019(03):152-156.

[19]陈彦旭."雅到俗"抑或"俗到雅"? ——论"中国文化走出去"的另类传播路径[J].西安外国语大学学报,2018(03): 91-96.

[20]崇宁,季建芬,姜华.中国网络文学海外传播的特点及启示[J].新闻知识,2017(08):34-37.

[21]褚晓萌.网络文学讲好中国故事的叙事建构[J].河南科技大学学报(社会科学版),2013(06):45-51.

[22]邓丽君.数字叙事视域下中国网络文学数字化翻译模式本体新探[J].解放军外国语学院学报,2023(03):121-128.

[23]邓婷婷.在中国网络文学外译中感受在场的身体——以"武侠世界"捐助更翻为例[J].武夷学院学报,2018(10):57-60.

[24]邓祯.网络文学的海外传播与中国文化形象构建[J].中国编辑,2019(03):8-13.

[25]杜春妙.网络翻译小说走红对文化走出去战略的启示——以《盘龙》中文化专有项"气"的翻译为例[J].才智,2018(34):194-195.

[26]etvolare,肖映萱.从华尔街到中国网络小说翻译[N].文艺报,2017-08-07(002).

[27]冯琦.网络玄幻小说的特征、发展及其价值[J].网络文学评论,2019(02): 87.

[28]Goodguyperson ,吉云飞.中国网络小说西行录:18 岁开始网络小说翻译[N].文艺报,2017-08-14(002).

[29]高红梅.中国玄幻小说对英国现代奇幻文学的变异性接受[J].东北师大学报(哲学社会科学版),2015(03):141.

[30]高帆,王迪雅.从《斗破苍穹》看我国网络小说的跨文化传播——以 Wuxia world 网站读者评论为例[J].传播力研究,2019(36):264-265.

[31]郭竞. 也谈中国文学翻译出版“走出去”——以中国网络文学欧美热为例[J]. 出版广角,2017(03):85-87.

[32]何平. 再论“网络文学就是网络文学”[J]. 文艺争鸣,2018(10):1-3.

[33]洪捷. 文类视角下的武侠小说英译研究[J]. 中国翻译,2020,41(02):116-124+189.

[34]侯瞳瞳,单世联,鄢楚茜. 中国网络文学跨文化传播的悖论、偏差与疏离[J]. 南昌大学学报(人文社会科学版),2021,52(06):110-119.

[35]黄杨. 网络作家文化自觉意识的崛起与网络小说海外传播[J]. 当代作家评论,2022(01):187-192.

[36]谷学强,汪中瑞. 从 Wuxia World 爆红看我国网络小说的跨文化传播[J]. 安庆师范大学学报(社会科学版),2017,36(03): 56-58+73.

[37]吉云飞. “征服北美,走向世界”:老外为什么爱看中国网络小说?[J]. 文艺理论与批评,2016(6): 112-120.

[38]吉云飞,李强. 中国网络文学“走出去”的启示[J]. 红旗文稿,2017(10):11-12.

[39]吉云飞. 中国网络小说西行录:18 岁开始网络小说翻译[N]. 文艺报,2017-08-14(002).

[40]吉云飞. “起点国际”模式与“Wuxiaworld”模式——中国网络文学海外传播的两条道路[J]. 中国文学批评,2019(02):102-108+159.

[41]金恩惠. 中国网络文学“走出去”的时代意义[J]. 对外传播,2021(09):45-49.

[42]雷成佳. 网络文学的“中华性”及其建构与传播[J]. 粤港澳大湾区文学评论,2022(03):138-146.

[43]李建军.为顾彬先生辩诬[N].文学报,2014-02-13.

[44]李雪珂,林江依,段绮茹.从语义空缺角度分析网络玄幻小说《盘龙》中文化负载词的英译策略[J].文教资料,2018(07):39-40+64.

[45]李彦,杨柳.网络文学译介:一条少有人走的路——武侠世界创始人赖静平访谈录[J].翻译论坛.2018(04):3-6.

[46]梁丽娜.中国网络小说走出去之译介研究——以Wuxiaworld.com对中国网络小说的成功译介为例[J].重庆交通大学学报(社会科学版),2020,20(01):101-106.

[47]林江依,段绮茹,关雪维,高月琴.中国网络玄幻小说走红海外的原因探究[J].新闻研究导刊,2017,8(23):32-33.

[48]林玲.从译介学理论看中国网络文学的海外输出——以“盘龙”的海外走红为例[J].三峡大学学报(人文社会科学版),2018,40(02):94-97.

[49]刘恩东.反智主义的本质及社会根基分析——基于美国社会的问题审视[J].人民论坛,2020(23):128-131.

[50]刘桂茹.技术视角下的网络文学海外传播[J].中国文化产业评论,2023,32(01):169-181.

[51]刘毅,张佐堂.武术文化的译介与传播——以北美网络翻译平台“武侠世界”为例[J].西南交通大学学报(社会科学版).2018(06): 98-104.

[52]吕敏宏.中国现当代小说在英语世界传播的背景、现状及译介模式[J].小说评论,2011(05):4-12.

[53]吕世生.林语堂《红楼梦》译本的他者文化意识与对传统翻译观的超越[J].红楼梦学刊,2016(04):1-15.

[54]吕世生.中国英译网络小说“走出去”的文化价值[J].翻译与传播.2020(02):41-54.

[55]吕世生. 中国“走出去”翻译实践的独特性——翻译目标取向与译入语文化的接受[J]. 英语研究,2021(01):42-50.

[56]马换娜.“走出去”文化战略下中国网络小说英译本的语料库检索分析[J]. 湖北科技学院学报,2017(04): 74-77,114.

[57]马季. 中国网络文学叙事探究[J]. 中国文学批评,2021(02):70-80+159.

[58]彭红艳,胡安江. 中国网络文学的译介与传播:现状与思考[J]. 山东外语教学,2019(04):114-122.

[59]彭红艳,胡安江. 中国网络文学国际传播的话语模式与叙事优化[J]. 当代外语研究,2020(01):119-128.

[60]彭石玉,张慧英. 中国网络文学外译与文化走出去战略——以“武侠世界”为例[J]. 外国语言与文化,2018(04):98-107.

[61]邱凌,韩婕. 网络玄幻小说的文化杂糅及跨文化传播解读[J]. 现代传播(中国传媒大学学报),2017,39(09):90-95.

[62]邵璐,吴怡萱. 中国网络文学的多模态海外传播研究[J]. 中国出版,2021(17):47-50.

[63]邵璐,吴怡萱. 中国网络文学海外改编与翻译新生态[N]. 中国社会科学报,2022-09-20(008).

[64]邵燕君. 网络文学的“网络性”与“经典性”[J]. 北京大学学报(哲学社会科学版),2015,52(01):143-152.

[65]邵燕君. 媒介融合背景下的“主流化”与“多样化”——近五年网络文学主要发展潮流趋向[J]. 网文新观察. 2016(05):11-23.

[66]邵燕君. 从乌托邦到异托邦——网络小说“爽文学观”对精英文学观的“他者化”[J]. 中国现代文学研究丛刊,2016(08):19-35.

[67]邵燕君,吉云飞. 美国网络小说“翻译组”与中国网络文学“走出去”——专访 Wuxiaworld 创始人 RWX[J]. 文艺理论与批评,2016(06): 105-111.

[68]邵燕君,吉云飞,肖映萱.媒介革命视野下的中国网络文学海外传播[J].文艺理论与批评,2018(02): 119-129.

[69]石家麒.从 Wuxiaworld 看中国文化"走出去"新思路[J].安徽文学(下半月),2017(03):89-90.

[70]宋炳辉.论中外文学关系研究的主体立场及其方法[J].山东社会科学,2014(05):63-70.

[71]宋学清,吴昊.中国网络小说"走出去"的文化反思[J].哈尔滨师范大学社会科学学报,2018,9(01):120-124.

[72]孙乔可,李琴.网文出海何以"走进去":发展困境与未来想象[J].出版发行研究,2022(03):88-92.

[73]孙宜学,花萌.中国文学译介受众特征研究——以中国文学英译在美国的传播为例[J].湖南社会科学,2017(04):166-175.

[74]孙艺风.文化翻译的困惑与挑战[J].中国翻译,2016,37(03):5-14+128.

[75]汤哲声,黄杨.网络小说折叠叙事的文化传承与海外传播[J].甘肃社会科学,2021(06):79-86.

[76]天下归元,李玮.在文学与市场之间:天下归元访谈[J].青春,2021(08):125-130.

[77]庹继光.我国"文化走出去"中网络文学担当与路径探析[J].广州大学学报(社会科学版),2017,16(09):86-91.

[78]万金.网络武侠小说在英语世界的传播——以翻译网站 Wuxiaworld 为例[J].东方翻译,2017(05):27-33.

[79]汪罗.理解作为"文化他者"的中国形象[J].对外传播,2021(03):53-55.

[80]汪信砚.价值共识与和谐世界[J].武汉大学学报(哲学社会科学版),2017,70(05):11-20.

[81]汪信砚.中国文化走出去:意涵、目的和路径[J].江淮论坛,

2020(03):5-11+2.

[82]王丹红.文化自信视域下中国网络文学海外传播的路径探析[J].出版广角,2019(14):46-48.

[83]王才英,侯国金.《盘龙》外译走红海外及对中国传统经典文学外译的启示[J].燕山大学学报(哲学社会科学版),2018,19(03):41-46.

[84]王璐璐.全球文化消费视角下中国网络文学海外传播研究——以Wuxiaworld为例[J].出版发行研究,2018(01):74-78.

[85]王宁.翻译与马克思主义中国化:文学和文化的维度[J].上海翻译,2021(06):1-6+95.

[86]王青.网络文学海外传播的四重境界[J].中国文学批评,2019(02):109-115+160.

[87]王晓笛.人性与现代性的阴影:为什么美国以无知为荣?——读尼科尔斯的《专家之死》[J].中国图书评论,2020(09):53-61.

[88]王一鸣.中国故事国际传播视野下网络文学的本体结构与特性[J].编辑之友,2023(02):31-37.

[89]吴清月.金庸作品英译读者评价语料库研究[J].绍兴文理学院学报(人文社会科学),2019,39(02):82-90.

[90]吴赟,顾忆青.中国网络文学在英语世界的译介:内涵、路径与影响[J].中国比较文学,2019(03):66-79.

[91]吴赟,林轶.在线协作下的中国网络小说英译[J].小说评论,2022(06):131-136.

[92]武文颖,蒋璐.符号互动论视域下的中国网络小说跨文化传播[J].对外传播,2018(10):29-31.

[93]席志武,付自强.我国网络文学海外传播现状、困境与出路[J].中国编辑,2018(04):79-84.

[94]肖映萱. 不止言情:女频仙侠网络小说的多元叙事[J]. 扬子江文学评论,2022(02):86-92.

[95]许苗苗. 游戏逻辑:网络文学的认同规则与抵抗策略[J]. 文学评论,2018(01):37-45.

[96]夏露. 网络小说中国元素与网络特性关系探讨[J]. 中华文化论坛,2017(08):156-159.

[97]闫晓红. 网络文学"走出去"的机遇与挑战[J]. 出版广角,2017(22):65-67.

[98]杨会. 中国网络文学海外传播现象分析[J]. 南京师范大学文学院学报,2021(03):42-48.

[99]杨柳. 网络小说《盘龙》粉丝英译本叙事进程探析——基于语料库叙事学方法[J]. 外语教学理论与实践,2022(01):142-153.

[100]杨曙,尹付. 国际传播视域下中国网络文学"走出去"策略分析——以 Wuxiaworld 网站为例[J]. 传媒,2019(04):72-74.

[101]叶雨菁. 中国网络文学的跨文化传播解读[J]. 对外传播,2018(05):33-36.

[102]尹倩,曾军. 中国网络文学的海外传播:现状及其问题[J]. 社会科学,2019(01): 171-180.

[103]尤达. 网络文学海外受众媒介消费研究[J]. 编辑学刊,2019(01): 108-113.

[104]尤达. 从文化输出到文化认同——浅析网络文学海外受众身份认同的构建过程[J]. 编辑之友,2019(08):49-54+59.

[105]袁丽梅,薛东玥. 网络小说翻译过程中读者、译者互动及其影响探析——以《魔道祖师》的英译为例[J]. 外国语文,2022,38(04):128-134.

[106]曾照智. 文化共生与中国"网文出海"的困境[J]. 广西师范学院学报(哲学社会科学版),2018,39(04):25-28+33.

[107]张富丽.从作品出海到生态出海:中国网络文学国际传播现状[J].扬子江文学评论,2023(02):75-81.

[108]张峻晨.中国网络文学的跨文化传播:认知、翻译与全球本土的视角[J].郑州航空工业管理学院学报(社会科学版),2020,39(05):62-70.

[109]张南峰.文化输出与文化自省——从中国文学外推工作说起[J].中国翻译,2015,36(04):88-93.

[110]张雅雯.中国网络翻译小说的阅读快感——"爽感"成因分析[J].中华文化海外传播研究,2020(02):115-128.

[111]张雅雯,吕世生.社会、读者、文本——英译中国网络小说目标语接受系统分析[J].翻译界,2022(01):41-57.

[112]张颐武.网络文学是中国新"发明"[N].人民政协报,2018-03-26(010).

[113]张颐武.文化全球传播需要大众文化的成熟[N].中国文化报,2019-07-01(003).

[114]张学谦.叙事言语、文本内系统与文化接触——网络小说的"逆旅"现象[J].中国当代文学研究,2021(02):57-63.

[115]赵礼寿,马丽娜.粉丝营销视角下网络文学海外传播策略研究——以《诡秘之主》为例[J].吉林师范大学学报(人文社会科学版),2023,51(01):105-110.

[116]郑剑委.中国英译网络小说的海外接受与网络翻译模式[J].华文文学,2018(5): 119-125.

[117]周志雄.网络文学经典化与评价体系建构[J].中国文学批评,2021(03):123-131+160.

[118]庄庸.从新武侠到后玄幻时代:网络文学的三次"世界大战"[J].博览群书,2015(11):40-46.

[119]庄庸,安晓良.中国网络文学海外传播:"全球圈粉"亦可成

文化战略[J]. 东岳论丛,2017,38(09):98-103.

三、学位论文

[1]陈小春. 由《斗破苍穹》的译介看中国当代网络小说的输出:“读者反应论”视角[D]. 福建师范大学,2018.

[2]何武鹏. 目的论视角下的仙侠小说《我欲封天》英译探析[D]. 福建师范大学,2018.

[3]胡晓玲. 接受美学视角下网络武侠小说翻译研究——以 Wuxiaworld 上《盘龙》的翻译为例[D]. 四川外国语大学,2018.

[4]黄哲浩. 翻译规范理论视角下的网络武侠小说英译研究以武侠世界网站为例[D]. 华东理工大学,2019.

[5]李欣然. 中国网络小说海外迷群体文本生产力研究[D]. 上海外国语大学,2018.

[6]李彦. 中国网络文学在虚拟社区中的译介——基于 Wuxiaworld 的网络志研究[D]. 上海外国语大学,2019.

[7]李育杰. 网络武侠小说英译的归化与异化——以《盘龙》为例[D]. 福建师范大学,2018.

[8]刘萍. “武侠世界”网站对中国网络奇幻小说的英译研究[D]. 上海外国语大学,2018.

[9]潜佳丽. 网络小说《盘龙》在英语国家的译介研究[D]. 上海外国语大学,2019.

[10]邱冬胜. 网络玄幻小说在北美的传播研究——以英译网站 Wuxiaworld 为例[D]. 东华理工大学,2018.

[11]王睿. 译介学视角下中国网络小说“走出去”探析[D]. 北京外国语大学,2019.

[12]薛杰夫. 基于受众分析的我国网络小说域外传播研究[D]. 西安工业大学,2018.

[13]杨柳.网络幻想小说英译塑造的中国形象研究——以仙侠小说为例[D].上海外国语大学,2019.

[14]袁芳.中国传统戏曲在英语世界的翻译与接受(1736-2015)[D].南开大学,2019.

[15]张纯莹.中国网络小说北美传播的跨文化解读——以英译网站 Wuxiaworld 为例[D].河北经贸大学,2019.

[16]郑晔.国家机构赞助下中国文学的对外译介——以英文版《中国文学》(1951—2000)为个案[D].上海外国语大学,2012.

[17]邹祖邑.高低语境下的中国网络玄幻小说跨文化传播研究[D].上海外国语大学,2018.

四、报告

[1]艾瑞咨询. 2017 年中国网络文学出海白皮书[R/OL]. 2017. (2017-09-30)[2019-09-30]. https://www.iresearch.com.cn/Detail/report? id=3057&isfree=0.

[2]艾瑞咨询. 2019 年中国网络文学出海研究报告[R/OL]. 2019. (2020-08-31)[2020-09-30]. https://www.iresearch.com.cn/Detail/report? id=3644&isfree=0.

[3]艾瑞咨询. 2020 年中国网络文学出海研究报告[R/OL]. 2020. (2020-08-31)[2020-09-30]. https://www.iresearch.com.cn/Detail/report? id=3644&isfree=0.

[4]艾瑞咨询. 2021 年中国网络文学出海报告[R/OL]. 2021. (2021-09-03)[2021-09-30]. https://www.iresearch.com.cn/Detail/report? id=3840&isfree=0.

[5]当代中国与世界研究院对外传播研究中心. 中国国家形象全球调查报告 2019[R/OL]. (2020-09-16)[2021-08-04]. http://www.accws.org.cn/achievement/202009/P020200915609025580537.pdf.

五、电子资源

[1]BARLOW J P. 赛博空间独立宣言[EB/OL]. 李旭 李小武 译. 高鸿钧校. (2020-08-27)[2020-12-21]. https://www.chainnews.com/zh-hant/articles/805379458408.htm.

[2] HAN Y. New chapter opens for online literature[EB/OL]. (2020-08-04)[2022-01-21]. http://global.chinadaily.com.cn/a/202008/04/WS5f28b435a31083481725df90.html.

[3]KINZER S. America Yawns at Foreign Fiction[EB/OL]. (2003-07-26)[2021-09-07]. https://www.nytimes.com/2003/07/26/books/america-yawns-at-foreign-fiction.html.

[4] ŽIŽEK S. SLAVOJ ŽIŽEK SPEAKS at OCCUPY WALL STREET: TRANSCRIPT[EB/OL]. [2021-08-02]. https://imposemagazine.com/bytes/slavoj-zizek-at-occupy-wall-street-transcript.

[5]蔡震. 中国网络文学20年江苏20部优秀代表发布[EB/OL]. (2018-11-16)[2021-10-18]. http://www.chinawriter.com.cn/n1/2018/1116/c403994-30405104.html.

[6]范佳来. 网文出海:海外粉丝超7000万,网文翻译成新兴职业[EB/OL]. (2020-11-18)[2021-07-27]. http://www.chinawriter.com.cn/n1/2020/1118/c404023-31935729.html.

[7]国家图书馆. 国家图书馆携手阅文集团共建互联网信息战略保存基地 百部网文佳作典藏入馆[EB/OL]. (2020-08-31)[2021-08-12]. http://www.nlc.cn/dsb_zx/gtxw/202008/t20200831_194509.htm.

[8]胡锦涛在中国共产党第十七次全国代表大会上的报告(全文)[EB/OL]. (2007-10-15)[2021-01-25]. http://cpc.people.com.cn/GB/64162/64168/106155/106156/6430009.html.

[9]姜煜. 福布斯·中国原创文学风云榜颁奖盛典在上海举行

[EB/OL].(2016-01-07)[2021-04-14]. http://www.chinawriter.com.cn/news/2016/2016-01-07/262643.html.

[10]康慨.一少二低三无名:中国当代文学在美国[N/OL].中华读书报.(2011-01-12)[2021-1-25]. https://epaper.gmw.cn/zhdsb/html/2011-01/12/nw.D110000zhdsb_20110112_6-04.htm.

[11]李晖.终有襄阳城破时:金庸武侠小说的英译与经典化[EB/OL].(2019-01-12)[2021-06-07]. https://www.thepaper.cn/newsDetail_forward_2837718.

[12]李菁.《2018猫片·胡润原创文学IP价值榜》发布,《将夜》居榜首[EB/OL].(2018-12-22)[2021-08-12]. http://www.chinawriter.com.cn/n1/2018/1222/c404023-30482018.html.

[13]刘长欣.不但神秘而且够"爽"这样的网文才有老外看[EB/OL].(2018-10-17)[2022-01-02]. http://www.chinawriter.com.cn/n1/2018/1017/c404023-30346868.html.

[14]刘秀娟.2017猫片·胡润原创文学IP价值榜发布,《斗破苍穹》位居榜首[EB/OL].(2017-07-13)[2021-08-12]. http://www.chinawriter.com.cn/n1/2017/0713/c403994-29402750.html.

[15]刘悠翔,陈嘉敏,郑韶仪.中国网络小说让美国小伙戒掉毒瘾[EB/OL].(2017-03-16)[2021-02-16

[16]梅佳.你看过英语版《盘龙》么?外国读者正在追中国网络小说[N/OL].(2017-02-22)[2021-05-17]. http://www.chinadaily.com.cn/cndy/2017-02/22/content_28295685.htm.

[17]彭珊珊.专访《射雕》英文译者:翻译武功招式不难,难在译得流畅[EB/OL].(2017-10-28)[2021-06-07]. https://www.thepaper.cn/newsDetail_forward_1840736.

[18]乔燕冰.中国网文"出海":越是网络的,越是世界的[EB/OL].(2017-04-11)[2021-02-18]. http://www.chinawriter.com.cn/

n1/2017/0411/c404023-29202860. html.

[19]山蓝. 2020 年中国网络文学作家影响力 50 强榜单分析[EB/OL]. (2021-01-13)[2021-08-12]. https://www. iimedia. cn/c1020/76431. html.

[20]解辰巽. 阅文集团 CEO 吴文辉:中国网文已成“世界文化奇观”[EB/OL]. (2016-12-19)[2019-08-09]. http://media. people. com. cn/n1/2016/1219/c40606-28958645. html.

[21]习近平. 高举中国特色社会主义伟大旗帜 为全面建设社会主义现代化国家而团结奋斗——在中国共产党第二十次全国代表大会上的报告[R/OL]. (2022-10-25)[2023-06-24]. https://www. gov. cn/xinwen/2022-10/25/content_5721685. htm.

[22]杨利英. 新时期中国文化“走出去”战略的意义[EB/OL]. (2014-09-26)[2021-01-25]. http://www. rmlt. com. cn/2014/0926/323534. shtml.

[23]虞婧. 1. 5 亿海外读者为什么会被中国网络文学打动[EB/OL]. (2023-06-03)[2023-06-10]. http://www. chinawriter. com. cn/n1/2023/0602/c404027-40005050. html.

[24]阅文集团. 一张图读懂《2020 网络文学出海发展白皮书》[EB/OL]. (2020-11-16)[2021-06-10]. https://mp. weixin. qq. com/s/f4846Ps5rFxmPLju44nAjQ.

[25]阅文集团. 二百多国读者追更的中国网文[EB/OL]. (2023-05-27)[2023-06-09]. https://mp. weixin. qq. com/s/oyI7k7N0wBV0R8yiR_VuWw.

[26]张恩杰. 女警花变身网络作家 借古代奇女子折射现代女性独立精神[EB/OL]. (2021-10-18)[2021-06-10]. http://www. chinawriter. com. cn/n1/2021/0610/c404024-32127326. html.

[27]中国作家网. 2016 年中国网络小说排行榜半年榜(已完结作

品)上榜作品评语[EB/OL].(2016-09-13)[2021-04-14]. http://www.chinawriter.com.cn/n1/2016/0913/c404023-28712898.html.

[28]中国作家协会网络文学中心. 2022 中国网络文学蓝皮书[R/OL].(2023-04-12)[2023-06-08]. http://image.chinawriter.com.cn/n1/2023/0412/c404027-32662169.html..

[29]中国青年网. 阅文集团亮相第四届中加国际电影节:好内容,无国界[EB/OL].(2020-09-20)[2021-09-06]. http://news.youth.cn/jsxw/201909/t20190920_12073596.htm

[30]朱侠. 2011 年度优秀女性文学奖揭晓[EB/OL](2012-03-28)[2023-12-22]http://www.cnpubg.com/publish/2012/0328/9490.shtml.

[31]朱喆. 2017 伦敦书展:聚光灯下的中国出版[EB/OL].(2017-03-23)[2021-04-14]. http://www.chinawriter.com.cn/n1/2017/0323/c403994-29164496.html.

[32]中共中央关于深化文化体制改革 推动社会主义文化大发展大繁荣若干重大问题的决定[EB/OL].(2011-10-25)[2021-01-25]. http://www.gov.cn/jrzg/2011-10/25/content_1978123.htm.

六、源文本与译文本来源

[1]Altas Studio. The Legend of Fuyao[M/OL]. https://www.webnovel.com/book/legend-of-fuyao_1141093940536490.

[2]Deathblade. I Shall Seal the Heavens[M/OL]. https://www.wuxiaworld.com/novel/i-shall-seal-the-heavens.

[3]Henyee Translation. Full Marks Hidden Marriage Pick up a Son Get a Free Husband[M/OL]. https://www.webnovel.com/book/full-marks-hidden-marriage-pick-up-a-son-get-a-free-husband_8060642606003005.

[4] Larbre Studio. Nightfall[M/OL]. https://www.webnovel.com/book/nightfall_8324018606000005.

[5] timebun. Full Marks Hidden Marriage Pick up a Son Get a Free Husband[M/OL]. https://www.volarenovels.com/novel/hidden-marriage/.

[6] trackest. The Legend of Fuyao[M/OL]. https://trackest.wordpress.com/.

[7] 耳根. 我欲封天[M/OL]. https://book.qidian.com/info/3106580#Catalog.

[8] 囧囧有妖. 许你万丈光芒好[M/OL]. https://www.xxsy.net/info/993060.html.

[9] 猫腻. 将夜[M/OL]. https://book.qidian.com/info/2083259/.

[10] 天下归元. 扶摇皇后[M/OL]. https://www.xxsy.net/info/244402.html.

后 记

写到这里，我的英译中国网络小说探秘之旅也将进入终章。我就像那些主角一样，从零开始，一路打怪升级，登上了“仙山”的巅峰。这趟旅程曲折艰辛，多亏“金手指”的助力，只不过，我的“金手指”不是什么超自然的仙丹、秘笈，而是我的师友与家人。

修炼，首先要有师父领进门。我的导师是我在翻译上的启蒙老师，也是鼓励我挑战英译中国网络小说研究这座“仙山”的领路人。“英译中国网络小说”在当时几乎是笼罩在迷雾中的无人之境，世人皆知其高，但或无心或无力去探究其真面目，师父鼓励我挑战这座“仙山”。说时容易，做时难，和网络小说的主角一样，我天资平凡，起步之时遭遇诸多挫折。如果没有师父的支持、教导和鼓励，我的“修炼之路”恐怕早已半途而废。张政教授、徐珺教授、邵璐教授、王传英教授等“修炼”之路上遇到的诸位良师陪伴我在“修炼”之路上走得不孤单。感谢南开大学，让我的十年“修炼”之路拥有无限可能。感谢一直默默支持着我的家人们，他们无私地爱着我，在物质和精神上做好我的后盾，鼓励我勇攀高峰，他们是我永远的港湾。感谢天津社会科学院出版社副社长韩鹏老师以及参与本书出版工作的各位编辑老师为本书出版尽心尽力。最后，感谢国际关系学院“国关书院”项目（国际关系学院中央高校基本科研业务费出版资助）对本书的资助。

网络小说里，“仙山”的巅峰是终点，也是起点。此时，主角将穿越到新的大陆,在新的地图上继续打怪升级。英译中国网络小说探秘之旅至此告一段落了,各位“道友”,让我们在新的顶峰相见。

张雅雯

2023 年 6 月于北京